"十三五"职业教育国家规划教材

微课版

中华优秀传统文化

（第二版）

主　编　吴　婕
副主编　岳五九
参　编　丁　丁　黄　洁
　　　　李　昱　张　倩
主　审　汪　斌

大连理工大学出版社

图书在版编目(CIP)数据

中华优秀传统文化 / 吴婕主编. -- 2版. -- 大连：大连理工大学出版社，2022.2(2025.7重印)
ISBN 978-7-5685-3694-3

Ⅰ.①中… Ⅱ.①吴… Ⅲ.①中华文化－教材 Ⅳ.①K203

中国版本图书馆CIP数据核字(2022)第022184号

大连理工大学出版社出版

地址：大连市软件园路80号　邮政编码：116023
营销中心：0411-84708842　84707410　邮购及零售：0411-84706041
E-mail:dutp@dutp.cn　URL:https://www.dutp.cn
大连天骄彩色印刷有限公司印刷　大连理工大学出版社发行

幅面尺寸：185mm×260mm　印张：13.5　字数：312千字
2019年10月第1版　2022年2月第2版
2025年7月第11次印刷

责任编辑：唐　爽　　　　　　　　　　　　责任校对：吴媛媛
封面设计：张　莹

ISBN 978-7-5685-3694-3　　　　　　　　　　定　价：42.80元

本书如有印装质量问题，请与我社营销中心联系更换。

写在前面

汪 斌

习近平总书记指出，中华文化积淀着中华民族最深沉的精神追求，是中华民族生生不息、发展壮大的丰厚滋养。可以说，文化自信是实现中国梦的重要思想支撑，是走中国道路的思想源泉，是弘扬中国精神的内在动力，是凝聚中国力量的精神支撑。

本书作者对源远流长的中华优秀传统文化进行了深情的解读，从中提炼出"修身、齐家、治国、平天下"的家国情怀和"一片丹心照汗青"的献身热忱及"国家兴亡，匹夫有责"的责任担当。这里有秦始皇统一中国、汉武帝开拓疆土的伟业，有唐宗宋祖、康乾盛世的清明和政通人和；也有《诗经》、楚辞、唐诗、宋词的百转千回，黄道婆、祖冲之、孙思邈、华佗的动人风采，中国古代思想、文化、科技、艺术的熠熠发光；更有对屈原、苏武、岳飞、文天祥、于谦、戚继光、郑成功、林则徐、邓世昌等伟大爱国英魂的深沉吟颂……书中有史有典，可谓诗情史话，引导我们读历史、养文化、阅古典，增广见闻，明智立德，是一部开阔眼界、激发思想、推广研究、明理启迪的通俗创新之作。

随着科技、经济、文化的发展，高职教育的重要性日益凸显，如何在技术导向的高职教育实践中落实职业素养和文化素养的培育，本书做出了有价值的探索。全书编排设计注重知识性和思想性的统一，强调文化传承与实践创新的结合，致力于用知行合一的方式培养经世致用的人才，为高职院校培养德、智、体、美、劳全面发展的社会主义建设者和接班人。

中华优秀传统文化是民族精神的"根"和"魂"，希望同学们通过学习中华优秀传统文化，能够"培根""铸魂"，提升文化品位，培养人生志趣，承担社会责任，为中华民族的伟大复兴而奋斗！

目 录

～ 导　语 ～

走进传统文化 ··· 3

～ 文化与艺术 ～

模块　文以载道——智慧与信仰 ·· 11

第一章　源远流长——中国传统思想 ·· 12
第一节　中国传统思想的发展 ·· 12
第二节　包容并蓄铸辉煌 ·· 15
思考与实践活动　传统文化，你我共赏 ·· 18

第二章　百家争鸣——中国传统思想流派 ·· 19
第一节　人与自然——天人和谐 ·· 19
第二节　人与社会——儒法结合 ·· 23
第三节　人与自我——直指本心 ·· 28
思考与实践活动　古老智慧，意味深长 ·· 32

模块　艺以修身——文学与审美 ·· 34

第三章　文化符号——汉语与汉字 ·· 35
第一节　中华文化的载体——汉语 ·· 35
第二节　汉字的演变与谜语 ·· 40
思考与实践活动　方块之间，经典永传 ·· 47

第四章　星河灿烂——中国古典文学 …… 49
第一节　中国古典诗歌 …… 49
第二节　中国古代散文 …… 58
第三节　中国古代叙事文学 …… 63
思考与实践活动　千古文心，书香涵咏 …… 67

第五章　笔精墨妙——中国古典书法与绘画 …… 70
第一节　中国古典书法 …… 70
第二节　中国古典绘画 …… 74
思考与实践活动　翰墨精神，丹青气韵 …… 85

～ 社会与生活 ～

模块　治国有常——传统社会制度与中外交流 …… 89

第六章　为政之要——中国传统政治制度 …… 90
第一节　封建专制主义中央集权制度的形成和发展 …… 90
第二节　选才之难万冀一 …… 98
思考与实践活动　为人而仁，为政而正 …… 101

第七章　重农抑商——中国传统经济制度 …… 104
第一节　中国传统经济制度的发展 …… 104
第二节　御书新样铸金钱 …… 114
思考与实践活动　经济改革，造福万民 …… 117

第八章　政教合一——中国传统教育制度 …… 120
第一节　中国传统教育制度概述 …… 120
第二节　广学崇儒开书院 …… 126
思考与实践活动　大学之大，在学与思 …… 130

第九章　睦邻里仁——中外文化交流 …… 132
第一节　古代中外文化交流 …… 132
第二节　海波驼铃丝绸路 …… 136
思考与实践活动　中外交流，异彩纷呈 …… 141

模块 人间情味——家园乡土与风俗人情 ············· 144

第十章 巧夺天工——中国传统建筑与雕塑 ············· 145
第一节 中国传统建筑 ············· 145
第二节 中国传统雕塑 ············· 149
思考与实践活动 大国工匠,精神永续 ············· 153

第十一章 红尘清欢——中国古代日常生活 ············· 155
第一节 中国古代衣食住行 ············· 155
第二节 衣食住行有情味 ············· 161
思考与实践活动 人间烟火,安乐平生 ············· 166

第十二章 悠游岁月——中国传统节庆与民俗 ············· 170
第一节 中国传统岁时节令 ············· 170
第二节 中国传统民间游艺 ············· 174
思考与实践活动 乡土民俗,凝聚精神 ············· 177

第十三章 江南海北——中国地域文化 ············· 179
第一节 中国地域文化概述 ············· 179
第二节 越罗蜀锦看不足 ············· 182
第三节 一蓑烟雨梦徽州* ············· 186
思考与实践活动 念兹在兹,爱我中华 ············· 190

～ 传统与现代 ～

第十四章 创造创新——中华优秀传统文化的现代化进程 ············· 195
第一节 社会主义核心价值观的传统文化底蕴 ············· 195
第二节 中华优秀传统文化的创造性转化——以中国动画为例 ············· 199
思考与实践活动 中国风味,创新传承 ············· 203

参考文献 ············· 206

后记 ············· 208

导 语

走进传统文化

一、什么是文化

（一）"文化"一词的起源

1. 中国传统典籍中的"文化"

"文化"一词或许源自《周易·象辞》中的论述："观乎天文，以察时变；观乎人文，以化成天下。"若以"天文"指代自然现象，"人文"指代人类社会文明，那么"文化"可以看作用发达的文明去启蒙、教化尚处在落后甚至蒙昧、野蛮状态中的其他氏族部落。

《周易·系辞下》："物相杂，故曰文。"《说文解字》："文，错画也。象交文。""文"字的本义为纹理。后来"文"又发展出如下几种含义：

其一，文饰，指礼节仪式、文辞修饰等。《论语·雍也》："质胜文则野，文胜质则史。文质彬彬，然后君子。"这里"文"指文采，"质"指实质。人只有具备仁的品质，同时又具有文化教养和外在文采，才能成为"君子"。

其二，文字、文章、礼乐制度。《尚书·序》载伏羲画八卦，造书契，"由是文籍生焉"。这里"文"是文章的意思。《论语·子罕》："文不在兹乎？"这里"文"是礼乐制度的意思。

其三，美德、善行。郑玄注《礼记·乐记》："文犹美也，善也。"《国语·周语下》："夫敬，文之恭也；忠，文之实也；信，文之孚也；仁，文之爱也；义，文之制也；智，文之舆也；勇，文之帅也；教，文之施也；孝，文之本也；惠，文之慈也；让，文之材也。"这里"文"指各种美德的综合。

此外，《国语·周语下》："经之以天，纬之以地。经纬不爽，文之象也。"《尚书正义·舜典》："经纬天地曰'文'，照临四方曰'明'。"这可视为"文明"的定义。

"化"字的甲骨文

"化"字在甲骨文中以一正一倒相背的人形表示。"化"的本义为改变。《庄子·逍遥游》:"北冥有鱼,其名为鲲……化而为鸟,其名为鹏。"《黄帝内经·素问》:"化不可代,时不可违。"

《说文解字》:"化,教行也。""化"字后来引申为教化、感化之义。《荀子注》:"化,谓迁善也。"《管子·七法》:"渐也、顺也、靡也、久也、服也、习也,谓之化。""渐""顺""靡""久""服""习"这六个字是对"化"的经典概括。

2. 西方语言中的"文化"

英语中表示文化的单词为"culture",来源于拉丁语"cultura",其本义为耕作,后引申为培养、教育、练习、发展、神明崇拜、尊重等含义。所以西方语言中的"文化"是从物质文化开始的,它最初是指土地的开垦及植物栽培,后指对人的身体、精神发育的培养,进一步指人类社会在征服自然和自我发展中所创造的精神收获。与中国古代的"文化"从一开始就较偏重精神教化不同,西方的"文化"更多地展现了逐渐由物质生产活动引入精神生产活动的特点。

18世纪以后,"文化"在西方语言中演化成个人的素养、整个社会的知识、思想方面的成就、艺术和学术作品的汇集,并被引申为一定时代、一定地区的全部社会生活内容,成为一个内涵丰富、外延宽广的复杂概念。随着19世纪下半叶人类学、文化学、社会学等学科的兴起,文化问题得到了广泛的研究。

(二)现代意义的"文化"

1. 形形色色的文化定义

随着学科的分化和发展,人类学家、历史学家、社会学家、考古学家、民族学家、教育学家等都从自身学科出发对文化进行了定义,但没有一种定义被认为是完美无缺的。

最早给文化下定义并被普遍推崇的是英国文化人类学家爱德华·泰勒。他先后给文化下过两个定义,后期的定义:"文化,或文明,就其广泛的民族学意义来说,是包括全部的知识、信仰、艺术、道德、法律、风俗以及作为社会成员的人所掌握和接受的任何其他的才能和习惯的复合体。"[①]

英国文化人类学家马林诺夫斯基也从广义角度给文化下了定义:

文化是指那一群传统的器物、货品、技术、思想、习惯及价值而言的,这概念实包含着及调节着一切社会科学。我们亦将见,社会组织除非视作文化的一部分,实是无法了解的;一切对于人类活动、人类团集,及人类思想和信仰的个别比较研究,必会和文化的比较研究相衔接,而且得到相互的助益。[②]

在《文化论》中,马林诺夫斯基说明了文化的各方面:物质设备、精神方面的文化、语言、社会组织。此说对文化学影响很深。

美国人类学家克鲁柯亨对文化定义如下:

所谓"一种文化",它指的是某个人类群体独特的生活方式,他们整套的"生存式

[①] 爱德华·泰勒. 原始文化[M]. 连树声,译. 桂林:广西师范大学出版社,2005.
[②] 马林诺夫斯基. 文化论[M]. 费孝通,译. 北京:中国民间文艺出版社,1987.

样"。文化是历史上所创造的生存式样的系统,既包含显型式样又包含隐型式样;它具有为整个群体共享的倾向,或是在一定时期中为群体的特定部分所共享。①

《不列颠百科全书》②将文化分为两类:一类是"一般性"的定义,指"总体的人类社会遗产",一类是"多元的相对的"文化概念,即"文化是一种渊源于历史的生活结构的体系,这种体系往往为集团的成员所共有",它包括这一集团的"语言、传统、习惯和制度,包括有激励作用的思想、信仰和价值,以及它们在物质工具和制造物中的体现"。我国哲学家、历史学家任继愈也对文化做了广义和狭义的区分,他认为广义文化包括文艺创作、哲学著作、宗教信仰、风俗习惯、饮食器服之用等,而狭义文化专指能够代表一个民族特点的精神成果③。我国思想家、哲学家梁漱溟认为:"所谓一家文化不过是一个民族生活的种种方面。"总括起来,不外精神生活、社会生活、物质生活三方面④。我国文化史家庞朴认为:"文化,从最广泛的意义上说,可以包括人的一切生活方式和为满足这些方式所创造的事事物物,以及基于这些方式所形成的心理和行为。它包含着物的部分、心物结合的部分和心的部分。"他将文化划分为"物质的""制度的""心理的"三个层次。其中,"文化的物质层面,是最表层的;而审美趣味、价值观念、道德规范、宗教信仰、思维方式等,属于最深层;介乎二者之间的,是种种制度和理论体系"⑤。我国思想家、历史学家钱穆认为:"文化即是人类生活之大整体,汇集起人类生活之全体即是文化。"⑥"文化即是长时期的大群集体公共人生。"⑦

2. 本书对文化的界定

现代的文化定义归结起来不外三种:一是指人类在社会历史进程中所创造的一切物质和精神财富;二是指历史上所存在的一切历史遗迹、典章典籍、信仰习俗、宗教艺术等;三是指与政治、经济、军事相并列的一种形态。总而言之,文化是一个多层面又内在贯通的综合结构体,它由内到外包括精神、制度、物质三个层面。精神层面主要包括两个方面:一方面是文化心理,主要指价值观念、伦理道德、宗教信仰、审美理想、思维方式等领域;另一方面是表现形态,主要有宗教、哲学、伦理、艺术等不同形态。制度层面内容上主要指社会意识形态,如政治理论、法权观念、教育理念等。其表现形态为政治和经济体制、法律制度、教育制度、行为模式(管理模式、生活方式、风俗习惯等)。物质层面包括科学技术、工艺与工具、社会物质产品等。

在任何一个文化系统中,精神层面最为稳固,是文化的内核或灵魂。精神层面作为文化的抽象形式,派生出制度层面和物质层面的诸多具体形态。一种文化的消亡,首先表现在精神层面的消亡;制度层面表现为具体社会意识形态指导下的各项社会制度及

---

① 庄锡昌,顾晓鸣,顾云深,等.多维视野中的文化理论[M].杭州:浙江人民出版社,1987.
② 美国不列颠百科全书公司.不列颠百科全书:国际中文版[M].中国大百科全书出版社《不列颠百科全书》国际中文版编辑部,译.2版.中国大百科全书出版社,2007.
③ 任继愈.民族文化的形成与特点[G]//丁守和,方行.中国文化研究集刊(第二辑).上海:复旦大学出版社,1985.
④ 梁漱溟.东西文化及其哲学[M].北京:商务印书馆,1999.
⑤ 庞朴.要研究"文化"的三个层次[N].光明日报,1986-01-17(3).
⑥ 钱穆.文化与生活[G]//中华文化之特质.台北:世界书局,1969.
⑦ 钱穆.中国文化精神[M].北京:九州出版社,2012.

行为准则,它本身受精神层面的制约,同时也是一种文化由抽象向具体形态过渡与转换的表现;物质层面是制度层面制约下文化的外在形态,它也是最活跃的部分,对上述两种文化层面有着巨大的作用。三者互相渗透。贯穿三者的为以民族语言为核心的各种交流符号,民族语言是特定文化的主要载体和主要特征之一。

文化在广义上指人类创造的物质文明和精神文明的总和,狭义上指人类思想、精神领域的成果。本书中的文化指广义上的文化。

二、什么是中华优秀传统文化

(一)中华传统文化的内容

每个民族都有自己的文化,中华传统文化是中华民族根据自己的美学或哲学观点与思维模式,在认识与改造自然、社会与民族自身过程中所创造与积累的全部文明成果,具有自身的民族与国度特色。在这一概念中,中华民族是现今中国境内汉族及55个少数民族的总称。"中"指居四方之中。"华"的本义为光辉、繁荣、精粹,用于族名,蕴含文化发达之意。在漫长的历史里,中国各民族都参与了建设中华传统文化的活动。

微课
走近中华优秀传统文化

中国迄今已经发现的新石器时代的遗址有七千余处。从考古学文化区系类型学说来分析,可将中国新石器时代的文化划分为几个特色不同的文化区:

(1)黄河中、下游文化区:黄河中游文化区以中原为中心,代表文化有磁山文化、裴李岗文化、仰韶文化半坡类型等;黄河下游文化区以泰山为中心,代表文化有青莲岗文化、大汶口文化、龙山文化等。

(2)长江中、下游文化区:长江中游文化区以江汉平原为中心,代表文化有屈家岭文化等;长江下游文化区以太湖平原为中心,代表文化有河姆渡文化、马家浜文化、良渚文化等。

(3)燕辽和黄河上游文化区:以燕山南北长城地带和甘肃、青海为中心,代表文化有查海文化、兴隆洼文化、马家窑文化、齐家文化等。

仰韶文化陶盆上的人面鱼纹

(4)华南文化区:以鄱阳湖、珠江三角洲为中心,代表文化有山背文化、石峡文化、昙石山文化等。

(5)北方游牧和渔猎文化区:包括东北北部、内蒙古高原、阿拉善高原和塔里木盆地东缘等地,代表文化有昂昂溪文化、新开流文化等。

上述新石器时代文化的区域划分反映了中华文化起源的基本模式,中华传统文化就是在这种多元区域性文化不平衡发展的基础上,汇聚、冲突、融合而成的。

中华传统文化博大精深,充满智慧的哲学思想是其

良渚文化兽面纹玉琮

文化核心,独具特色的语言文字是其重要的符号载体,浩如烟海的文化典籍一代代在记录传承,四大发明对世界文明发展有巨大的影响,文学艺术作品精彩纷呈,道德伦理完备深刻,以上这六方面构成了中华传统文化的基本内容。

(二)中华优秀传统文化的内涵

中华传统文化从彩陶文化算起至今已有六七千年未中断的历史,形成了丰富的文化积累。在漫长的历史发展过程中,各个历史时期都留下了丰富的文化遗产。中华传统文化是中华儿女的宝贵财富,但其中仍有一些糟粕,在中国特色社会主义建设的新时代,我们要扬弃地看待中华传统文化。

中华优秀传统文化指中华传统文化中可在现代社会持续作用的精华部分,它以一种"润物细无声"的方式传承着,对中华儿女人格的塑造潜移默化,构筑起中华民族共同的精神家园。"中华优秀传统文化是中华民族的精神命脉,是涵养社会主义核心价值观的重要源泉,也是我们在世界文化激荡中站稳脚跟的坚实根基。"习近平的这番话为我们指明了我国文化建设的方向。

三、学习中华优秀传统文化的意义、方法和目标

(一)学习中华优秀传统文化的意义

习近平总书记指出:"优秀传统文化是一个国家、一个民族传承和发展的根本,如果丢掉了,就割断了精神命脉。"党的十九大报告指出:"深入挖掘中华优秀传统文化蕴含的思想观念、人文精神、道德规范,结合时代要求继承创新,让中华文化展现出永久魅力和时代风采。"

中华优秀传统文化规范了我们的行为方式,赋予我们爱国的情怀、高尚的道德品质、丰富的精神世界,支撑着中华文明薪火相传、生生不息。中华优秀传统文化是中华民族繁衍生息的根基和血脉,中国梦正是这个时代的主题与中华优秀传统文化相结合的成果,中华优秀传统文化是推进中华民族伟大复兴的不竭动力。

中华优秀传统文化包含德育、智育、美育等各方面要素。当代青年学习中华优秀传统文化,有助于继承优秀传统、创造美好未来,在中华优秀传统文化的基础上创造出更加绚丽多彩的、有中国特色的新文化,为人类文明做出积极的贡献。

(二)学习中华优秀传统文化的方法

(1)系统梳理与重点特色了解相结合。本书对中华优秀传统文化的各个门类按历史发展的顺序来梳理,对每一门类知识的来龙去脉进行了概括性的介绍、分析和归纳。

(2)典籍研习和社会实践相结合。在学习中华优秀传统文化的过程中,研读古籍经典、史学资料是不可缺少的,同时,我们还要有亲身的体验,进行浸润式的学习,如进行社会考察、参加社会文化活动等。

(3)批判继承与开拓创新相结合。我们既要继承和发扬中华优秀传统文化,又要有批判分析的眼光,同时根据时代的要求不断地开拓创新,将中华优秀传统文化与我们的生活、工作、学习紧密联系起来。

(三)学习中华优秀传统文化的目标

(1)激发自己对中华传统文化的兴趣,培养审美能力和审美情趣,学会从文化的视野解读社会现实,在言行举止中体现内在素养,加强人文素质修养。

(2)开阔视野,系统了解中华优秀传统文化的基本精神,熟悉中国传统哲学、艺术、科技、文化成果,接触经典作品,进而培养自己的爱国精神和民族自豪感。

(3)将科学精神与人文精神相结合,吸取中华优秀传统文化的精髓,学会处理人与人的关系、人与社会的关系、人与自身的关系、人文与技术的关系。

文化与艺术

模块

文以载道

——智慧与信仰

第一章

源远流长——中国传统思想

中国传统思想源远流长、博大精深，从孕育到成熟经历了漫长的发展演变。中国传统思想萌芽于夏商周时期，产生于先民在生产实践和社会生活中对自然和自身的积极思考中。春秋战国时期，产生了百家争鸣的思想文化繁荣局面，传统思想初具雏形。秦汉时期，中央集权统治的确立有力地促进了人们经济、文化、生活的共同性，传统思想定型。隋唐时期，中国封建社会进入前所未有的盛世，儒、佛、道思想相互融合，传统思想得以进一步地繁荣和成熟。宋明时期，封建经济继续发展，民族融合进一步加深，封建统治制度更加完备，封建专制日益强化，传统思想进入强化期。明清及以后时期，中国传统思想开始转型。

第一节 中国传统思想的发展

一、中国传统思想形成期

(一)夏商西周时期萌芽

原始社会生产力低下，人们认为自然物具有灵魂和意志，对人类起着支配作用，于是膜拜日、月、水、火等，这是原始崇拜。进入母系氏族社会后，人们开始固定崇拜与氏族生活密切相关的动物、植物等，这是图腾崇拜。父系氏族社会取代了母系氏族社会后，家庭制度逐步稳定完善，人们开始祭拜祖先，祈求亡灵福泽子孙，这是祖先崇拜。为了生存和发展，氏族中涌现出一批英雄人物，如大禹、蚩尤等，氏族成员对这些英雄人物进行祭拜，这是英雄崇拜。伴随这些崇拜，出现了各类巫术、仪式以及执掌仪式的神职人员，由此产生了巫觋(女巫为"巫"，男巫为"觋")文化。巫觋文化时期并没有严格意义上的传统思想，思想的萌芽混杂在原始宗教中。

随着中国历史上第一个国家政权夏朝的建立，中国由原始社会进入奴隶社会。商朝时期，社会笼罩于"天命神权"思想下，笃信"天命玄鸟，降而生商"。这一思想对以后的历朝均有影响，"君权神授"一直被统治者推崇。商朝时期，国家政治、社会等各个方面都以"鬼神"为中心，事无巨细均要举行占卜、祭祀活动，这种思想文化是祭祀文化。巫、史、祝、卜等神职人员在国家各个领域中有举足轻重的地位。

西周是奴隶制社会的鼎盛时期。西周初年，统治者总结商朝灭亡的教训，提出了"敬德保民"的政治路线。西周对神的崇拜程度远远低于商朝，社会政治、军事以及日常生活开始以人为中心。《周礼》中记载了当时不同身份、等级的人各自遵循的礼仪规范和制度，"礼"由祭祀走向了社会。西周的文化是礼乐文化，它奠定了中国传统思想的基础。重视宗法制下的"家国同构"，重伦理、讲秩序、有礼仪等传统思想的重要观念其实是周礼的发展和延续。

（二）春秋战国时期初具雏形

春秋战国时期，中国进入礼崩乐坏的局面，"学在官府"的格局被打破，文化学术下移至民间，精通"六艺"之士流散各地，大大推动了私学的发展。他们在讲学中逐渐形成自己独立的思想流派。同时，各诸侯国为在斗争中取得胜利，不断招揽人才，试图运用不同思想学说治理国家。最终出现了"百家争鸣"的思想繁荣局面，中国传统思想初具雏形。

诸子百家中影响深远、流传广泛的有十家：儒家、墨家、道家、法家、名家、阴阳家、纵横家、杂家、农家和小说家。其中儒家和墨家并称为"显学"。

儒家以"仁"为思想核心，主张"德治"和"仁政"，重视道德伦理教育和人的自身修养，代表人物有孔子、孟子、荀子等。墨家的思想基础是"兼相爱，交相利"，具体在政治上主张尚贤、尚同和非攻，在经济上主张强本节用，在思想上提出"天志""明鬼"，代表人物是墨子。道家以"道"为理论基础，主张道法自然、清静无为，在政治上提倡无为而治、顺应自然，代表人物有老子、庄子、列子等。法家主张以法治国，为君主专制的大一统王朝的建立提供理论根据和行动方略，代表人物有韩非、李斯、商鞅等。名家因以论辩"名""实"为主要学术活动而得名，代表人物有邓析、惠施、公孙龙等。阴阳家的核心内容是阴阳五行学说，代表人物有邹衍、驺奭等。纵横家主要从事政治外交活动，代表人物有鬼谷子、苏秦、张仪等。杂家博采各家之说以贯彻其政治意图和学术主张，代表人物是吕不韦。农家注重农业生产，代表人物是许行。小说家是杂记民间古事的学派，但没有独立、系统的学术思想，被视为不入流，故有"九流十家"之说，代表人物是虞初。

兵家虽然不在十家之列，但其思想影响深远，是中华传统文化的一笔宝贵财富。兵家的代表著作《孙子兵法》是中国历史上现存的第一部系统、完整的兵书，它提出了一系列战略战术原则，包含丰富的军事辩证法思想以及治兵作战的哲理。

"百家争鸣"思想的繁荣局面持续了两百多年，奠定了中国传统思想的基础。

二、中国传统思想发展期

(一)秦汉时期定型

汉初统治者推崇"黄老学说",采取无为而治的统治思想,生产慢慢得到恢复与发展。汉武帝时期,强化专制主义中央集权制度已成为封建统治者的迫切需要。为适应这种政治需求,董仲舒提出"罢黜百家,独尊儒术"的主张,对先秦儒学进行神学化的改造,建立了新儒学——汉朝儒学。汉朝儒学以"天人感应"为核心,以阴阳五行为骨架,提出"三纲五常"的伦理规范,宣扬"君权神授"的思想观念,奠定了儒家在中国传统思想中的主流地位。至此,以儒家思想为基础的大一统的传统思想定型。东汉时期,儒家经学进一步与谶纬神学相结合,逐步走向衰落。

微课
中国传统思想的发展

(二)三国两晋南北朝时期发展

三国两晋南北朝是中国历史上政权更迭频繁的时期。随着大一统王朝的分崩离析,士大夫们开始对烦琐学风、陈词滥调感到厌倦,转而醉心于哲学论辩,聚在一起用老庄的哲学思想解释儒家经典,试图调和儒、道,开创了糅合儒道学说的一个新时期,玄学应运而生。汉末传入中国的佛教(释教)此时也有较大发展,儒、佛、道三家相互激荡、协调发展。

三、中国传统思想成熟期

(一)隋唐时期融合

隋唐时期,中国封建社会达到了空前的繁荣和昌盛,思想文化呈现出前所未有的开放性和包容性,儒、佛、道三家从相互尊重到相互斗争,再到相互包容和融合,形成了以儒家思想为核心、三家融合的传统思想,构成了中华传统文化的基本格局,对中国思想、文化和艺术等各个方面的发展产生了深远影响。

随着安史之乱的爆发和唐朝的衰落,韩愈从儒、佛、道三家势力的消长中看到儒家思想面临的困境,提出复兴儒学,推崇孔孟,发动了对佛家、道家的猛烈抨击。

(二)宋明时期强化

微课
中国传统思想的成熟

宋朝开始,中国封建社会进入后期。宋明统治者大力提倡使用儒家纲常礼数来维护社会稳定。宋明的儒家学者继承韩愈等人复兴儒学的探索,大胆冲破汉唐儒学的束缚,吸收佛、道思想来研习儒经义理,形成了以"理"为核心,融合儒、道、佛三家的新儒学体系——宋明理学。宋明理学被统治者大力推崇,儒家思想得到进一步强化,再次成为官方意识形态。"二程"(程颢、程颐)和朱熹发展出的程朱理学是宋明理学的主要派别之一,对后世影响较大。

四、中国传统思想转型期

理学是中国古代较为精致、完备的理论体系之一,其影响十分深远。理学可以看作中国传统思想的巅峰。明清时期,封建社会渐趋衰落,宋明理学日益僵化。同时,随着中国资本主义萌芽出现,西学东渐开阔了人们的视野,中国传统思想的生存和发展受到了严峻的挑战。明末清初,顾炎武、黄宗羲、王夫之等思想家开始批判封建专制和宋明理学,期待改变教条主义的思想局面,提倡经世思想和科学精神,以儒家思想为基础的中国传统思想逐渐衰落。

1840年,鸦片战争打开了中国的国门,使中国传统思想直接面临外来思想文化的攻击。之后,在民族危亡和西方现代文化的冲击面前,中国传统思想中蕴含的忧患意识、民本思想等精神传统,转换为近代救亡意识、"变法自强"思潮等,中国传统思想逐步完成了蜕变,成为中华传统文化的精神支柱。

• 成语小故事 •

集腋成裘 出自《慎子·知忠》:"粹白之裘,盖非一狐之皮也。""腋"指狐狸腋下的皮毛;"裘"指皮袍。比喻积小成大;集众力以成一事。

裘是古人常见的御寒服装。用以做裘的皮毛多种多样,其中狐裘和豹裘最为珍贵,而狐狸腋下之皮毛最为轻、暖,等级最高,狐腋纯白,所以又称狐白裘。达官贵人穿裘,在行礼或待客时会在裘外罩上裼衣(中衣)。

第二节 包容并蓄铸辉煌

中华文明有包容并蓄的优良传统,在哲学思想的发展过程中,各思想流派的对立与斗争是枝节,互相借鉴与融合是主流。儒家、道家、佛家几千年来在中华文化的洪流中互相影响、多次融合。三家的思想今天依然流淌在民族文化的血液中,形成了中华传统文化的精神核心,共同铸就了中国传统哲学的辉煌。

一、中国传统思想流派的交互影响

(一)第一次大融合:汉朝儒家思想的神化

以孔孟为代表的先秦儒家,提倡仁爱、民本,反对暴力,希望建立理想化的社会政治秩序,但在先秦的动荡之中未能实现理想。秦国用法家思想,以摧枯拉朽之势消灭六国,建立了大一统的封建社会,之后又很快灭亡。鉴于前朝的教训,汉朝统治者急需适合大一统封建专制社会的思想理论体系。董仲舒为适应这一形势,对儒家进行了改造。

董仲舒以道家和阴阳家理论为基础,提出了"天人感应"的唯心主义世界观。他宣称"天"是至高无上的有意志的神,世界的一切都是神的意志的表现,皇帝秉承天命统治人民,这一理论对"君权神授"做出了论证,为封建王朝的统治找到了理论根据。董仲舒提出"天道不变",将封建纲常绝对化。他认为天意所定,事物矛盾的双方地位不能转化,并将其附会到社会各方面,提出了"三纲"。他还认为儒家坚持的五种个人德性——仁、义、礼、智、信,与五行相配,"三纲"是社会伦理,"五常"是个人的德性,"纲常"是与天道相合的永恒的道德律。另外,他提出"天人相与",认为"天"的根本特性就是德,而德的根本就是仁。他吸收、改造阴阳五行学说,认为"天"的恩德在于生养万物,"天"通过阴阳五行的变化而产生,并且指导万物和人类,给"天"加上了封建专制主义的道德属性。这些理论都体现了儒家仁政的观念,同时也有限制君主的一面。

董仲舒把"天"塑造成神,以儒家思想为核心,结合阴阳家、道家思想,建立了封建统治的理论依据,完成了中国传统思想的第一次大融合。

(二)第二次大融合:以道家为主体的玄学

三国两晋南北朝时期,中国传统思想发生了以道家为主体的第二次大融合。东汉末年,人们希望能找到一条路,从烦琐的经学和黑暗的现实中逃脱,调和自然与"名教",因此形成了杂采儒、名、道及佛家思想的玄学。玄学将《老子》《庄子》《周易》奉为经典,合称"三玄"。玄学家主要通过对经典的创造性阐释构建自己的理论体系。

玄学发展主要经历了三个历史阶段:曹魏正始年间,王弼、何晏的"正始玄风"提出"贵无论",为玄学奠定了理论基石,成为玄学开始的标志,而后竹林时期阮籍、嵇康提出"越名教而任自然"观点,成为玄学"异端"。西晋时期,裴頠提出"崇有论",郭象提出"独化说",他们进一步调和儒道之学和有无之说,强调"内圣"与"外王"的统一。东晋南北朝时期,玄佛合流。佛学在东晋时依附于玄学,而后玄学在哲学思想上的位置反而被佛学取代,成为佛教哲学的附庸,同时,玄学本身向神秘化的方面发展,演变为神仙道教。

(三)第三次大融合:本土化的佛教思想

佛教是当今世界三大宗教之一,起源于公元前6世纪的古印度,大约在东汉时期传入我国。佛教起初只在民间流传,东晋南北朝时迅速传播,很多学者以玄学概念译解佛教理论,促使佛教中国化,融入了中华传统文化有机体中,成为中国古代哲学的重要组成部分。

佛教进入中国的初期被称为"格义佛教",即利用儒家与道家的名词概念翻译佛经。通过这种翻译,一方面,佛教的理念透过中国传统哲学、伦理和宗教观念快速地流传开来;另一方面,佛教本身在这种翻译中也被一定程度地融入了中国传统的儒道思想,佛教教义开始了微妙的本土化进程。中国社会自古以来就具有现实主义色彩,佛教要在中国立足,必须向儒家和世俗社会靠近,特别是与儒家的伦理、政治思想融汇,针对性地改变与儒道思想相矛盾的理论。禅宗是典型的中国化佛教宗派,它强调修行解脱,不能离开现实世界去寻求西方净土和神仙世界,渗透了道家、儒家及玄学的哲理,充满了人生哲学的色彩。禅宗大师慧远在《沙门不敬王者论》中说:"常以为道法之与名教,如来之于尧、孔,发致虽殊,潜相影响;出处诚异,终期则同。"

二、宋明理学：儒家思想的哲理化

理学得名于其哲学的中心观念"理"。理学家建立了以"天理"为核心的伦理思想体系，认为封建伦理道德即"理"可以产生世界万物，因此要求人们"存天理，去人欲"。宋明理学以儒家理论为主，但又充分吸收了其他各家的积极因素，形成复杂、精密且具有思辨形态的思想体系。它形成于北宋，完成于南宋，元、明、清三朝上升为官方意识形态（包括伦理道德），是中国封建社会后期六七百年间占统治地位的哲学伦理道德思想。

宋明理学围绕"天理"和"人欲"的关系，因为在气、理（道、气）和心物（知、行）等主要哲学范畴上有不同理解，形成各种哲学体系，包括以程颢、程颐、朱熹为代表的理学，以张载为代表的气学，以陆九渊、王守仁为代表的心学等。

宋明理学的发展阶段大体可分为三个时期：开创时期、奠基时期和集大成时期。

周敦颐和邵雍是理学体系的开山人物。周敦颐在当时儒、佛、道合流的形势下，对于《老子》的"无极"、《易传》的"太极"、《中庸》的"诚"以及阴阳五行学说等思想资料进行改造，提出一个简单而有系统的宇宙构成论，认为"太极"一动一静，产生阴阳万物，其著作《太极图说》被视为理学之大纲。

张载明确提出"天人合一"的命题，从天人关系出发阐释人对于宇宙的态度，在哲学上发挥了孟子至周敦颐的心性理之学，用《中庸》的"诚""明"学说解释人性与天道是统一的。程颢、程颐确定了理学的最高范畴"天理"，认为"人伦者，天理也"，提出"格物致知"的认识论受到佛、道学说的一定影响，建立了以"天理"为核心的唯心主义理学体系。

朱熹以儒家伦理学为核心，糅合佛教及诸子之说，建立了一个博大繁杂的逻辑体系。朱熹为理学之集大成者，他主张：天理是道德规范的"三纲五常"，强调"存天理，灭人欲"；通过学习、实践提高自身的修养（"格物致知"）的目的是明道德之善。他编著的《四书章句集注》成为后世科举考试的教科书。朱熹在历史上被誉为一代儒学宗师。

与朱熹同时期，在理学内部还产生了心学。陆九渊是心学的开创者，其核心命题是"心即理也"，意思是本心即天理，"宇宙便是吾心，吾心便是宇宙"。王守仁是心学的集大成者，宣扬"心外无物，心外无事，心外无理"。在认识论上，他提出"致良知"学说，认为良知就是本心，就是理，天理就在自己心中，只要克服私欲、恢复良知，就能成为圣贤。

宋明理学作为儒学发展的一个阶段，带有明显的佛道化的特点。首先，儒家一直是非常务实入世的思想流派，不重视抽象思辨，宋明理学吸收、借鉴了佛教与道教的形而上学，建构儒学的伦理道德形而上学，使儒学的哲学性更进一步。其次，宋明理学在发展过程中借鉴了佛、道二家的传教谱系，创立儒家学说的"道统"，使儒家学说在理学阶段系统性大大增强。另外，传统儒家政治上讲究仁政，个人道德上注重推己，对中国传统乐感文化的产生起了重要作用，而宋明理学把佛、道的禁欲主义思想吸收进来，提出了"存天理，灭人欲"的道德主张，成为理学的核心思想，给出了完成儒家道德修养的具体标准和明确途径。后世有人认为宋明理学的思想实质是"外儒内佛"，这否定了儒家和佛家的根本差异，过于夸大理学和佛学的关系，但是，也从一个侧面表明宋明理学中儒、道、佛三家的融合是深度的。

• 成语小故事 •

出淤泥而不染 出自周敦颐《爱莲说》："予独爱莲之出淤泥而不染。"比喻生于污浊的环境却不受污染，依然保持纯洁的品格。

周敦颐为人清廉正直，襟怀淡泊，酷爱莲花。据说，他晚年任职于虔州（今赣州），在府署旁开辟莲池种植莲花，每当茶余饭后，于池畔赏莲。嘉祐八年（1063），周敦颐在此写下了脍炙人口的散文《爱莲说》。

思考与实践活动 ▶▶▶

传统文化，你我共赏

一 背景资料

中华民族具有5000多年连绵不断的文明历史，创造了博大精深的中华文化，为人类文明进步作出了不可磨灭的贡献。经过几千年的沧桑岁月，把我国56个民族、13亿多人紧紧凝聚在一起的，是我们共同经历的非凡奋斗，是我们共同创造的美好家园，是我们共同培育的民族精神，而贯穿其中的、最重要的是我们共同坚守的理想信念。

——习近平在十二届全国人大一次会议闭幕会上发表的讲话

1986年杨丽萍创作并演绎的舞蹈《雀之灵》一经问世就获得了很多荣誉，并受到人们的喜爱。杨丽萍从傣族孔雀舞当中获得灵感，将自己对孔雀舞的独特认知与民族特色有机融合，通过大胆创新充分融入现代元素，既有继承又有超越，极大程度上满足了人们的审美需求，使民族文化、民族精神在新时代得以传承与发展。

二 活动内容

（一）文化素养：大美传统

中华文化源远流长，请结合背景资料认真思考，收集身边那些展现大美传统文化的事例，并在班级内进行交流讨论。

（二）素养提升：修身，文化自信

"求木之长者，必固其根本；欲流之远者，必浚其泉源。"中华优秀传统文化作为中国特色社会主义优秀文化中积淀时间最悠久、成果最丰富的组成部分，是我们在世界文化激荡中站稳脚跟的坚实基础。请大家结合背景资料分析思考，搜集资料，举行主题演讲，增强包括文化自信在内的"四个自信"，立志成长为有理想、有本领、有担当的时代新人。

第二章

百家争鸣——中国传统思想流派

中国传统思想庞大而系统,它主要围绕如何正确处理人与自然、人与社会、人与自我的关系而展开,其核心思想是儒家、道家和佛家的学说。

第一节　人与自然——天人和谐

古代社会早期生产力低下,人们认为自然物具有灵魂和意志,因而产生了对神的崇拜,希望能借助"神意"预知未来的吉凶,达到趋利避害的目的。人们在长期的实践中发明了人神"沟通"的方法,即由巫师在龟甲、兽骨上凿出小孔,然后把龟甲、兽骨放在火上烧。龟甲、兽骨爆裂时发出声响的大小、裂纹的深浅、图案的形状就是"神意"。巫师再对该"神意"进行解释,然后刻在龟甲、兽骨上,这就是卜辞。《周易》就是在这种背景下出现的。

卜辞

《周易》分为《经》和《传》。相传伏羲仰观天文,俯察地理,远取诸物,近取诸身,始画八卦;周文王把八卦重新排列,并且两两相重演成六十四卦;孔子对《易经》进行注解,做《易传》。这就是所谓"人更三圣,世历三古"。

微课
人与自然

八卦是表示事物自身变化的阴阳系统,用"—"代表阳,用"— —"代表阴,这两种符号按照大自然的阴阳变化平行组合,组成八种不同形式。每一卦形代表一定的事物:乾代表天,坤代表地,巽代表风,震代表雷,坎代表水,离代表火,艮代表山,兑代表泽。八卦互相搭配又变成六十四卦,用来象征各种自然现象和社会现象。《易传·系辞

上》:"《易》有太极,是生两仪。两仪生四象。四象生八卦。八卦定吉凶,吉凶生大业。"

阴阳是《周易》中的核心概念,一阴一阳构成了整套卦爻符号体系。阴阳表示万物两两对应、相反相成的对立统一。阴阳两气是天地万物源头,阴阳相合,万物生长。阴阳说必兼五行,五行即由木、火、土、金、水五种基本物质的运行和变化所构成。五行间存在着相生相克的关系,生克是矛盾的两个方面,也就是阴阳的两个方面。阴阳五行学说是中国古代哲学的重要观念,《周易》被誉为"群经之首""大道之源",以阴阳为基础,把自然演变规律移植为社会发展规律,蕴含天人和谐的观念,是道家、儒家思想的渊源。

一、道家的发展流变

道家由老子创立。道家思想的发展大致经历了四个阶段:第一阶段是以老子、庄子为代表的先秦老庄哲学;第二阶段是汉初黄老之学;第三阶段是三国两晋南北朝时期的玄学;第四阶段是隋唐以后的道家思想。

春秋战国时期,老子困惑于政治和社会大变革的现实,转而对宇宙本体与人类社会及人自身进行思考,创立了道家学派。"道"是老子思想的核心。老子认为"道"是哲学体系最高范畴,是天地万物的本原。老子的政治主张是"无为"。"无为"不是消极的无作为,而是顺应自然规律,让事物按照本来的自然的方式发展,不能凭借个人主观意愿而违反自然规律去"妄为"。"无为"是道家的最高价值取向。

庄子继承和发展了老子的学说。他仍以"道"为哲学体系最高的范畴。他认为"道"是"无为无形,可传而不可受,可得而不可见",是客观真实的存在。在老子"道法自然"的基础上,庄子提出了天下万物是相互联系、自生自养的。庄子认为人生的最高境界是逍遥自由,他希望按人的自然本性生活,从仁、义、礼、智的桎梏下解放出来,以求得精神上的自由。

黄老之学是以道家思想为基础,吸取儒、墨、名、法等家的一些观点,融汇而成的一种新的学说体系。其治国的思想主旨为文武并用、刑德兼行、以法为符、与民休息的无为而治。汉初统治者刘邦吸取秦朝灭亡的教训,采取了符合当时统治者需要的黄老之学。此后,汉惠帝、吕后和汉文帝、汉景帝统治期间,都有意识地将黄老之学作为统治思想,恢复了残破的社会经济,出现了封建社会第一个盛世——"文景之治"。汉武帝执政后,推行"罢黜百家,独尊儒术"的政策,废除了汉朝以黄老学说治国的思想。

东汉末年,汉朝经学和阴阳谶纬的神学思想开始丧失了魅力。士大夫用老庄的哲学思想解释儒家经典,当时人称之为"清谈"或"玄谈",玄学应运而生,以老庄思想为骨架,糅合儒家思想,究极宇宙人生的哲理,成为道家思想发展的最高阶段。玄学思潮过后,道家作为一个独立的思想流派不复存在,它更多的是依托其宗教形式——道教存在和发展。道教奉老子为教主,以黄老道家思想为理论根据,承袭战国以来的神仙方术衍化形成。它形成于东汉,到了三国两晋南北朝时期已有较大发展,形成了以葛洪为代表的金丹道教和以张陵为代表的符箓道教。道教在隋唐时期开始兴盛,到宋朝达到顶峰。

二、道家经典作品选读

(一)《老子》节选

道可道,非常道。名可名,非常名。无名天地之始。有名万物之母。故常无欲以观其妙。常有欲以观其徼。此两者同出而异名,同谓之玄。玄之又玄,众妙之门。(《老子·第一章》)

上善若水。水善利万物而不争,处众人之所恶,故几于道。居善地,心善渊,与善仁,言善信,正善治,事善能,动善时。夫唯不争,故无尤。(《老子·第八章》)

天之道其犹张弓与。高者抑之,下者举之。有余者损之,不足者补之。天之道,损有余而补不足。人之道,则不然,损不足以奉有余。孰能有余以奉天下,唯有道者。是以圣人为而不恃,功成而不处。其不欲见贤邪!(《老子·第七十七章》)

(二)《庄子·逍遥游》节选

北冥有鱼,其名为鲲。鲲之大,不知其几千里也。化而为鸟,其名为鹏。鹏之背,不知其几千里也。怒而飞,其翼若垂天之云。是鸟也,海运则将徙于南冥。南冥者,天池也。

《齐谐》者,志怪者也。《谐》之言曰:"鹏之徙于南冥也,水击三千里,抟扶摇而上者九万里,去以六月息者也。"野马也,尘埃也,生物之以息相吹也。天之苍苍,其正色邪?其远而无所至极邪?其视下也,亦若是则已矣。

且夫水之积也不厚,则其负大舟也无力。覆杯水于坳堂之上,则芥为之舟,置杯焉则胶,水浅而舟大也。风之积也不厚,则其负大翼也无力。故九万里,则风斯在下矣,而后乃今培风;背负青天而莫之夭阏者,而后乃今将图南。

蜩与学鸠笑之曰:"我决起而飞,枪榆、枋而止,时则不至,而控于地而已矣,奚以之九万里而南为?"适莽苍者,三餐而反,腹犹果然;适百里者,宿舂粮;适千里者,三月聚粮。之二虫又何知!

小知不及大知,小年不及大年。奚以知其然也?朝菌不知晦朔,蟪蛄不知春秋,此小年也。楚之南有冥灵者,以五百岁为春,五百岁为秋;上古有大椿者,以八千岁为春,八千岁为秋。此大年也。而彭祖乃今以久特闻,众人匹之,不亦悲乎!

知识链接

❶ 关于老子

老子,姓李名耳,字聃,春秋末期楚国苦县(今河南省周口市鹿邑县)人,生卒年不详(孔子曾问礼于老子,推测与孔子是同一时代的人,但比孔子稍前)。中国古代思想家、哲学家、文学家和史学家,道家学派创始人和主要代表人物,被道教尊称为"太上老君"。曾在东周国都洛邑(今河南省洛阳市)任守藏史(管理藏书的官员),相传晚年著成《老子》后,骑青牛出函谷关而去,飘然不知所终。

《老子》又名《道德经》，是道家哲学思想的重要来源。《老子》共五千余字，共81章，分上、下两篇。前37章为上篇《道经》，后44章为下篇《德经》。《老子》内容涵盖哲学、伦理学、政治学、军事学等诸多学科，被后人尊奉为治国、齐家、修身、为学的宝典。自16世纪《老子》传入西方后，老子及其思想引起了西方人的关注和认同。西方人把《老子》翻译成了拉丁文、法文、德文、英文等各种语言。

❷ 关于庄子

《史记·老子韩非列传》记载："庄子者，蒙人也，名周。周尝为蒙漆园吏，与梁惠王、齐宣王同时。其学无所不窥，然其要本归于老子之言。故其著书十余万言，大抵率寓言也。"

庄子是战国时期著名的思想家、哲学家和文学家。庄子是老子哲学思想的继承者和发展者，与道家始祖老子并称为"老庄"。他们的哲学思想体系被思想学术界尊为"老庄哲学"。

《庄子》现存33篇，其中内篇7篇，外篇15篇，杂篇11篇。鲁迅先生评价《庄子》为"汪洋辟阖，仪态万方，晚周诸子之作，莫能先也"。

❸ 关于老庄的道家思想

老庄哲学以"道"作为哲学体系最高的范畴，认为"道"是产生万物的根源。"道"产生了混沌物质"一"，混沌物质"一"产生了阴阳二气，阳气上升，阴气下降，生成天地，世间万物由此而来。因为人与天地自然是同源同构，皆由"气"构成。如果人类违背自然规律，对自然进行无尽的索取、无情的破坏，实际上就是对人类自身的摧残，所以，老庄哲学倡导人们要善待自然、尊重自然和敬畏自然。

"道"是事物发展变化的客观规律。"人法地，地法天，天法道，道法自然。"顺应自然界自身的规律，做到"先应之以人事，顺之以天理，行之以五德，应之以自然"，最终达到"调理四时，太和万物"的效果。道家的顺应自然的主张落实到实际行动上就是"自然无为"。

• **成语小故事** •

紫气东来　出自老子出关的传说。传说函谷关令尹喜见有紫气从东而来，知将有圣人过关，果然老子骑青牛前来，尹喜便请他写下了《道德经》。后用"紫气东来"比喻吉祥的征兆。

人们一直津津乐道老子出关的传说。杜甫《秋兴》诗中有"西望瑶池降王母，东来紫气满函关"之句。鲁迅曾创作了短篇小说《出关》。

鼓盆而歌　出自《庄子·至乐》："庄子妻死，惠子吊之，庄子则方箕踞鼓盆而歌。"后以"鼓盆之戚"为丧妻的代称。

庄子的妻子死了,惠子(惠施)前往庄子家吊唁,只见庄子岔开两腿,像个簸箕似的坐在地上,一边敲打着瓦缶一边唱着歌。惠子说:"你的妻子和你一起生活,生儿育女直至衰老而死,身死你不哭泣也就算了,竟然敲着瓦缶唱歌,不觉得太过分了吗?"庄子说:"不对的,我妻子初死之时,我怎么能不感慨伤心呢!妻子最初是没有生命的;不但没有生命,而且也没有形体;不但没有形体,而且也没有气息。在若有若无、恍恍惚惚之间,那原始的东西变化而有了气息,气息变化而有了形体,形体变化而有了生命,如今变化又回到死亡,这种变化,就像春夏秋冬四季那样运行不止。现在她静静地安息在天地之间,而我却还要哭哭啼啼,这不是不能通达天命吗?所以止住了哭泣。"

庄子认为人的生命是由于气之聚,人的死亡是由于气之散,把生死视为一种自然的现象,认为生死的过程不过是像春夏秋冬四季运行一样,表现了超脱生死的达观,超越了当时的鬼神之论,获得了精神上的自由。

第二节 人与社会——儒法结合

儒法结合是中国从汉朝到清朝长时间内国家政权实行的一系列国家政策的内在指导思想,即在伦理劝导上对君民推崇儒家思想,在制度法治和政治事功上依赖法家的思想。儒法结合是中国传统封建社会的基本治理结构。

一、儒家的发展流变

儒家由孔子创立,孟子和荀子加以发扬光大,经过董仲舒、朱熹等人不断扩展充实,成为中国传统思想的主要精神之一,对后世影响深远。儒家思想的发展大致经历了三个阶段:第一阶段是以孔子、孟子为代表的先秦儒学;第二阶段是以董仲舒为代表的汉朝儒学;第三阶段是以周敦颐、朱熹为代表的宋明理学。

春秋时期,孔子创立儒家学派。"仁"是儒家的思想核心,是孔子社会政治、伦理道德的最高理想和标准,也是人人都可以达到的道德标准、人人都可以践行的道德规范。"樊迟问仁。子曰:'爱人。'"(《论语·颜渊》)这是孔子对"仁"的最重要的解释。所谓"爱人",就是以"仁爱之心"处理人与人之间的关系。

孔子将"仁"视为最高的道德原则、道德标准和道德境界,认为"克己复礼"是达到"仁"的境界的修养方法。孔子重视"礼",一方面是为了培养人们自觉遵守礼的习惯,塑造一种尊礼、守礼的生活方式;另一方面,他把礼看作治理国家和维护社会秩序的重要工具。

孔子像

孟子受业于孔子的孙子子思,继承和发扬了儒家的入世济世的传统。在政治思想上把孔子的"德治"发展为系统的"仁政"学说,提出"民为贵,社稷次之,君为轻",激烈地反对和抨击以严刑峻法驱民耕战、以力服人的"霸道"路线。孟子思想的基石是"性善论",而荀子提出了"性恶论",认为"人之性恶,其善者伪也",仁、义、礼、智、信等都是后天经过学习、教化才会有的。荀子重视法治的作用,后世帝王"外儒内法"治理国家的政策即源于此。

汉武帝采纳董仲舒提出"罢黜百家,独尊儒术"的主张。从此,儒家学说从诸子百家学说的一种,变成"独尊"的待遇,成为封建社会正统思想。

董仲舒以先秦儒学为基础,广泛采纳诸子百家之长,建立起新儒学——汉朝儒学。汉朝儒学以"天人感应"为核心,宣扬"君权神授"之说,提出"三纲五常"的观念,顺应了汉朝大一统的需要,汉朝儒学走向制度化、宗教化,具有了明显的宗教色彩。

三国至唐朝时期,儒学的正统地位受到冲击,柳宗元、刘禹锡等人提出"统合儒释"的思想,形成三教合流。

五代混乱时期后,纲常松弛,道德式微,宋朝儒家学者打着复兴儒学的旗号,在儒学的基础上吸收佛教和道教的思想,形成以"理"为核心的新儒学——宋明理学,以"存天理,灭人欲"为道德规范,用儒家的纲常伦理来约束社会,维护专制统治,被统治者奉为儒学正宗七百余年,对中国的思想文化发展和社会生活产生了深远影响。

微课 人与社会

宋明理学强调的"三纲五常"扼杀了人们的自然欲求,在明朝中后期受到反封建的思想先驱李贽的反对。清初,黄宗羲、顾炎武、王夫之从不同角度批判宋明理学,引导百姓挣脱宋明理学的枷锁。随着中国封建社会的结束,宋明理学走向衰落。

儒家思想在历史上绵延两千多年,里面虽然包含了不少封建思想,但更多地是蕴含了无数的思想珍宝。儒家思想不仅是中国人的宝贵精神财富,在世界上也影响深远。

二、儒家经典作品选读

(一)《礼记·礼运》节选

昔者仲尼与于蜡宾,事毕,出游于观之上,喟然而叹。仲尼之叹,盖叹鲁也。言偃在侧,曰:"君子何叹?"孔子曰:"大道之行也,与三代之英,丘未之逮也,而有志焉。

大道之行也,天下为公。选贤与能,讲信修睦,故人不独亲其亲,不独子其子,使老有所终,壮有所用,幼有所长,矜寡孤独废疾者皆有所养,男有分,女有归。货恶其弃于地也,不必藏于己;力恶其不出于身也,不必为己。是故谋闭而不兴,盗窃乱贼而不作,故外户而不闭,是谓大同。

今大道既隐,天下为家。各亲其亲,各子其子,货力为己,大人世及以为礼。城郭沟池以为固,礼义以为纪。以正君臣,以笃父子,以睦兄弟,以和夫妇,以设制度,以立田里,以贤勇知,以功为己。故谋用是作,而兵由此起。禹、汤、文、武、成王、周公,由此其选也。此六君子者，未有不谨于礼者也。以著其义，以考其信，著有过，刑仁讲让，示民有常。如有不由此者，在势者去，众以为殃，是谓小康。"

（二）《论语·颜渊》节选

颜渊问仁。子曰："克己复礼为仁。一日克己复礼，天下归仁焉。为仁由己，而由人乎哉？"颜渊曰："请问其目。"子曰："非礼勿视，非礼勿听，非礼勿言，非礼勿动。"颜渊曰："回虽不敏，请事斯语矣。"

知识链接

❶ 关于《礼记》

《礼记》据传为孔子的七十二弟子及其学生们所作，西汉礼学家戴圣所编，又称《小戴礼记》，是中国古代一部重要的典章制度选集。它主要记载了先秦社会的礼制，是研究先秦社会的重要资料。它是一部儒家思想的资料汇编，是了解儒家思想的主要参考依据。

《礼记》章法谨严，文辞婉转，前后呼应，语言整齐有序而又多变。自东汉郑玄作注后，《礼记》地位日升，至唐朝时被尊为"经"。

❷ 关于孔子

《史记·孔子世家》："孔子生鲁昌平乡陬邑。其先宋人也，曰孔防叔。防叔生伯夏，伯夏生叔梁纥。纥与颜氏女野合而生孔子，祷于尼丘得孔子。鲁襄公二十二年而孔子生。生而首上圩顶，故因名曰丘云。字仲尼，姓孔氏。"

孔子是我国伟大的思想家、教育家、儒家学派创始人。孔子在世时被尊奉为"天纵之圣""天之木铎"，被后世统治者尊为孔圣人、至圣、至圣先师、大成至圣文宣王先师、万世师表，其开创的儒家思想对中国和世界都有深远的影响。

❸ 关于《论语》

《论语》是孔子及其弟子的语录结集，由孔子弟子及再传弟子编写而成，至战国前期成书。全书共20篇492章，以语录体为主，叙事体为辅，主要记录孔子及其弟子的言行，较为集中地体现了孔子的政治主张、伦理思想、道德观念及教育原则等。此书是儒家学派的经典著作之一，朱熹把《论语》与《大学》《中庸》《孟子》合为"四书"，为儒家的重要经典，在古代社会生活和政治生活中发挥着巨大的作用。

❹ 关于孔子的儒家思想

孔子认为"克己复礼"是达到"仁"的境界的修养方法。孔子面对礼崩乐坏的情势，以重建行将崩解的西周以来的人文秩序，承续远古以来的礼乐文化为己任。他认为"周监于二代，郁郁乎文哉！吾从周"（《论语·八佾》）。"礼"规定了不同阶层的人在日常生活中所做的行为动作要与自身的地位身份相符合，做到非礼勿视、非礼勿听、非礼勿言、非礼勿动。"仁"是"礼"之本源，"礼"为"仁"之表征，"仁"和"礼"是互为一体的。"仁"只有通过外在规范的"礼"才能在人际关系、社会关系中得以实现。在人际关系中所体现的"恭""敬""宽""敏""惠""信""忠""刚""勇""直"等皆为"仁"之一端。以"礼"立身，则可以达到"仁"的境界。

三、法家的发展流变

法家是中国历史上提倡以法治为核心思想的重要学派，主张"以法治国"，以富国强兵为己任。

《汉书·艺文志》记载："法家者流，盖出于理官，信赏必罚，以辅礼制。"法家思想最早可追溯至夏商时期掌管诉讼的理官，按照规定进行奖赏，严格按照法律进行惩罚，以此来辅助礼制。春秋时期的管仲、子产等人颁布法令与刑书，改革田赋制度，成为法家学派的思想先驱。这时候还没有产生严格意义上的法家，只能算作法家的萌芽时期。

战国初期，为发展新兴的封建势力，各个诸侯国都开始掀起变法运动。代表人物有李悝、吴起、商鞅、申不害等。

李悝曾任魏国相国，主持变法，是法家的真正开创者。他"重农"与"法治"结合的思想对商鞅、韩非影响极大。他汇集当时各国法律编成的《法经》是我国古代第一部比较完整的法典，现已失传。随着魏国的变法取得成效，变法成为战国各国的一股"流行风"。继而有楚国吴起、韩国申不害、秦国商鞅等相继变法，其中反映商鞅言行和思想的《商君书》（又称《商子》）是法家学派的代表作品之一。书中主张依法治国、重农抑商、重战尚武、重刑轻赏，贬斥儒家、纵横家及游侠。战国末期，韩非集法家之大成，综合与总结了以前法家所取得的成果及经验教训，建立了一套法（法律）、术（权术）、势（权势）相统一的、完整的法治理论体系。李斯受到秦王嬴政重用后，以法家思想为指导，实施一系列政策以加强专制主义中央集权的统治：实行郡县制，禁止私学，制定法律，统一车轨、文字、度量衡制度。他辅助秦王奠定了中国两千多年政治制度的基本格局，使法家理论得以实践。

随着秦朝的灭亡，法家也盛极而衰。汉武帝"罢黜百家，独尊儒术"之后，法家作为一个思想文化流派退出了历史舞台，其法治思想被吸收到儒学的体系中，德刑并用，成为维护地主阶级专政的有力工具。

四、法家经典作品选读

（一）《韩非子·外储说右上》节选

宋人有酤酒者，升概甚平，遇客甚谨，为酒甚美，县帜甚高，著然不售，酒酸。怪其故，问其所知闾长者杨倩，倩曰："汝狗猛耶？"曰："狗猛则酒何故而不售？"曰："人畏焉。或令孺子怀钱挈壶瓮而往酤，而狗迓而龁（咬）之，此酒所以酸而不售也。"

夫国亦有狗，有道之士怀其术而欲以明万乘之主，大臣为猛狗迎而龁（咬）之，此人主之所以蔽胁，而有道之士所以不用也。

（二）《韩非子·外储说左上》节选

宋襄公与楚人战于涿谷上，宋人既成列矣，楚人未及济，右司马购强趋而谏曰："楚人众而宋人寡,请使楚人半涉,未成列而击之,必败。"襄公曰:"寡人闻君子曰:'不重伤,不擒二毛,不推人于险,不迫人于厄。不鼓不成列。'今楚未济而击之,害义。请使楚人毕涉成阵而后鼓士进之。"右司马曰:"君不爱宋民,腹心不完,特为义耳。"公曰:"不反列,且行法。"右司马反列,楚人已成列撰阵矣,公乃鼓之。宋人大败,公伤股,三日而死。此乃慕自亲仁义之祸。夫必恃人主之自躬亲而后民听从,是则将令人主耕以为上,服战雁行也民乃肯耕战,则人主不泰危乎!而人臣不泰安乎!

(三)《韩非子·内储说上》节选

庞恭与太子质于邯郸,谓魏王曰:"今一人言市有虎,王信之乎?"

曰:"不信。"

"二人言市有虎,王信之乎?"

曰:"寡人疑之矣。"

"三人言市有虎,王信之乎?"

王曰:"寡人信之矣。"

庞恭曰:"夫市之无虎也明矣,然而三人言而成虎。今邯郸之去大梁也远于市,议臣者过于三人,愿王察之。"

庞恭从邯郸返,果不得见。

(四)《韩非子·说林上》节选

卫人嫁其子而教之曰:"必私积聚!为妇人而出,常也;其成居,幸也。"其子因私积聚,其姑以为多私而出之。其子所以反者,倍其所以嫁。其父不自罪于教子非也,而自知其益富。今人臣之处官者皆是类也。

知识链接

❶ 关于韩非

韩非是战国末期著名的思想家,与李斯同为儒家大师荀子的弟子。《史记》记载,韩非精于"刑名法术之学",口吃而不擅言语,但文章出众。韩非深爱自己的祖国,但他并不被韩王所重视。他将自己的思想写成文章《孤愤》《五蠹》《显学》《难言》等。后来这些文章被秦王所见,秦王赞叹不已。为了得到韩非这个人才,秦王派兵攻打韩国,迫使韩王让韩非到秦国为其效力。韩非到了秦国后,他与李斯的政见相左。韩非欲存韩国,李斯欲灭韩国。李斯上疏嬴政,陈述韩非是想从秦国取利。韩非被关进监狱后,李斯害怕秦王终会重用韩非而威胁到他的地位,于是逼韩非服毒自尽。

❷ 关于《韩非子》

《韩非子》是后人收集整理韩非所著的文章编纂而成的,是法家的重要著作。这部书现存五十五篇,十余万言,自古为历代帝王必学之书。其文章构思精巧,语言幽默,风格严峻峭刻,以形象说理,通过众多的寓言故事和其他手法,于平实中见奇妙,具有耐人寻味、警策世人的艺术风格。

❸ 关于韩非子的法家思想

韩非以"法治"为核心,同时吸收道家思想,形成完整的法家思想体系。韩非子将"法""术""势"三者糅合为一,认为三者相辅相成,缺一不可。为了实行"法治",他认为必须有"法"并要严格执行,任何人也不能例外,做到"法不阿贵""刑过不避大臣,赏善不遗匹夫";国家大权要集中在君主一人手里,君主必须有权有势,使用各种手段清除世袭的奴隶主贵族,"散其党""夺其辅"。君王能独尊法家,务必清除儒家学者、纵横家的说客、带剑游侠、依附贵族逃兵役的患御者、商工之民等"五蠹"。韩非的思想达到了先秦法家理论的最高峰,为秦统一六国提供了理论武器,同时,也为以后的封建君主专制制度提供了理论依据。

• 成语小故事 •

作法自毙 出自《史记·商君列传》。指自己立法反而使自己受害,泛指自作自受,贬义。

商鞅是战国时期法家的代表人物,在秦国进行了变法,制定了严苛的法律,取消了贵族的特权。在秦孝公去世之后,商鞅遭到贵族的报复,只身逃往他国,躲灾避祸。他来到关下,不想被守关军士拦住,声称商君有令,黄昏后非公事不得出城。商鞅要求住宿,店主说商君有令,住店的人没有证件,店主要连带获罪,商鞅叹息道:"嗟乎!为法之敝,一至此哉!"后来他逃到魏国,魏国将他遣送回秦国,秦王下令车裂其尸首以示众。秦惠文王杀了商鞅,却继续执行商鞅的政策,为秦国统一六国奠定了基础。

第三节 人与自我——直指本心

中国传统思想文化重视对人生的研究,并发展出一套内在修为、存养功夫和相应的方法论,形成中国传统文化独有的道德境界、审美境界和人生境界,对于中国人的人格修养、道德情操的培养和审美艺术的追求具有决定性的作用。

一、"修身、齐家、治国、平天下"的修身养性之路

诸子百家之中,儒、道两家都非常重视内心的修炼。

(一)儒家:内修于心,外化于行

儒家讲究次序,注重固本培根,其修身养性之路从孔子起就有强烈的实践性和主动性。"立德"是儒家人生修养中最基础的部分。《论语·子路》:"子曰:'刚、毅、木、讷,近

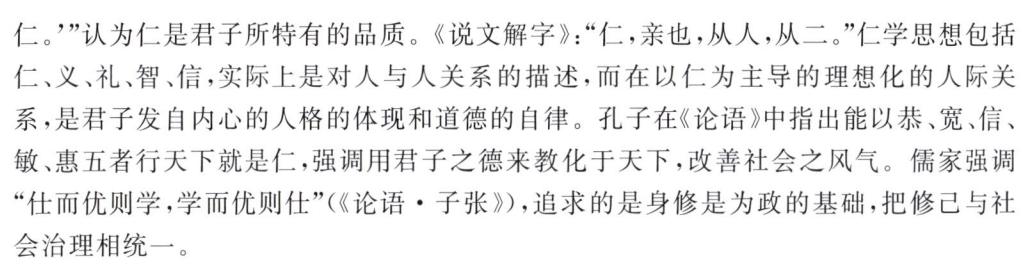

仁。'"认为仁是君子所特有的品质。《说文解字》："仁，亲也，从人，从二。"仁学思想包括仁、义、礼、智、信，实际上是对人与人关系的描述，而在以仁为主导的理想化的人际关系，是君子发自内心的人格的体现和道德的自律。孔子在《论语》中指出能以恭、宽、信、敏、惠五者行天下就是仁，强调用君子之德来教化于天下，改善社会之风气。儒家强调"仕而优则学，学而优则仕"（《论语·子张》），追求的是身修是为政的基础，把修己与社会治理相统一。

从方法论上看，孔子提出"求仁而得仁"，仁是自己通过不断的修行才能够得到的，所谓"天行健，君子以自强不息；地势坤，君子以厚德载物"（《周易》）。孟子从性善论出发，更是进一步提出要配合义与道，培养大公至正、强而有力的浩然正气。

可见，从先秦儒家开始，儒家的人生修养就是奋发图强、锐意进取、勇往直前、博爱万物、志在天下的充满阳刚之气的修养，是非常积极和理想主义的人生态度。

(二)道家：心性自由与精神解放

老子的思想是大智慧，讲究固本培根、心怀大道，主张用虚静的态度掌握宇宙万物纷繁的变化规律，遵循着规律而动，从而去除世俗烦恼，获得人生的自由。庄子的哲学是"心灵"哲学。在修养方面，庄子提出了"心斋""成心""机心""虚心"等一系列重要概念。"心斋"是庄子追求的心理与精神上的"体道"状态，也就是物我两忘，虚静平和、虚而无物的理想状态。庄子指出，要达到"忘斋"，必须克服"成心"和"机心"。"成心"指以自我的利益为中心，坚持一己之见，用自己的道德需求或者标准来衡量一切事物；"机心"指机巧算计之心，做事时为贪念束缚，就无法达到纯净自然的精神状态。庄子认为只有宁静致虚的"虚心"才能符合"道"的存在形式，从而使人达到"心斋"状态，摆脱外在奴役，实现对现实人生的超越与超脱，最终走向"天地与我并生，而万物与我合一"的生命美学的至境。

东汉以来，禅宗的心性修养之道对中国的思想、文化、艺术领域产生了深远的影响。禅宗注重心性修养，主张依托现实，在现实人生和实际生活中进行精神领悟，通过个人的品德修养，去除人性中的俗见、贪欲、迷惑、忧虑而达到纯真宁静的状态。在方法论上，禅宗主张"顿悟"。所谓"放下屠刀，立地成佛"，禅宗顿悟的"明心见性"与"顿悟成佛"强调的都是在日常生活的修炼中，借助形象而又超越形象，最终在某一刻豁然开朗，从形象中领悟到只可意会而不可言传的最高人生境界。"意会"指领悟，"不可言传"指这种修养方式无法靠言语表述，每个人必须通过修养自己的心性而去除外界迷惑，直指本心，找到自己内心真与善的本质。这些思想的形成既受到了中国传统儒道思想的影响，又进一步影响了儒道合流后的修身心性学说。

心学是以"心"为核心构建的哲学架构，其心性学说达到中国传统文化修身养性文化的巅峰。心学提出了"发明本心"的修养论，认为恻隐、羞恶、辞让、辨是非的能力是每个人都具备的本心，也是仁、义、礼、智的开始，修养就是要将蒙蔽"本心"的私欲杂念、自满自足以及主观的一己意念剥除，最终彰显本心，并将其运用于日常生活的实践之中，使自己人生的一切方面都按照理想的状态实践。在方法论上，陆九渊提出了"心即理"，心外无理，因此指出"切己自反，直指本心"的向内自省之路，以涵养心中之理，提升道德修养。

王阳明晚年提出"致良知",是中国传统文化中的修身养性之学的高度总结与提炼。"致良知"语出《孟子·尽心上》:"人之所不学而能者,其良能也;所不虑而知者,其良知也……无他,达之天下也。"王阳明认为良知就是每个人内心都存在的完美的道德意识,"致良知"就是将人内心的良知推广扩充到全部的现实世界中。一方面,为了保持本心,使良知显现,时刻提醒自己不可为一己之私而忘记天下大义;另一方面,要知行合一,所谓"致"就是用良知统摄人生与万事万物,化德性为德行。所以,王阳明的"致良知"是在实际行动中实现良知,知行合一,在事上磨炼,见诸客观实际。至此,王阳明沿袭了儒家的核心理念,结合道、佛两家的修身养性之道,将个人的理想抱负与国家民族的利益相结合,务实奋斗,指出了从先秦儒家开始的"修身、齐家、治国、平天下"的修身目标的实现之路。

二、人、艺、道同一的审美境界

中国传统思想重视修身养性,对心灵世界高度关注,重视内心的自觉,主张通过人格的涵养以达到理想的心灵境界,而无论儒、佛、道哪一家,对心灵境界的追求最终都表现出超越现实的审美意义,如道德美育、超功利、自由精神、感性体验、人生境界等中国传统文化所追求的这种光辉人格照耀下的审美人生,美学家朱光潜总结为"艺术化的人生"。

中国传统文化艺术表现出以人的主观精神世界为中心的统一性,如"风骨""襟抱""神韵"等词语常用来描述人的精神风貌,同时这些词语也是衡量艺术品的格调、水平和欣赏者审美能力的重要标准,这些词还被用来评判生活方式的雅俗、人生境界的高低,所以,我们认为"心"是文化艺术的开端。刘勰的《文心雕龙》明确标举"文心",以文心为文艺之根本。清朝画家石涛指出:"夫画者,从于心者也。"修身养性是我们学习艺术技巧的基础。"画,心之文也。学画当先修身,身修则心气和平,能应万物。未有心不和平而能书画者!读书以养性,书画以养心,不读书而能臻绝品者,未之见也。"(张式《画谭》)对艺术的追求不能止步于技巧,而要体现天地人心之大道:"文心"要体"道",艺要"进乎道",艺术家要在天地万物间寻找灵感,反映天地万物的本质精神。最终,我们的传统文化追求人格和艺术水准与世界本质统一。"有第一等襟抱,第一等学识,斯有第一等真诗。"(沈德潜《说诗晬语》)"飘如游云,矫若惊龙"(《世说新语》)这样的句子既形容书法之曼妙,又形容书法家本人气质之飘逸俊朗。美学家宗白华谈中国艺术的意境:"主观的生命情调与客观的自然景象交融互渗,成就一个鸢飞鱼跃、活泼玲珑、渊然而深的灵境;这灵境就是构成艺术之所以为艺术的'意境'。"

哲学家张世英把人的生活境界分为四个层次,即欲求境界、求知境界、道德境界和审美境界,其中审美境界被置于最高位置,认为审美意识是"人的精神意识发展的最高阶段"。中国传统文化中,艺术家的人品道德、艺术品位和人生境界是不可分割的统一体,我们追求在人生体验中达到审美境界与人生境界的高度结合,审美、艺术、人生最终通过人生修养和审美教育达到统一。

微课
人与自我

三、经典作品选读

(一)《孟子·公孙丑章句上》节选

曰:"敢问夫子之不动心,与告子之不动心,可得闻与?"

"告子曰:'不得于言,勿求于心;不得于心,勿求于气。'不得于心,勿求于气,可;不得于言,勿求于心,不可。夫志,气之帅也;气,体之充也。夫志至焉,气次焉。故曰:'持其志,无暴其气。'"

"既曰'志至焉,气次焉',又曰'持其志无暴其气'者,何也?"

曰:"志壹则动气,气壹则动志也。今夫蹶者趋者,是气也,而反动其心。"

"敢问夫子恶乎长?"

曰:"我知言,我善养吾浩然之气。"

"敢问何谓浩然之气?"

曰:"难言也。其为气也,至大至刚,以直养而无害,则塞于天地之间。其为气也,配义与道;无是,馁也。是集义所生者,非义袭而取之也。行有不慊于心,则馁矣。我故曰,告子未尝知义,以其外之也。必有事焉而勿正,心勿忘,勿助长也。无若宋人然:宋人有闵其苗之不长而揠之者,芒芒然归。谓其人曰:'今日病矣,予助苗长矣。'其子趋而往视之,苗则槁矣。天下之不助苗长者寡矣。以为无益而舍之者,不耘苗者也;助之长者,揠苗者也。非徒无益,而又害之。"

"何谓知言?"

曰:"诐辞知其所蔽,淫辞知其所陷,邪辞知其所离,遁辞知其所穷。生于其心,害于其政;发于其政,害于其事。圣人复起,必从吾言矣。"

(二)王阳明《传习录·答顾东桥书》节选

来书云:"闻语学者,乃谓'即物穷理之说亦是玩物丧志',又取其'厌繁就约''涵养本原'数说标示学者,指为晚年定论,此亦恐非。"

朱子所谓格物云者,在即物而穷其理也。即物穷理是就事事物物上求其所谓定理者也,是以吾心而求理于事事物物之中,析心与理为二矣。夫求理于事事物物者,如求孝之理于其亲之谓也。求孝之理于其亲,则孝之理其果在于吾之心邪?抑果在于亲之身邪?假而果在于亲之身,则亲没之后,吾心遂无孝之理欤?见孺子之入井,必有恻隐之理,是恻隐之理果在于孺子之身欤?抑在于吾心之良知欤?其或不可以从之于井欤?其或可以手而援之欤?是皆所谓理也。是果在于孺子之身欤?抑果出于吾心之良知欤?以是例之,万事万物之理莫不皆然,是可以知析心与理为二之非矣。夫析心与理而为二,此告子义外之说,孟子之所深辟也。"务外遗内,博而寡要",吾子既已知之矣,是果何谓而然哉?谓之玩物丧志,尚犹以为不可欤?

若鄙人所谓致知格物者,致吾心之良知于事事物物也。吾心之良知即所谓天理也,致吾心良知之天理于事事物物,则事事物物皆得其理矣。致吾心之良知者,致知也。事事物物皆得其理者,格物也。是合心与理而为一者也。合心与理而为一,则凡区区前之所云,与朱子晚年之论,皆可以不言而喻矣。

(三)《庄子·人间世》节选

颜回曰:"吾无以进矣,敢问其方。"

仲尼曰:"斋,吾将语若。有而为之,其易邪?易之者,暤天不宜。"

颜回曰:"回之家贫,唯不饮酒不茹荤者数月矣。如此,则可以为斋乎?"

曰:"是祭祀之斋,非心斋也。"

回曰:"敢问心斋。"

仲尼曰:"若一志!无听之以耳而听之以心,无听之以心而听之以气。听止于耳,心止于符。气也者,虚而待物者也。唯道集虚,虚者心斋也。"

颜回曰:"回之未始得使,实自回也;得使之也,未始有回也,可谓虚乎?"

夫子曰:"尽矣!吾语若:若能入游其樊而无感其名,入则鸣,不入则止。无门无毒,一宅而寓于不得已,则几矣。绝迹易,无行地难。为人使易以伪,为天使难以伪。闻以有翼飞者矣,未闻以无翼飞者也;闻以有知知者矣,未闻以无知知者也。瞻彼阕者,虚室生白,吉祥止止。夫且不止,是之谓坐驰。夫徇耳目内通外于心知,鬼神将来舍,而况人乎?是万物之化也,禹、舜之所纽也,伏戏、几蘧之所行终,而况散焉者乎?"

思考与实践活动 ▶▶▶

古老智慧,意味深长

一 背景知识

中华民族是由许多的民族(或称为种族)共同构成的一个整体。在长期的发展过程中,中国各族的文化相互交融,共同构成为丰富灿烂的中华民族文化。

……

从世界范围来看,中国文化是一个独立发展的体系,有一个连续不断的发展过程。在这发展过程中,虽经常吸收外来文化的长处,但始终保持着自己的独立性,因而成为世界上一个独特的文化类型,影响及于国外,对于世界文化作出过巨大的贡献。

中国文化在几千年中,巍然独立,存在于世界东方,除了有一定的物质基础(物质生产的原因)之外,还有其一定的思想基础。这种思想基础,可以叫做中国文化的基本精神。

……

近代以来,由于中国受帝国主义的欺凌,由于反动统治者的腐败无能,由于中国沦为半殖民地,人们特别注意考察中国旧有的思想意识中有消极衰朽的方面,注意考察旧有思想意识中的陈腐萎靡的病态。这当然是必要的。对于这些缺点、病态,必须有清醒的认识,坚决地加以改革。但是,如果中国文化仅仅是一些缺点、病态的堆积,那么,中华民族就只有衰亡之一途了。过去,一些帝国主义者正是以此为中国进行恶毒的攻击。我们在严正地予以反驳的同时,应当注意考察传统文化中所包含的积极的健康的要素,深切地认识到中国传统文化中具有指导作用的推动历史前进的精神力量。

中国文化有五千年的历史,新中国成立以后,文化又获得了新生,进入了中华民族文化发展的新阶段。中国文化能够历久不衰、虽衰而复盛的情况,证明了中国文化中一定有不少积极的具有生命力的精粹内容。

中国文化的基本精神是什么呢?指导中国文化不断前进的基本思想是什么呢?这里试举出四点:刚健有为,和与中,崇德利用,天人协调。我认为这些就是中国传统文化的基本精神之所在。

——张岱年《论中国文化的基本精神》

"仁"的观念,由孔子特别提出,那是中国思想史力最中心最主要的一观念。

只要自尽我心,自竭我情,求仁而得仁,在我已当下圆满。

——钱穆《中国思想史》

二 活动内容

(一)职业素养:理想规划

参观博物馆、文物景点、非遗基地、历史遗迹等,做好实践记录,感受中国传统思想的智慧,增强对传统文化、工农手工业等的感性认识与理解,进而提高对中国传统思想一脉相承的认同感,提升对改革开放取得伟大成就的自豪感。请大家坐在一起畅谈一下今后的奋斗目标,做好职业生涯规划。

(二)素养提升:自强不息,君子之道

请大家结合背景资料,理解孔子思想中的君子之道:修己以敬,修己以安家,修己以安国、安天下。分小组撰写读书笔记,深刻理解君子之道中"家-国-天下"的根本原则,进而思考如何追求"德行完满"的至高境界,在修身中扣好人生"第一粒扣子"。

模块

艺以修身

——文学与审美

第三章

文化符号——汉语与汉字

第一节 中华文化的载体——汉语

汉语是世界上古老的语言之一，拥有几千年的历史。随着中国综合国力及国际经济、政治地位的稳步提升，汉文化圈影响力不断扩大，汉语、汉字及中华文化在国际上越来越受重视，全球"汉语热"越来越升温。

一、汉语的演变

任何一种语言，不论它古老与否，都有来历与源头。那么，汉语的源头在哪里？又是如何形成的呢？

(一)从华夏语到汉语的演变

汉语的发展历史一般粗分为古代汉语和现代汉语两段，其中古代汉语又可以分为上古汉语和中古汉语，古代汉语和现代汉语之间还有一段近代汉语。上古汉语一般指周朝至汉朝时期的汉语，是现代汉语的祖先，大约持续了千年。周朝之前的夏、商两朝的语言一般称为华夏语，与华夏族相应，与后来的汉语有传承关系，但还不是汉语，学术界称其为远古汉语，把它看作比古代汉语更早的一种状态。先秦诸子百家著书时使用"雅言"为共同语。"子所雅言，《诗》、《书》、执礼，皆雅言也。"（《论语·述而》）秦统一六国后，秦始皇为建立大一统的中央集权制推行了一系列政策，其中包括"书同文"，统一六国文字，以小篆作为正式官方文字。到此阶段都是上古汉语。中古汉语使用于南北朝、隋朝、唐朝和宋朝前期。近代汉语是古代汉语与现代汉语的过渡阶段，以早期白话文作品为代表。现代汉语有标准语（普通话）和方言之分。

微课
汉语的演变

(二)中国的方言

汉语从它形成那一刻起，就从未停下过前进的脚步，一直顺应着社会的发展而发展。汉语是一种古老而年轻的语言,源头古老,流变年轻。

1. 汉语的南北分化

三国两晋南北朝时期,中国历史进入大动荡、大分裂时期。这一时期的汉语变化表现为口语的演变愈演愈烈,与书面语渐行渐远。

西晋灭亡之后,中原大乱,北方的一些少数民族先后进入中原地区,其中较为强盛的有匈奴、鲜卑、羯、氐、羌五个少数民族。由此,开启了少数民族与汉族之间民族大融合的过程。少数民族政权都在积极学习汉文化,尊儒修学。史学家陈寅恪在《魏晋南北朝史讲演录》一书中就对这一时期民族融合的概况做过详细描述。语言的发展演变自然也受到民族融合的影响。在南方,汉语受到少数民族语言的影响,而少数民族也越来越多地使用汉语,因使用不规范而出现了汉语的变体。随着民族的不断融合与演进,慢慢形成了南岛化的"南方汉语"。在北方,汉族与当地少数民族杂居,语言同样互相影响,形成了阿尔泰化的"北方汉语"。由此,汉语的流变发展走上了"南染吴越,北杂夷虏"(《颜氏家训·音辞篇》)的道路。

2. 方言

在汉语演变实际过程中,由于地理环境等因素的影响,北方汉语逐步趋同,内部一致性较强。而南方汉语由于各自的发展历程不同,内部差异巨大,时常出现"十里不同音"的现象。汉语方言中差异较大、情况较复杂的地区大多集中在长江以南各省,特别是江苏、浙江、湖南、江西、安徽(皖南地区)、福建、广东、广西等地。一般认为,现代汉语有七大方言:北方方言、吴方言、湘方言、赣方言、客家方言、粤方言、闽方言。这其中闽、粤方言和普通话差别最大,吴方言次之,客家、赣、湘等方言和普通话的差别要小一些。

(1) 北方方言

北方方言也称官话方言。其通行于东北、华北、西北、西南、河南、湖北局部、四川、重庆、云南、贵州、湖南北部、安徽中北部、江苏中北部等地。根据其语音词汇系统的差异程度,北方方言又可分为华北东北方言、西北方言、西南方言及江淮方言等四大方言。其中华北东北方言是主体,处在中原文化的核心地理位置。北方方言是现代汉语标准语的基础。

(2) 吴方言

吴方言也称吴语。其使用地域为江苏南部、上海、浙江以及安徽南部、江西东部、福建西北部等地。吴语以上海话和苏州话为代表。其中安徽西南部受赣语影响,浙江南部保留了较多古代百越语特征,不能与作为典型吴语的太湖片吴语交流。吴语对清浊辅音的区分是一个很明显的特点,同时保留了中古汉语的模糊入声。

(3) 湘方言

湘方言也称湘语,又称湖南话。其使用地域为湖南以及与湖南接壤的重庆、广西部分地区。近代以来,湖南地区受到北方文化的强烈影响,湘语受到北方、西南方言的影响,演变出一个新的变体——新湘语,故湘语内部差异比较大。新、老湘语分别以长沙话及衡阳话为代表。

(4) 赣方言

赣方言也称赣语、江西话、江右语等。其使用地域为江西、湖南东部、安徽西南部、福建西北部、湖北东南部、浙江西部等地,即古代的吴楚交接地带。赣语以南昌话和抚州话为代表。其音系接近客家话,但核心词汇差异较大。

(5)客家方言

客家方言也称客家话。其使用地域主要在广东东部、福建西部、江西南部三地交界处,即所谓的客家地区。客家话以梅州话为代表。客家话是在北方移民南下的影响中形成的,在音韵和词汇上保留了许多中古中原官话的特点。随着客家人的不断移民,客家话成为海外华人的主要汉语方言之一。

(6)粤方言

粤方言也称粤语。它在广东、广西东部、香港、澳门等地广泛使用,以广州话为代表。粤语是汉语中声调较复杂的方言之一,有九个声调,同时也是保留中古汉语较为完整的方言之一。

(7)闽方言

闽方言也称闽语。它在福建、海南、广东东部、台湾等地使用。闽语内部分歧比较大,通常分为闽南语(以泉州话为代表)、闽北语、闽东语(以福州话为代表)、莆仙语和闽中语,其中以闽南语最具影响力。闽语是所有方言中唯一不完全与中古汉语韵书直接对应的方言。

(三)普通话

普通话是以北京语音为标准音,以北方话为基础方言,以典范的现代白话文著作为语法规范的现代汉民族共同语。1909年,清朝资政院将北京官话正名为国语,设立国语编查委员会。1918年,中华民国北洋政府公布了国音注音字母。1923年,国语统一筹备会设立国音字典增修委员会,准备修改国音。1932年,中华民国国民政府教育部颁布《国音常用字汇》,确定国语标准。1953年,中国语言学家以北京市、河北省承德市滦平县为普通话标准音的主要采集地,制定了普通话标准并于1955年向全国推广。2000年,《中华人民共和国国家通用语言文字法》正式确立了普通话和规范汉字作为国家通用语言文字的法律地位。

1958年,第一届全国人民代表大会第五次会议批准公布的《汉语拼音方案》是在认真研究和吸取各种方案的优点基础上产生的最优方案。《汉语拼音方案》包括字母表、声母表、韵母表、声调符号和隔音符号五部分,规定有21个声母、35个韵母及4个声调。

二、古代汉语语言学的经典著作

古代汉语语言学的经典著作主要有《尔雅》《方言》《说文解字》《切韵》等,这几部著作分别从音韵、文字、词汇、方言等方面奠定了我国两千年来语言研究的格局,全面地反映了上古、中古的语音、词汇等研究的概况,不但是非常宝贵的学术著作,也是非常宝贵的古代汉语史资料。

(一)《尔雅》

《尔雅》号称辞书之祖,是我国第一部全面研究、系统整理、以雅音(先秦时期共同语)解释古代经典词语的著作,是汉朝以前名物训诂的总汇,是训诂学的开山之作。《尔雅》共十九篇,前三篇《释诂》《释言》《释训》是古代文献词语训释的汇编,之后各篇按物分类,形成一个完整的体系,对后来的辞书编撰影响深远。现今通行的是晋朝文学家、训诂学家郭璞的注本。

《尔雅》郭璞注本(局部)

(二)《方言》

《方言》的全称是《輶轩使者绝代语释别国方言》,是西汉哲学家、文学家、语言学家扬雄仿《尔雅》体例所著,是我国最早的一部方言著作。《方言》共十三卷,收集方言词九千多个,大部分指出通行地域范围,以方言释古语,以通语释方言(通语即当时的共同语)。它开启了对汉语方言的研究,特别是为研究汉朝以前的社会文化、民俗文化和方言等提供了珍贵材料。

(三)《说文解字》

《说文解字》简称《说文》,东汉许慎著,是我国第一部文字学著作,可谓文字学的始祖。《说文解字》全书大类十四卷,卷末叙目别为一卷,共十五卷。作者据文字形体创立了540个部首,收录了9 353字。《说文解字》不仅在汉字归纳、部首创立、字形内部结构等方面开创

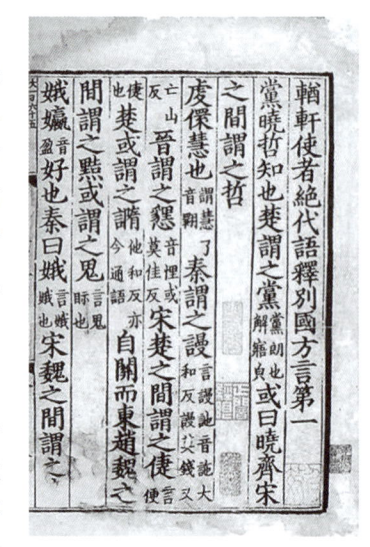

《方言》宋刻本(局部)

了先河,还系统总结了"六书"的理论和方法。因此,清朝训诂学家段玉裁称这部书:"此前古未有之书,许君之所独创。"继《说文解字》后,文字学家倾注心血,耗费精力地继续研究,如清朝段玉裁著《说文解字注》、朱骏声著《说文通训定声》等,对《说文解字》进行了完善和补充,其所做贡献不容忽视。

(四)《切韵》

《切韵》是一部韵书,隋朝仁寿元年(601)音韵学家陆法言著,是韵书史上划时代的

著作。它把纷繁庞杂的汉字按照声韵调系统编排为一部古音字典。《切韵》共五卷,收录了12 158个汉字,以韵目为纲,共分193韵,其中平声54韵,上声51韵,去声56韵,入声32韵。

《切韵》原书已散佚,只剩残卷若干,现存版本有故宫藏本王仁昫《刊谬补缺切韵》等。《切韵》传到唐朝,孙愐重新刊定为《唐韵》,成为当时作诗押韵的标准,对诗词的发展起到了积极作用。后失传,只余残卷。至北宋大中祥符元年(1008),陈彭年、丘雍以《切韵》为蓝本修撰了《广韵》,其是宋朝之前韵书的集大成者,共5卷,收录26 194字。北宋宝元二年(1039),丁度所修《集韵》是《广韵》的扩充,共10卷,收录53 525字。

《切韵》上承上古汉语,下启现代汉语各方言,成书后取代了六朝诸家韵书。《切韵》以当时洛阳语音为基础,酌收其他方言音和古音而成书,大致描述了中古语音系统,是调查研究现代汉语方言的重要依据,为方言调查的准确描写、考证音准义同的方言本字提供了线索,从方言本字的考证中可看出现代方言所保留的古文化痕迹。

三、汉语与社会文化

(一)汉语与避讳

避讳是指语言文字表达或者日常生活中的禁忌,或出于畏惧,或出于迷信,或出于礼制等原因,不能或不敢直称某人或某物之名。例如,汉高祖名刘邦,于是"邦"成了讳,"邦家"改为"国家",沿用至今;清康熙帝名爱新觉罗·玄烨,于是故宫的北门原名"玄武门",因避皇帝名讳改称"神武门";孔子名丘,宋朝就改"瑕丘县"为"瑕县",以避开圣人的名讳。

(二)新词语与社会发展

语言是文化的载体和集中体现,社会发展和文化进步又会促进语言发展。汉语词汇的发展主要包括词义的变化、旧词的复活、新词的产生、吸收外来词这几个方面。pff这些新词语见证了社会文化的变迁,也常常留下不同文化之间相互激荡或和平交往的印记。对于文化间的相互交流影响,语言往往会给出敏感的反馈。国家之间、民族之间交往、交流频繁的时期往往是新词语大量出现的时期。

例如,"红娘"原来是《西厢记》中促成崔莺莺与张生结合的侍女的名字,随着文学作品的影响,民间把"红娘"作为帮助别人完成美满姻缘的热心人的代称;随着宗教的传播,反映宗教文化的一些语言如"刹那"等逐渐成为汉语中的借词;通商不仅给他国带去了中国的物质、文化,也进口了异国的丰富物产,同时引进的还有指称这些新事物的词语,如"苜蓿""琥珀""葡萄"等。

当代科技发展日新月异,社会文明不断进步,国际交流日益频繁,特别在网络时代,新词语的出现常是爆炸式的。这些词语反映了社会新的变化,但也常常泥沙俱下,有些词语裹挟着腐朽、错误的观念。作为当代大学生,我们容易接触到最新的文化潮流、最新的词汇,这就要求我们在使用的时候要注意甄别,保护汉语的纯洁性。

> **• 成语小故事 •**
>
> **南蛮䴗舌** 出自《孟子·滕文公上》。常比喻语言难懂,用以讥笑操南方方言的人。明朝徐霖《绣襦记》:"中原雅韵何消记,南蛮䴗舌且休题。"
>
> 《孟子·滕文公上》记载,楚国大儒陈良的弟子陈相兄弟,在老师去世之后,接触到农家学派许行的学说,非常佩服,就抛弃了以前所学,投入许行门下,并向孟子推荐许行的学说,被孟子痛斥:"今也南蛮䴗舌之人,非先王之道,子倍子之师而学之。"(那个话语难听得像伯劳鸟叫似的南方蛮子,攻击先王之道,你却背叛自己的老师去向他学习)认为他们背弃先师学说,反而接受落后的思想。
>
> 应注意,成语"南蛮䴗舌"和"佶屈聱牙"的用法不能混淆。"佶屈聱牙"出自韩愈《进学解》:"周诰殷盘,佶屈聱牙。"指文句艰涩生硬,读起来不顺口。

第二节 汉字的演变与谜语

汉字是汉语的书写形式。汉字与古埃及的圣书字、古美索不达米亚的楔形文字一样,是世界上古老的文字之一。但后两种文字早已不再使用,唯有汉字从诞生之日起,就不间断地一直沿用至今,焕发出强大的生命力。

汉字是中华民族的伟大发明和智慧结晶,在中华民族的形成过程中,汉字突破了时间和空间的隔阂,成为汉语最重要、最有效的交流手段,也是汉语最集中的载体和媒介,在整个中华文化的延续、继承、发扬中居功至伟。

一、汉字的演变

汉字作为一种文字体系,从原始萌芽到最终成熟,经历了相当长的一段历史时期。根据出土文物及记载,我们大致判断,最早的成系统的汉字出现于四千多年前的夏朝或者稍晚的夏商之际。今天能够看到的成系统的汉字是三千四百多年前的商朝铭文和甲骨文。当然,还有更早的一些原始符号,如六七千年前的半坡符号及四五千年前的陵阳河符号等,这些象形符号可以看作汉字的萌芽状态。

微课
汉字的起源和"六书"

(一)汉字的起源

1. 汉字的起源方式

汉字的起源方式大致有以下几种说法:
(1)结绳记事说

在人类社会早期,由于人口少,活动范围小,需要记载和传递的信息并不多,口耳相传就可以完成有效交际。随着社会发展,人口日益增多,社会交往渐趋频繁,需要记载、传递的信息越来越多,于是先民们在生产生活实践中学会了用物件做成符号帮助记事。据考古学研究发现,结绳记事是原始人最早采用的记事方法。《周易·系辞下》有"上古结绳而治"的记载,许慎在《说文解字·叙》中写道"及神农氏结绳为治,而统其事"。

(2)契刻说

继结绳记事之后,原始人又发明了契刻记事,指用刀刻画以完成记事。《周易·系辞下》:"后世圣人易之以书契。百官以治,万民以察。"《三皇本纪》:"造书契,以代结绳之政。"书契就是契刻记事。契刻有记事符号,也有图画,多刻在石、骨、树皮上面,主要是用以计数,后来慢慢演化为文字。

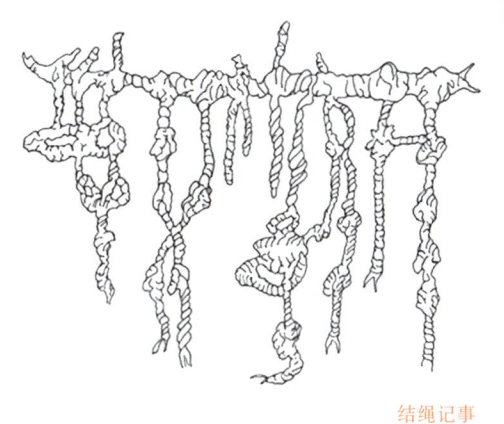

结绳记事

(3)八卦说

八卦是古代一套具有象征意义的符号,具有深奥的哲学内涵和文化意义。八卦代表着天、地、水、火、雷、山、风、泽这自然界中的八种事物,相互搭配可得到六十四卦,象征着自然界和人世间的种种现象。这种符号慢慢演变为文字。

(4)仓颉造字说

传说黄帝是古代中原部落联盟的领袖,仓颉是他的史官。仓颉看见鸟兽爪纹、足迹各不相同,知道不同纹理可以用来区分不同事物,于是创造出了文字。《说文解字·叙》:"黄帝之史仓颉,见鸟兽蹄迒之迹,知分理之可相别异也,初造书契。……仓颉之初作书,盖依类象形,故谓之文。"事实上,成系统的文字不可能完全由某一个人独立创造出来,仓颉若确有其人,应该是文字整理者或颁布者。由于他在汉字创造过程中所起的重要作用,故被尊为"造字圣人"。

(5)图画说

近几十年,考古界先后发布了一系列比殷墟甲骨文更早、与汉字起源相关的出土文物资料,主要包括出现在陶器上面的刻画或彩绘符号,还包括少量刻写在甲骨、玉器、石器等上面的图画符号,这些符号为解释汉字的起源提供了新的依据。目前普遍认为文字起源于图画,这些图画在后来漫长的使用过程中不断地被增强了表意的符号性,减弱了图画的写实性,逐渐演变为今天我们熟悉的文字。

2. 汉字的造字法——"六书"

"六书"之名最早见于《周礼·地官·保氏》:"保氏掌谏王恶,而养国子以道,乃教之六艺:一曰五礼,二曰六乐,三曰五射,四曰五驭,五曰六书,六曰九数。"许慎《说文解字·叙》:"《周礼》:八岁入小学,保氏教国子,先以'六书'。一曰指事,指事者,视而可识,察而见意,'上''下'是也。二曰象形,象形者,画成其物,随体诘诎,'日''月'是也。三曰形声,形声者,以事为名,取譬相成,'江''河'是也。四曰会意,会意者,比类合谊,以见指㧑,'武''信'是也。五曰转注,转注者,建类一首,同意相受,'考''老'是也。六曰假借,假借者,本无其字,依声托事,'令''长'是也。"许慎的解说是历史上首次对"六

41

书"定义的正式记载。其中,象形、指事、形声、会意是造字法,转注、假借是衍生发展而来的文字使用方式。

(1)象形

这种造字法是依照描摹实物的外貌来表示要说明的事物,是表形文字。如"日""月""山""水"这四个字,最早就是描绘日、月、山、水真实之形的图案,后来逐步演化变成今天的字形。

| 甲骨文 | 金文 | 小篆 |

象形字中的"鹿"

(2)指事

这种造字法是用象征符号,或在象形字上加一个简单符号来指示要说明的事物。兼具了表形和表意的性质,是一种形意文字。例如,人在其上写作"上";人在其下写作"下";在刀口上加一点为"刃",表示这是锋利的刀刃。

(3)形声

段玉裁《说文解字注》:"以事为名,谓半义也;取譬相成,谓半声也。'江''河'之字,以水为名,譬其声如'工''可',因取'工''可'成其名。"可见形声指一个字由表示意义的形旁和表示读音的声旁共同组成。表意是表示字义的类属,并不是字的具体意义。它属于意音文字。如"鸠"字的偏旁"鸟"是形旁,只取其义,不取其音;"鸠"字的偏旁"九"是声旁,只取其音,不取其义。"胡"字可作为一个声旁,结合不同的形旁,组合成"蝴""湖""葫""瑚""醐"等,以同样的发音表达不同的事物。形声字的形旁和声旁有多种组合方式,如左形右声、右形左声、上形下声、下形上声、外形内声、内形外声、形在一角、声在一角等。形声字在汉字中发展最快、造字最多,现代使用的汉字中形声字占80%以上。

(4)会意

这种造字法是把两个或两个以上的象形字组合成一个新字,以表示所要指的意义。这种字既是一种合体字,又是一种表意字。例如,"日"和"月"合成"明"字,表示光明;"人"和"言"合成"信"字,表示人所言有信;"人"和"木"合成"休"字,表示人在树旁休息。

(5)转注

从古至今,转注有多种不同解释。相对好理解的说法是指两个字互为注释,彼此同意而不同形。许慎《说文解字》:"转注者,建类一首,同意相受,'考''老'是也。"所谓"建类一首",是指同一个部首,"同意相受"是指几个部首相同的同意字可以互相解释。古时"考"可作"长寿"讲,"老""考"相通,意义相同,即所谓"老者考也,考者老也"。一般来说,转注字要满足三个条件,即同一部首、声音相近、可以互相解释。

(6)假借

假借就是借用已有的音同或音近的字,去表达所想表达的意义,一般是抽象意义。

例如，"無"字的本义是人拿着牛尾跳舞的样子，后来被借用为否定词，表示"没有"的意义，简化字为"无"。

(二)汉字形体的演变

在汉字发展演变的三千多年的历史过程里，汉字的形体有了很大的变化。古汉字形体发展的总体方向是线条化、符号化、规整化。

汉字形体的演变经历了从甲骨文到金文、篆书、隶书、楷书、草书、行书等的发展历程，逐渐形成现代汉字。演变过程可以分为古文字和今文字两大阶段。隶书的出现是古、今文字的重要分水岭。在古文字阶段，汉字形体演变经历了甲骨文、金文、篆书、秦隶。在今文字阶段，汉字形体演变经历了隶书和楷书，同时出现了辅助书体——草书和行书。隶书盛行于汉朝，三国时期隶书向楷书过渡，楷书盛行于隋唐时期。具体来说，小篆使每个字的笔画数和字形固定下来。隶书形成了新的笔形系统，字形逐渐由圆变方，笔画由曲变直。楷书诞生以后，汉字的字形基本稳定下来，笔形得到了进一步规范，各个字的笔画数和笔顺也固定了下来。随着楷书的出现，汉字方块化定型了，汉字字形与笔画的长短、粗细都被约束在方框内，笔画的分布和疏密也受到制约，整体字形结构讲究平衡对称。一千多年来，楷书一直是汉字最标准的字体，是汉字字体演变的主流。辅助性字体草书和行书是汉字字体演变产生的支流，草书是在通行隶书的同时，为书写简便在隶书基础上演变出来的，行书可以说是楷书的草书化或草书的楷书化，是为了弥补楷书的书写速度太慢和草书的难以辨认而产生的。

"门"字的演变

从甲骨文出现到今天，汉字的数量是在不断增加的。东汉《说文解字》收录 9 353 字，晋朝《字林》收录 12 824 字，宋朝《集韵》收录 53 525 字，清朝《康熙字典》收录 47 035 字，到了现代的《中华字海》已经收录 85 568 字。不过字书中收录的字虽然很多，但是每个时代实际使用的字只占其中一部分。

1988 年 1 月 26 日，国家语言文字工作委员会和国家教育委员会（现教育部）联合发布了《现代汉语常用字表》，指出，现代汉语常用字有 2 500 个，次常用字有 1 000 个，共 3 500 个。也就是说，对于大多数人而言，只要掌握了这 3 500 个汉字，日常的交流、阅读就不会有障碍了。

(三)汉字和书写

汉字书写的基本要素是笔画。笔画包括笔形、笔数和笔顺。

1. 笔形

楷书基本笔形有六种，即点、横、竖、撇、捺、折，其他笔形都是这六种笔形的变体。每个规范汉字的笔形是确定的，不能改变，否则就会出现错别字。例如，"天"最后一笔是捺，写成竖弯钩就成了"无"；"元"最后一笔是竖弯钩，写成点就与"六"分不清了。相同形状的笔画在每个字中的位置是固定的，位置的改换就形成了不同的字。例如，"主"

与"玉"、"庄"与"压",点的位置不同;"末"与"未"、"士"与"土",长横、短横的位置不同。

2. 笔数

汉字的笔画数是一定的,书写时不可随意增、减笔画,否则就会产生错别字。例如,"庆"与"驮"中的"大"字上加点,便成为错字;"伐"少写撇,就成了"代"。

3. 笔顺

因为绝大多数汉字是由多笔画构成的,所以书写时就存在下笔的顺序问题,即笔顺。掌握笔顺规则的目的是加快书写速度,避免写错字,使汉字写得均衡漂亮。笔顺规则如下:先上后下,如"立""宝""辛""旦";先左后右,如"林""愧""陈""以";先外后内,如"用""匡""闷""匀";先中间后两边,如"办""小""水""承";先外后内再封门,如"圆""回""田""且";先横后竖,如"十""干""井""丰";先撇后捺,如"八""大""人""人";先横后撇,如"厂""左""右""万"。

汉字的形体多样,因此有些字的笔顺也很特殊,可能有不符合上述规则的情况。在把字写得均衡规范的前提下,可以灵活变通。遵照笔画规则写字,可以把字写得端正。例如,"匡",先写好外框,内部结构就容易安排了;"丰",先把主体位置确定,再从中间穿过,便于把字写得均衡、美观。书法家出于某种审美的需要,有时不按笔顺规则书写汉字。但对于一般的汉字书写行为,应尽量遵守笔顺规则。

(四)汉字的规范化

汉字的规范化是根据汉字的发展规律和约定俗成的原则对汉字进行定量、定形、定音、定序的规范工作。做好汉字的规范化工作,对于优化文字的交际工具功能,促进科学技术和文化教育事业的发展,提高精神文明程度,都有着重要的意义。

1. 字体简化

由繁趋简是几千年来汉字形体的发展趋势,符合人们的书写习惯,现代汉字的简化是人们开始有意识地对汉字形体进行的简化改革。1956年1月,国务院全体会议批准公布了《汉字简化方案》,将515个简化字分成四批先后推行。1964年5月,中国文字改革委员会(现国家语言文字工作委员会)根据《汉字简化方案》及其推行情况,编印出《简化字总表》,共收简化字2 238个。1986年10月10日,国家语言文字工作委员会为纠正社会用字混乱,便于群众使用规范的简化字,经国务院批准重新发布了《简化字总表》,并对表中个别字和注解进行了调整,全表实收字2 235个。

汉字简化的具体方法包括笔画减省、部件减省、以简换繁、草书楷化、符号替换、另造新字、同音借用、偏旁类推等。

2. 整理异体字

异体字就是一字异体,即一个字有两个或两个以上的字体,这些字读音、意义都相同,只是形体不同。汉字自古以来存在着异体,甲骨文中有的字就有几十种写法。异体字的存在造成了一字多形,增加了学习和使用的负担,影响了汉字职能的有效发挥。因此,全面整理异体字是汉字正字法的重要内容。中华人民共和国成立初期,在简化汉字的同时,国家有关部门也在着手整理异体字。1955年12月,文化部(现文化和旅游部)和中国文字改革委员会联合公布了《第一批异体字整理表》。该表收异体字810组,共

1 865个字，每组只留一个正体字，其余作为异体字淘汰。经过整理，淘汰了重复多余的异体字1 055个。整理异体字的原则是从俗、从简相结合。整理异体字精简了社会通用字，给学习和使用带来了便利。

3. 统一字形

字形不统一不仅给识字教学增加麻烦，也给各行各业使用汉字带来不便。过去楷书汉字的印刷体中，有不少字形不统一，如"争／争""默／默"等。1965年1月，文化部和中国文字改革委员会发布了《印刷通用汉字字形表》，收字6 196个，遵循从简、从俗、便于学习和使用的原则，提供了通用汉字印刷字体（宋体）的标准字形，规定了表内字的笔画数目、形状、顺序和构件部位。《印刷通用汉字字形表》既是印刷字体的标准，也为手写体确立了字形规范，同时也是写字教学的标准。该表是中华人民共和国成立后汉字整理工作的重要成果，对统一印刷字形、促进社会用字规范化和方便中文信息处理都具有重要意义。1988年3月，国家语言文字工作委员会和国家新闻出版总署（现国家新闻出版署）联合发布了《现代汉语通用字表》，它是在《印刷通用汉字字形表》的基础上增订而成，收字共7 000个，规定了汉字的字形结构、笔画数目以及笔画顺序等，是使用新型印刷体和新字形的规范性标准，同时也是淘汰异体字、使用简体字的新的补充性标准。

4. 改换生僻地名用字

我国幅员辽阔，许多地名用字地域性很强。这些字在当地属于常用字，但在全国范围内是生僻的，其中还有一些字笔画繁复、书写不便。这种状况会给人们的社会交往及信息处理造成障碍。同时，这些字给计算机的汉字输入也造成了困难，进而造成邮电传递上的错误。从1955年3月到1964年8月，经国务院批准，用同音的常用字代替了35个县级以上地名中使用的生僻字。例如，"新淦县"改为"新干县"；"盩厔县"改为"周至县"。

5. 整理计量单位名称用字

1977年7月20日，国家文字改革委员会和国家标准计量局颁布了《关于部分计量单位名称统一用字的通知》，要求所有出版物、打印文件、设计图表、商品包装及广播等，均应采用该通知附表中选用的计量单位译名用字，停止使用其他译名用字。

推行规范字，并非一刀切地废止或消灭繁体字和异体字，只是被简化了的繁体字和经过整理、淘汰的异体字的使用范围要受到严格的限制，只能在下列情形可以保留或使用：一是整理、出版古代典籍；二是文物古迹；三是已注册的商标定型字；四是商业老字号；五是姓氏异体字；六是书法艺术作品；七是经国务院有关部门或省级以上语言文字工作主管部门批准的特殊情况用字。

二、汉字与谜语

谜语涉及的内容广泛，字谜是其中一种文字游戏，是汉字特有的一种语言文化现象，也是一种和汉字形体、读音密切相关的民俗文化现象。字谜主要是根据汉字笔画繁复、偏旁相对独立、结构组合多变等特点，运用离合、增损、象形、会意等多种方式创设的。字谜突出地体现了汉字的特点和中国人的智慧。

字谜在中国历史悠久、流传面广、种类繁多、变化无穷,群众喜闻乐见。字谜的起源可追溯到先秦两汉时期的廋辞。

曹娥碑辞被认为是首次以完整形式出现的字谜作品,被誉为中国最早的字谜。《世说新语·捷悟》记载了这样一个故事:

魏武尝过曹娥碑下,杨修从。碑背上见题作"黄绢幼妇,外孙齑("齑"的异体字)臼"八字,魏武谓修曰:"解不?"答曰:"解。"魏武曰:"卿未可言,待我思之。"行三十里,魏武乃曰:"吾已得。"令修别记所知。修曰:"黄绢,色丝也,于字为'绝';幼妇,少女也,于字为'妙';外孙,女子也,于字为'好';齑臼,受辛也,于字为'辞'。所谓'绝妙好辞'也。"魏武亦记之,与修同,乃叹曰:"我才不及卿,乃觉三十里。"

《世说新语·捷悟》还记载了"杨修拆门"的故事,也与汉字有关:

杨德祖为魏武主簿,时作相国门,始构榱桷,魏武自出看,使人题门作"活"字,便去。杨见,即令坏之。既竟,曰:"'门'中'活','阔'字。王正嫌门大也。"

字谜通常由三部分组成:谜面、谜底和谜目。谜面,是猜谜时说出来或写出来给人做猜谜线索的话语;谜底,是要人去猜测的本体事物;谜目,有时候又称谜题,是谜面意义的真实所指。在绝大多数字谜游戏中,一个谜底就是一个汉字。字谜是一种文义谜,制谜时必须按谜底字面上的文义进行创作构思,要巧妙运用汉字的形体及结构特征,更要突破常规思维方式,营造一种幽默诙谐的艺术效果。谜语的制作是知识性、艺术性、趣味性的综合体现,能够吸引人们进行推理思考,所以千百年来,制谜、猜谜一直是人们喜闻乐见的娱乐形式。

《清嘉录》中描绘过猜谜的盛况:"城中有谜之处,远近辐辏,连肩挨背,夜夜汗漫,入夏乃已。"北宋王安石是一位字谜高手,他所作的字谜至今仍被人奉为典范:"目字加两点,莫当贝(貝)字猜;贝(貝)字欠两点,莫当目字猜。打二字。"谜底是"贺(賀)""资(資)"。字谜"画时圆,写时方,冬季短,夏时长",猜一"日"字,也是他的作品。明朝冯梦龙编有《黄山谜》,其中不乏上乘之作,如:"上无半片之瓦,下无立锥之地,腰间挂着一个葫芦,倒有些阴阳之气。"谜底是"卜"字。此谜可谓形神兼备、妙不可言。明朝徐文长所制"何可废也,以羊易之"的"佯"字谜,至今仍是增损体灯谜的范例。

通过汉字,我们可以突破时空的限制,与先贤对话;通过汉字,我们可以继承传统的经世、辞章、考据、义理之学;通过汉字,我们可以了解古人的日常生活、高雅情趣……汉字的魅力还在于,它可以形成独树一帜的、中华民族特有的艺术形式——书法、楹联、篆刻等。

• 成语小故事 •

郢书燕说 出自《韩非子·外储说左上》。后来比喻穿凿附会,曲解原意。

韩非子在书中讲了这样一个故事:楚国首都郢有个人给燕国相国写信,因为信是在夜晚书写的,灯火不够亮,他就对拿蜡烛的人说"举烛(把蜡烛举高)",一不小心把"举烛"这个词在信里顺手写了下来。燕国相国读了信以后说:"举烛就是

崇尚光明；崇尚光明的意思，就是举荐贤能并任用他们。"相国告诉了燕王，燕王采纳了这个建议，国家因此治理得很好。韩非子说，国家确实得到了治理，但这并不是郢人写信的本意啊，现在的学者大多是类似燕国相国这样的人。

不刊之论　　出自汉朝扬雄《答刘歆书》："是悬诸日月不刊之论也。"比喻不可磨灭或不可改动的言论。

思考与实践活动 ▶▶▶

方块之间，经典永传

一　背景资料

（一）仓颉造字

有关汉字的起源，有很多种说法，其中仓颉造字说流传最广。在古代典籍中，关于仓颉造字的故事多次被提及：

"故好书者众矣，而仓颉独传者，壹也。"（《荀子·解蔽篇》）

"奚仲作车，仓颉作书，后稷作稼，皋陶作刑，昆吾作陶，夏鲧作城，此六人者，所作当矣。"（《吕氏春秋·君守》）

"古者苍（仓）颉之作书也，自环者谓之私，背私者谓之公。公私之相背也，乃苍颉固以知之矣。"（《韩非子·五蠹》）

"昔者仓颉作书，而天雨粟，鬼夜哭。"（《淮南子·本经训》）

"生而能书，又受河图洛书，于是穷天地之变，仰视奎星圜曲之势，俯察鱼文鸟羽，山川指掌，而创文字。"（《春秋纬元命苞》）

（二）魅力甲骨文

甲骨文是汉字的早期形式。甲骨文在2017年入选了"世界记忆名录"。

甲骨文的发现是意外的收获。1899年，京城官员王懿荣患了伤寒，大夫开出的药方中有一味叫"龙骨"的药。王懿荣无意中发现家人买来的"龙骨"上有一些图画符号，作为中国近代金石学家、鉴藏家和书法家，王懿荣敏锐地感觉到这些符号并不一般，于是又去药房买了一些尚未碾碎的"龙骨"一探究竟，由此翻开了我国古文字研究的崭新一页，王懿荣成为甲骨学的奠基人。在王懿荣故去之后，其收藏的千余片甲骨及研究资料被转卖给了清朝小说《老残游记》的作者刘鹗。1903年，刘鹗根据这些资料编著成《铁云藏龟》一书，这是甲骨文研究的第一部专著。

迄今为止，甲骨文出土十多万片，含单字五千个左右，现已识别一千五百余字。近年来，甲骨文得到了世界上越来越多的关注。瑞典汉学家林西莉近年出版的《汉字王国》图文并茂、深入浅出,成为西方人学习汉字的重要读物。在英国,甲骨文出现在了中小学生教育推广项目中。由大英博物馆联合英国教育部创建的网站"Teaching History with 100 Objects"将甲骨文选为百件历史教学文物之一。

(三)《说文解字》中的"诚信"

"诚""信"两个字在《说文解字》中的形体如下:

"诚"由"言"(谈话)和"成"(停战)组成,表示谈和。造字本义:彼此谈和,如实遵守协约。

"信"由"人"和"口"组成,表示开口许诺。而在金文中,"信"由"千"和"言"组成,表示用千言万语保证。造字本义:许诺,发誓。

"诚信"是个人应具备的基本而重要的人格品质:言己所思为"诚",践己所诺为"信"。

古诗文中的"诚""信":

诚,信也。(《说文解字》)

诚者自成也。(《礼记·中庸》)

乃能衔哀致诚。(韩愈《祭十二郎文》)

臣诚知不如徐公美。(《战国策·齐策》)

信而见疑。(《史记·屈原贾生列传》)

此四君者,皆明智而忠信。(贾谊《过秦论》)

亲之信之。(诸葛亮《出师表》)

二 活动内容

(一)职业素养:职业信念

以"书写中华经典,传承民族文化"为主题,举行一次汉字书写大会。感受小方块里的大天地,横平竖直间写就方正人格;感受汉字之美,领悟字如其人,在职业生涯中始终做一个大写的"人"。

请以班级或者年级为单位,书写中华经典作品,硬笔或者软笔均可,书写形式不限。评选出优秀作品进行展示。

(二)素养提升:诚实守信,求真务实

汉字是中华文化的形式载体与凝练表达,汉字的演变过程也是中华文明的发展史。中华民族讲究仁、义、礼、智、信。"信"就是讲信用,一言既出,驷马难追。作为中华优秀传统文化的重要组成部分,诚信文化是大学生的必备品质。

请大家分组合作搜集经典的诚信故事和案例,分角色进行场景再现。

第四章

星河灿烂——中国古典文学

第一节 中国古典诗歌

一、古典诗歌的发展

中国是诗歌的国度。在中华传统文化艺术中,诗歌是文学皇冠上最为璀璨夺目的那颗明珠。

中国诗歌源远流长。诗歌的源头是歌谣,《尚书·虞书·尧典》:"诗言志,歌永言,声依永,律和声。"中国的诗歌产生于文字发明之前,它是在人们的劳动、歌舞和巫术仪式中渐渐形成和发展起来的,远古时期诗歌没有文字记录,只在口头传唱。我国迄今流传下来最早的诗歌是《弹歌》,全诗如下:"断竹,续竹;飞土,逐宍。"这是一首远古时期人们在集体劳动中创作的劳动歌谣,用精练的语言概括了"弹"生产制造的过程以及用途,表现了劳动人民的智慧和用"弹"猎取食物的喜悦心情。如果从我国最早的诗歌总集《诗经》算起,中国的诗歌有三千多年的历史。

诗歌在中国传统的社会生活和文化发展中具有特别重要的地位,从祭神、祭祖等重大、庄严场面到节庆、聚会、外交等社交场合,再到日常生活等个人化场景,都离不开诗歌。唐朝开始,科举考试中常设有诗赋科目。中国文人都喜欢用诗歌来述怀、抒情,表达对自然、社会、人生乃至宇宙的感受和看法,在长期发展过程中,中国古代诗人和作品流派林立、数量众多。

微课
古典诗歌发展史

(一)起源阶段:先秦时期

《诗经》与楚辞双峰并峙,是中国诗史上现实主义与浪漫主义的源头。

1.《诗经》

《诗经》是我国最早的一部诗集,也是我国古典诗歌最为重要的一个源头。《诗经》

最早称为《诗》,一共收录了西周初期(公元前11世纪)至春秋中期(公元前7世纪)大约五百年间的诗歌305篇(另外还有6篇有题目而无内容,即有目无辞,称为笙诗),所以又被称为《诗三百》。从汉武帝时起,儒家将《诗》奉为经典,此后《诗》就被称为《诗经》。汉朝毛亨、毛苌曾注释《诗经》,因此又称《毛诗》。

《诗经》有"六义"之说,即"风、雅、颂、赋、比、兴"。

《诗经》中的作品按照音乐有《风》《雅》《颂》三部分。其中,《风》的来源主要是周朝时为了制礼作乐、体察民风,由专门的采诗官在春、秋两季到民间四处游走搜集的民间歌谣,大多数是由首都之外劳动人民创造的,带有浓郁的地方色彩。《诗经》中收录有周南、召南、邶、鄘、卫、郑、齐、魏、唐、王、秦、陈、桧、曹、豳等地区的民歌共160篇。而贵族们在国家有重要事务如祭祖、宴客、出兵等时也会作诗或献诗,这些诗大部分保存在《雅》《颂》中。"雅"有"正"的意思,《雅》共有105篇。《雅》又分为《大雅》和《小雅》,《大雅》多是西周时期的作品,《小雅》则多为周王室衰微以后的作品。又一说《大雅》是周朝直接统治地区的音乐,《小雅》是诸侯国国都的音乐。《颂》是用于宗庙祭祀的歌舞曲,在演奏时要配以舞蹈,共40篇。《颂》又分为《周颂》《鲁颂》《商颂》,其中《周颂》31篇,《鲁颂》4篇,《商颂》5篇。《颂》作为祭祀诗歌,除了赞美祖先以外,常常追忆部族的历史和神话传说。《雅》和《颂》有很高的历史价值。

《诗经》的艺术水平很高,"赋、比、兴"是《诗经》的表现手法。"赋"是铺陈叙述,直陈其事,描述一件事情的经过;"比"是比喻;"兴"是起兴,从一个事物联想到另外一件事物。《诗经》在句式上以四言诗为主,章法复沓,回环往复;语词上多双声、叠韵,韵律和谐;修辞巧妙,常用"比兴"手法;另外,儒家借《诗经》阐发的"诗言志""美刺""比兴""温柔敦厚"等诗教观对后世影响巨大。《诗经》是中国古典诗歌当之无愧的源头,滋养了中国几千年辉煌的诗歌传统。

2. 楚辞

楚辞是战国时在楚国民歌基础上发展起来的新诗体,是我国浪漫主义诗歌的源头,代表的是完全不同于《诗经》的美学风格,想象奇幻瑰丽,语言铺陈华美。楚辞的奠基人和代表作家是屈原。楚辞标志着中国诗歌从民间集体创作发展到诗人独立创作的更高阶段。

"盖屈、宋诸骚,皆书楚语,作楚声,纪楚地,名楚物,故可谓之楚辞。"楚辞浪漫主义特色的形成同楚国的自然环境和文化传统密不可分。楚地崇山峻岭,花草绚烂,江山绮丽,巫风盛行,朝廷和民间祭祀都使巫觋"作歌乐鼓舞以乐诸神",楚地神话系统与方言都与中原地区大不同,这些都是产生浪漫主义杰作的温床,屈原的《九歌》就源自楚地的巫歌系统。

楚辞的创制也是屈原个人天才的光辉迸发。屈原的骚体诗突破四言诗的固定格式,规模宏大、风格瑰奇。屈原具有楚人浪漫、热情的典型个性,他的诗歌在情感上有对理想的九死而不悔的热烈、执着的追求,内容上糅合楚地的自然景观、神话传说、历史故事以及自身遭遇,营造了源自楚文化的神奇瑰丽的幻想世界。屈原自小接受了良好的教育,饱读《诗经》,在创作中继承和发展了《诗经》的"比兴"传统,将单一意象的"比兴"

发展为成系统的一系列"比兴"形象，如《离骚》中香草、美人的"比兴"最终成为传统文化中固定的文化符号。楚辞是我国《诗经》之后的诗体大解放，对中国古典诗歌影响深远，中国历代诗歌"莫不同祖风骚"。

(二)发展阶段：汉朝至南北朝

这一时期古典诗歌主要发展成果是从四言为主发展到五言为主，山水田园诗兴起，汉语的声律取得系统的研究成果，其间著名的诗歌现象有汉乐府、建安诗歌、《古诗十九首》、陶渊明与"大小谢"、永明声律说。

1. 汉朝诗歌的成就——汉乐府、建安诗歌和《古诗十九首》

(1)汉乐府

乐府原指音乐机关，史载周朝已有专门管辖音乐、诗歌的官吏，秦汉时期立乐府，汉武帝时进一步扩充为大规模的专署。乐府的职责是采集民歌以及将文人歌功颂德的诗歌配乐，供统治者祭祀和朝会宴饮时采用。乐府采集演唱的民歌称为乐府诗。汉乐府就是汉朝的乐府诗。现存收集乐府诗最完备的是宋朝郭茂倩所编《乐府诗集》，现存100卷，收集了五千多首乐府诗。汉乐府大抵保存于郊庙歌辞、鼓吹曲辞、相和歌辞之中，计有百余篇。

汉乐府继承和发展了《诗经》现实主义的优秀传统，以叙事为主要特色，"感于哀乐，缘事而发"，是我国古代叙事诗的第一个高峰。汉乐府多描述和抒发劳动人民生活和感情，为后世提供了生动、具体的汉朝社会现实生活图景，除文学价值外，还具有很高的史学价值。汉乐府的代表作《孔雀东南飞》描写了封建家长干涉青年婚姻所酿成的悲剧，是中国古代最长的叙事诗，既有高超的艺术技巧，又生动记录了那个时期的生活风貌，体现了时代特征，是中国古代叙事诗的典范作品。

乐府诗善于通过戏剧情节的铺叙，人物语言、行动的刻画塑造出特定环境中富有个性的形象，语言朴素自然、活泼生动，如《陌上桑》就是典型的作品。汉乐府在体制上突破了《诗经》和楚辞的句式章法，句式多样，以五言为主，是中国诗歌在语言形式上的一次创新。总之，汉乐府成为中国古代诗歌新的范本，在语言、形式上都对后世影响深远。

(2)建安诗歌

建安时期是五言诗创作的成熟时期，文人诗歌创作"五言腾涌"，其中成就最大的是曹操、曹丕、曹植父子，及"建安七子"孔融、王粲、刘桢、徐幹、陈琳、阮瑀、应玚。如果说《古诗十九首》是下层文人的乱世悲歌，那么建安诗歌表现的是一代文士精英有为奋发的悲壮豪情，他们反映国家的丧乱和人民的苦难，表现了对苍生百姓苦难的同情和责任感，具有身处末世重整河山的英雄气概和人生短暂要及时建功立业、名垂青史的奋发精神，创作的诗歌具有强烈的现实性。例如，曹操的诗歌沉雄悲凉，《蒿里行》《短歌行》《步出夏门行》等杰作反映了动乱的社会现实，表露了诗人渴望建功立业、统一天下的雄心壮志。曹植的五言诗创作"骨气奇高，词采华茂"(钟嵘《诗品》)，《白马篇》《赠白马王彪》等抒发了为国立功的雄心壮志和壮志难酬的激愤悲凉。建安诗歌这种慷慨刚健的抒情风格被后世称为建安风骨，又称汉魏风骨。建安诗人在诗歌史上第一次掀起了文人诗歌的高潮。

(3)《古诗十九首》

汉末至六朝是中华文化史上的重要转型时期。这一时期政治黑暗混乱,但在思想文化艺术史上却光辉灿烂、影响深远。

汉末五言诗大兴,民歌以外,文人也开始创作五言诗,其中有十九首被南朝梁代昭明太子萧统编入《昭明文选》,这些诗代表了当时五言诗创作的最高成就,因为作者姓名不可考,被称为《古诗十九首》。《古诗十九首》虽短小却抒发了人生普遍的几种情感和思绪,言近旨远,哀怨虽深却娓娓道来,是文人五言诗达到成熟阶段的标志,被刘勰称为"五言之冠冕"(《文心雕龙》),钟嵘称其"惊心动魄,可谓几乎一字千金"(《诗品》)。

2. 三国两晋南北朝时期诗歌类型化的重要发展

三国两晋南北朝时期,中国古典诗歌产生了山水、田园和玄言等不同诗派。

玄言诗兴盛于三国两晋南北朝时期,以述说玄虚哲理为主题,风靡诗坛百年之久。玄言诗的兴起一方面是玄学及清谈之风兴盛的结果,另一方面与佛教的流行大有关系。因为玄言诗大多"理过其辞,淡乎寡味"(钟嵘《诗品·序》),文学价值不高,所以作品绝大多数失传。

陶渊明是东晋时期的伟大诗人,他继承乐府诗的现实主义传统,通过描写自己亲自参加农业生产劳动的过程和体会,创造性地展现了和谐、美丽又富有深意的农居生活,创造了情、景、理交相融合的艺术境界,开创了田园诗派,后世诗人包括王维、李白、杜甫、苏轼等都受到他很大影响。与陶渊明同时代的谢灵运则是开创山水诗派的第一人。谢灵运为东晋重臣谢玄之孙,仕宦不得意,转而放情山水。他观察细致,感受敏锐,往往能真切地描绘出山水之美来。谢灵运使山水成为独立的审美对象,把诗歌从"淡乎寡味"的玄理中解放了出来,他又以炼句著称,"池塘生春草""白云抱幽石"等名句传诵一时,加强了诗歌的形象感和艺术表现力,影响了一代诗风。谢朓的山水诗也写得清新圆熟,谢朓与谢灵运世称"大小谢"。

《中国古代文学家(第二组)》
纪念邮票中的陶渊明

汉魏诗学经历了诗坛主流由民间叙事诗向文人抒情诗的转折,为唐诗的兴盛做了充足的准备。从建安诗歌的创作起,中国传统诗歌正式迈入雅文学的行列。在诗歌形式上,完成了从四言到五言的转变,七言诗体也是在汉魏之际确立的,曹操的四言诗是前代诗歌的"压卷之作",曹植五言诗惊才绝艳,曹丕《燕歌行》灵活自由的七言诗则为后来的七言律诗开创了一个新时期。诗歌格律方面,沈约总结出完整的声律理论并在实践中倡导,《文心雕龙》里面单设《声律》一章,最终产生永明声律说,形成永明体诗歌。这些都是非常有价值的探索,为唐朝格律诗的发展定型奠定了基础。

(三)辉煌阶段:唐宋元时期

1. 唐诗

中国诗歌发源于《诗经》《楚辞》,经过汉魏南北朝的积蓄摸索,到唐朝终于厚积而薄发,迎来了我国诗歌的黄金时代。仅据清朝康熙年间所编的《全唐诗》所录,诗人就有两千两百余人，流传下来的作品达四万九百多首，比之前一千六百多年留下的诗篇多出两倍多。唐朝涌现了一大批艺术成就很高的诗人：李白、杜甫日月同辉，陈子昂、王维、高适、岑参、白居易、李贺、李商隐、杜牧等著名诗人漫如星斗，缀满唐朝的天空。另外，唐诗内容丰富、风格多样、流派众多，唐诗毫无疑问是中国诗歌的高峰。

"初唐四杰"王勃、杨炯、卢照邻、骆宾王是唐诗开创时期的重要诗人，他们才华横溢、英姿勃勃，通过诗作抒发了对社会、人生愤激不平和壮志待酬之情，扩大了诗歌的题材和境界。

形成唐诗独有风貌的关键人物是陈子昂和张若虚。陈子昂明确提出反对齐梁诗风，提倡"汉魏风骨"，《感遇诗》38首是他具有鲜明革新精神的代表之作。张若虚以一篇《春江花月夜》一洗宫体诗旧体的靡弱之风，优美宁静中有壮阔明朗，融写景、抒情、哲理思考于一体。闻一多在《宫体诗的自赎》中总结《春江花月夜》说："向前替宫体诗赎清了百年的罪，因此，向后也就和另一个顶峰陈子昂分工合作，清除了盛唐的路，——张若虚的功绩是无从估计的。"陈子昂和张若虚殊途同归，共同完成了从齐梁诗风到唐诗风貌的转身。

盛唐时期是诗歌繁荣的顶峰。公元8世纪初，唐朝"开元盛世"时期，经济、文化发展到鼎盛，诗歌创作领域也达到繁荣状态，主要表现为伟大诗人引领诗坛，杰出诗人辈出，诗歌内容异常丰富，诗歌形式成熟。

李白、杜甫两位伟大诗人分别代表了我国古典诗歌的浪漫主义和现实主义的创作高峰，同时在盛唐的诗坛熠熠生辉。李白继承了庄子、屈原等的浪漫主义精神，加上他的天才和勤奋，创造出独特的李白风格，善于采用变幻莫测的手法，融神话、幻想和夸张的表达于一体，运用清新晓畅的语言，抒发洒脱不羁、爆发式的情感，创造出豪放、飘逸等多样的艺术风格，将除七律以外所有的诗歌体裁写到顶峰。唐文宗御封唐朝"三绝"，即李白诗歌、裴旻剑舞、张旭草书，它们代表了盛唐时期的青春狂放之美。杜甫真实地记录了唐朝由盛转衰的过程，把个人的遭遇和国家的不幸、百姓的疾苦紧密联系在一起，具有纯儒的积极入世的精神，是变乱时代的伟大"诗史"。作为中国古典诗歌典范样式的七言律诗在他手中正式成立，特别是杜甫晚年的七律沉郁顿挫，极尽声律、句法变化之能，精炼深蓄中多有开创。他开创的新题乐府继承了汉乐府的现实主义精神，对唐朝中期重要的诗歌运动"新乐府运动"有直接影响。自唐朝中期开始，杜甫就被称为"诗圣"，宋人更是谓杜甫"集开诗世界"。

盛唐诗坛群星璀璨，其中影响较大的是两个诗歌流派：一个是以王维、孟浩然和储光羲为代表的山水田园诗派；另一个是以高适、岑参、王昌龄为代表的边塞诗派，李颀、王之涣也是边塞诗派的重要诗人。

山水田园诗派有名的作者首推王维。王维，字摩诘，号摩诘居士，官至尚书右丞，世称王右丞。他受禅宗影响很大，精通佛学，有"诗佛"之称，精通诗、书、画、音乐等，唐代宗誉其为"天下文宗"。王维的山水田园诗表现了古代文人的高雅趣味，对后世影响深远，他早年从军所写的边塞诗也壮丽、豪迈，非常出色。

白居易是中唐时期杰出的现实主义诗人。他延续了杜甫的新题乐府的诗歌发展道路,继承并发展了《诗经》和汉乐府的传统,掀起了一个现实主义诗歌的高潮,即新乐府运动。元稹、张籍、王建是这一运动中的重要诗人。这一时期还另有一派诗人,包括韩愈、孟郊、李贺等人。韩愈继承和发展了杜甫对诗歌的创新,追求险怪。李贺号称"诗鬼",身世凄凉,才华特出,他开辟了奇崛幽峭、浓丽凄清、想象瑰异的浪漫主义新天地。

晚唐充满世纪末的哀音,诗歌感伤气氛浓厚,代表诗人是杜牧、李商隐,世称"小李杜"。李商隐是杜甫之后唐朝重要的七律大家,他一生在党争的夹缝中求生存,郁郁而不得志,诗文辞清丽、意象朦胧,好用典,有些诗具有多义性,较晦涩,其中的无题诗堪称一绝,而最为突出的是他的爱情诗。

微课
晚唐气韵

唐朝长时期政治稳定,经济繁荣,文化昌盛,中华民族在此时呈现出的蓬勃向上的青春朝气,需要用诗歌表达出来。唐朝的科举考试重视诗赋,有力地促进了诗歌创作。三国至隋朝时期,对诗歌形式和格律的探索奠定了良好的技术基础,促使唐朝的五言、七言律诗和乐府诗进一步成熟。以上种种促成了我国诗歌史上辉煌的唐诗时代,唐诗是唐朝文化风貌的集中表现。

2. 宋词

微课
枝叶关情

词起源于隋唐时期,发展于五代时期,鼎盛于宋朝,衰微于元明时期,复兴于清朝。唐末的温庭筠是历史上第一位大词人,他被后人称为花间派鼻祖,他使词雅化的同时也将词的场景局限于深宅高墙之内,将词的内容局限于贵族妇女的爱恨情愁。南唐后主李煜在词的发展史上占有很高的地位。他善于用贴切的比喻将感情形象化,并擅长使用口语化的语言,后期用词来抒发亡国之痛,大大提升了词的艺术内涵。

宋朝经济繁荣、商业发达,市民阶层已经形成,社会文化有明显变化,此时词的形式已近成熟,但与诗相比,更适合抒发个人私情,因此,北宋文人一边视词为诗余小调,一边投入了大量精力作词,"他们的不能诉之于诗古文的情绪,他们的不能抛却了的幽怀愁绪,他们的不欲流露而又压抑不住的恋感情丝,总之,即他们的一切心情,凡不能写在诗古文辞之上者无不一泄之于词"(郑振铎《插图本中国文学史》)。纵观宋词的发展史,是文人在把词作为流行歌曲的歌词还是作为严肃的文学作品对待之间不断摸索的历史。

北宋初期,词坛的代表人物是欧阳修和晏殊,他们社会地位高,文学修养深厚,沿袭温庭筠以来的传统,主要以词描写深宅大院内的生活,词作多为含蓄凝练的小令,后人称为"贵族词"。之后,柳永和苏轼在形式与内容上对词进行了新的开拓。柳永开始创作市民词,创制长调的慢词,自此词的规模发生了显著变化,他描写羁旅行役、市井生活,词得以突破狭隘的宅院反映大千世界,对宋词的发展起了奠基的作用。苏轼以诗为词,开创了豪放词,"无意不可入,无事不可言"(刘熙载《艺概》),词成为严肃、独立的文学样式,摆脱了"诗之余"的定位。辛弃疾、周邦彦在词的艺术创作上是集大成者,他们的创作体现了词的深化与成熟。北宋后期,曾提举大晟府的周邦彦兼采众家所长,注重词牌的整理与规范化,为词的创作提供典型范例,促进了词体的成熟。辛弃疾有英雄豪杰之才气，生当衰世，他将自己无处发泄的"一腔忠愤"及其"抑郁无聊之气"寄之于词，形成了自己的特色，是南宋词坛伟大的词人，而陈亮、刘过、刘克庄、刘辰翁等追随其后，形成了南宋中后期以爱国为主要题材的豪放词派。姜夔是南宋后期著名的词人，他长于音律，沿袭了周邦彦的道路，词与音乐相结合已臻极诣，所谓"音节文采，并冠绝一时"（《四库全书总目》），是格律派的重要代表。

在宋朝词坛上，女词人李清照占有重要的地位。她的词情感真挚，用语清新别致，能以口语入词，形成了独特的易安体。李清照亲身经历了由北而南、家破人亡的社会巨变，她的生活环境发生了巨大变化，她的词也由明丽清新变为低回惆怅、深哀入骨，其内容、情调、色彩、音律都发生了明显的变化，但是，词的"本色"未变，她对南宋、北宋相交之际词人的创作有重要的示范意义。

3. 元曲

元曲是元朝文学的代表，包括杂剧和散曲两种文学形式。其中，杂剧属于戏剧，散曲属于诗歌。

散曲可以说是元朝的新体诗，是当时文人学士和世俗大众雅俗共赏、喜闻乐见的一种通俗艺术形式。散曲是从词演化出来的。从1127年金灭北宋到1279年元灭南宋统一中国，中国处于南北对峙的分裂局面达一百五十多年。北方在少数民族政权统治下，少数民族乐曲融入百姓生活，原有的配词演唱的曲调有了改变，到金、元之际，"俗谣俚曲"经士人加工，逐渐形成一种继词而起的便于歌唱的新型歌诗样式。根据夏庭芝撰写的《青楼集》记载，散曲的歌唱形式有多种，如表演唱、舞蹈伴唱、乐器伴唱等。在一次宴会上，演员解语花"左手持荷花，右手举杯，歌骤雨打新荷曲"，连枝秀"有招饮者，酒酣则自起舞，唱《青天歌》，女童亦舞而和之，真仙音也"。

王国维在《宋元戏曲史》中把元曲发展分为三个时代，即蒙古时代、一统时代、至正时代。从蒙古太宗取中原到1279年元灭南宋这一段时间称为蒙古时代，是元曲发展的初期，这一时期的元曲作家多为北方人，有元好问、关汉卿、白朴、高文秀、马致远、王实甫、张养浩等，他们的作品比较质朴。一统时代指从元世祖至元到元顺帝后至元时期，南宋已亡，临安（杭州）仍然繁华，元曲作家多为南方人，有郑光祖、睢景臣、乔吉等人。至正时代是元曲的末期，元曲已逐渐文人化，失去早期的质朴粗犷，主要作家有张可久、倪瓒、高明等。元曲兴盛时代的早期，作家中有地位显赫的达官贵人、文人雅士、杂剧作家、教坊艺人等，社会地位高下不同，思想感情各异，艺术素养差别也很大，使元曲呈现出丰富多彩的局面，如马致远的《秋思》套曲、关汉卿的《不伏老》套曲都是这一时期的出色作品。随着元曲作家的活动中心移至南方临安一带，出现了一批以散曲著称的作家，如张可久、乔吉等人，他们创作了大量作品，丰富了散曲格律和创作技法。

元曲作为元朝的通俗文艺，当时在民间广为流行，作者众多，其中关汉卿、马致远、白朴、郑光祖人称"元曲四大家"，兼擅杂剧和散曲创作。但封建统治者没有给予元曲足够的肯定和重视，元曲作品散佚较多，作家也大都没有详尽的生平及创作资料流传下来。

二、古典诗歌常识

(一)古诗

1. 诗体

古诗的诗体可分为古体诗、近体诗。古体诗指的是近体诗形成前的各种诗歌体裁,也称古诗、古风,不受格律的束缚。近体诗是唐朝形成的,在字数、声韵、对仗方面都有严格规定。

2. 近体诗的格律

近体诗可分为绝句和律诗,四句为绝句,八句为律诗,长于八句叫长律,也叫排律。

近体诗的格律主要有如下特点:不论绝句、律诗,只有五言诗和七言诗两种,各句字数相等。偶数句押韵,一韵到底。一般只用平声韵,首句可入韵,也可不入韵。七律诗以首句入韵为正格,不入韵为变格;五律诗以首句不入韵为正格,入韵为变格。必须用对仗,七律诗和五律诗的颔联和颈联要分别两两对仗,排律除了首、尾两联不对仗以外,其他各联要分别对仗。绝句对仗没有专门要求,一般情况下,颈联工对,颔联可以为宽对,必须合乎平仄。五言诗和七言诗分别都有四种基本的平仄句式,四种句式交错变化构成绝句和律诗的平仄格式,即基本篇式。

律诗平仄基本句式:
仄仄平平仄
平平仄仄平
平平平仄仄
仄仄仄平平

七言诗平仄基本句式:
(平平)仄仄平平仄
(仄仄)平平仄仄平
(仄仄)平平平仄仄
(平平)仄仄仄平平

(二)词

1. 体式

宋词在体式上有单片体和多片体之分。片也称阕,多片体的分片主要是依据乐曲的分段而来的。乐曲分两段的较多,所以词中双片体较多。双片体的词,上、下片完全一样的,称为双叠体。现存最长的词牌是"莺啼序",共4片,240字。

2. 词牌

每首词都有一个调名,又称为词牌,如"一剪梅""女冠子""贺新郎""满庭芳""扬州慢"等。一首词的词牌与一首诗的诗题并不相同,诗题是诗的内容的揭示,词牌则是乐曲内容及其性质的标志。唐五代词很少在词牌外另加题或序,随着词的逐渐文学化,从苏轼始,词牌外另用题、序明显增多,至南宋已经流行。例如:

(1)"渔歌子",又名"渔父"等。唐教坊曲名,词牌由张志和创制。

渔歌子·西塞山前白鹭飞
张志和

西塞山前白鹭飞,桃花流水鳜鱼肥。
青箬笠,绿蓑衣,斜风细雨不须归。

(2)《贺新郎》,又名《金缕曲》《乳燕飞》《貂裘换酒》等。传作以《东坡乐府》所收为最早。

贺新郎·甚矣吾衰矣
辛弃疾

甚矣吾衰矣。怅平生、交游零落,只今余几!白发空垂三千丈,一笑人间万事,问何物、能令公喜?我见青山多妩媚,料青山见我应如是。情与貌,略相似。

一尊搔首东窗里,想渊明《停云》诗就,此时风味。江左沉酣求名者,岂识浊醪妙理?回首叫、云飞风起。不恨古人吾不见,恨古人不见吾狂耳。知我者,二三子。

现存唐宋词牌数百种。南宋袁长吉曾作《水调歌头·贺人新娶集曲名》一词:"紫陌风光好,绣阁绮罗香。相将人月圆夜,早庆贺新郎。先自少年心意,为惜婵人娇态,久俟愿成双。此夕于飞乐,共学燕归梁。索酒子,迎仙客,醉红妆。诉衷情处,些儿好语意难忘。但愿千秋岁里,结取万年欢会,恩爱应天长。行喜长春宅,兰玉满庭芳。"每句都嵌含一个词牌名。

(三)散曲

散曲有小令、套数、带过曲三种类型。小令又名叶儿,一般由一支曲牌构成,相当于词的一阕。例如,《越调·天净沙·秋思》就是一首小令。套数又称散套、套曲,是同一宫调按照既定的规律顺序连缀而成的组曲,短的可以两个曲牌,长的可以二三十个曲牌。套数中各支曲子连缀的先后次序有一定规矩,不可以任意搭配和随意颠倒。套数的末尾大多有尾声,称"尾""尾声""隔尾""煞""赚煞"。套数的用韵必须首尾一致,一韵到底,中途不能换韵。带过曲是由两三个同宫调而音律衔接的曲牌连接而成的一种小型组曲,介乎小令和套数之间。带过曲必须一韵到底,最多不超过三调。据对《全元散曲》之统计,带过曲现只存 27 种,如《正宫:脱布衫带过小梁州》《中吕带过仙吕:山坡羊带过青哥儿》等。

每支小令都有曲牌(曲调),如同词牌(词调)一样。各调有不同的字数、句法、平仄、韵脚,即所谓"句式定格"。这些曲调分属于不同的宫调,北曲有十二宫调,南曲有九宫十三调。《九宫大成南北词宫谱》所收北曲曲牌有 581 个,南曲则有 1513 个。曲和词体式相近,都是按调填词,但词的定格一般不变,而曲一般在字数定格外,可以加衬字,较为自由,又多使用口语,风格明快泼辣,有民歌色彩。

散曲注重宫调,宫、调原本是古代音乐的两个名词概念。宫指宫音的律位,似同今之调高;调指调高确定后构成音乐旋律的主音,我国古音为"五音二变",即宫、商、角、变徵、徵、羽、变宫,相当于今之简谱的 1、2、3、4、5、6、7 七个音阶。散曲的宫调出于隋唐燕乐,以琵琶四弦定为宫、商、角、羽四声,每弦上构成七调,宫声的七调为宫,其他的都为调,共得二十八宫调。每一种宫调均有其音律风格,故对于调子的选择往往有一定的习惯。周德清在《中原音韵》一书中形容北曲各调风格:"仙吕宫清新绵邈,南吕宫感叹伤悲,中吕宫高下闪赚,黄钟宫富贵缠绵,正宫惆怅雄壮,大石风流蕴藉,小石旖旎妩媚,般涉拾掇坑堑,商调凄怆怨慕,双调健捷激袅,越调陶写冷笑。"

• 成语小故事 •

火树银花 出自苏味道《观灯》:"火树银花合,星桥铁锁开。"形容灯光烟火绚丽灿烂。

史书记载,唐朝的时候,每年的元宵之夜,长安城里都要大放花灯,在皇城门外设灯轮,高二十丈,衣以锦绮,饰以金银,燃五万盏灯,竖之如花树,称为"火树"。元宵节前后三天,夜间不戒严,长安居民常常举家出动观赏,看灯的地方人山人海,车马喧嚣之声与市民的歌声笑语汇成一片,通宵欢庆佳节。苏味道这两句诗就描写了当时的盛况。苏味道在唐朝曾为相数年,自得于为官圆滑,时人称他为"苏模棱","模棱两可"的成语也是出自他,宋朝著名的"三苏"就是他的后裔。

河东狮吼 出自洪迈《容斋三笔·陈季常》,比喻妻子妒悍。

宋朝陈季常,号龙丘,是苏东坡的好朋友,喜好宾客,爱好谈论佛理。他的妻子柳氏凶悍善妒,陈季常很惧怕,苏东坡就开玩笑题了一首诗送给他:"龙丘居士亦可怜,谈空说有夜不眠。忽闻河东狮子吼,拄杖落手心茫然。"描写了柳氏一声怒吼,陈季常惊惶失措的情形。河东是古代郡名,柳姓是当地望族,所以苏轼用河东指代柳氏,而狮子吼是佛家用语,比喻威严,因陈季常爱谈佛论道,所以苏轼用"河东狮吼"指代柳氏叱骂之声,因为形象、幽默,这个成语一直流传至今。

第二节　中国古代散文

"散文"最早是文采焕发之意。木华《海赋》:"若乃云锦散文于沙汭之际,绫罗被光于螺蚌之节。"《文心雕龙·明诗》里的"散文"又指行文:"观其结体散文,直而不野,婉转附物。"唐宋时期,把凡是不押韵、不重排偶的散体文章统称散文,又称古文,散文成为独立的文体名称。到了近世,散文成为与诗歌、戏剧、小说相对的文体,凡是不属于前三者的都可以归入散文类。严可均《全上古三代秦汉三国六朝文》包括了诗、词、曲以外的全部文体。本书中我们沿用近世标准,散文指诗歌、戏剧、小说以外的其他文章。

一、中国古代散文的发展

我国古代散文发展的重要阶段大略可分为以下几个时期:先秦时期是历史散文和

诸子散文的高峰时期;汉朝,史传散文和政论文及应用文成熟;三国两晋南北朝时期,骈文成熟流行,非骈文也有所成就;唐宋时期以古文运动为核心,散文创作达到新的高峰;明清时期是我国古代散文规范化及重新探索时期。

(一)先秦散文

先秦散文的主要成就为历史散文和诸子散文。历史散文是以历史题材为主的散文,凡记述历史事件、历史人物的文章和书籍都是历史散文,如我国第一部历史散文集和记言体史书《尚书》。诸子散文以论说为主,如《论语》《孟子》《庄子》。

1. 历史散文

随着时代的需求,春秋战国时期,各诸侯国的史官以朴素的语言、简洁的文字记录了列国间的史实。《春秋》《左传》《国语》《战国策》等史书出现,其中《春秋》是我国第一部编年体史书,相传经孔子修订,"微言大义"是其显著特点,它简要记录鲁国、周朝及其他诸侯国的历史事件。《左传》是《春秋左氏传》的简称,是配合《春秋》的编年体史书,相传是春秋末年鲁国的史官左丘明所著,记载了春秋时期列国的政治、军事、外交活动和言论以及天道、鬼神、灾祥、占卜之事。这部书叙事富于戏剧性,情节紧凑,战事描写尤为出色,语言精练、富于形象,代表篇目有《郑伯克段于鄢》《晋公子重耳之亡》《烛之武退秦师》《曹刿论战》等。《国语》是国别体史书,分别记载了周朝及诸侯各国之事,所记大多为当时较有远见的开明贵族的话,后人称为《春秋外传》或《左氏外传》。《战国策》记载了西周、东周及诸国之事,主要记载谋臣策士的种种活动及辞说,特点是长于说事,善用比喻、寓言,人物形象塑造极为生动,代表篇目有《唐雎不辱使命》《邹忌讽齐王纳谏》等。先秦历史散文为中国的历史文学奠定了基础,对后世历史家和古文家都产生了极为深远的影响。

2. 诸子散文

春秋、战国之交是社会大变革的时期,各种思想流派为了扩大影响,纷纷著书立说,促进了我国说理散文的大发展,形成百家争鸣的局面。一般认为,春秋战国时期的诸子散文可以划分为三个发展阶段:春秋末期至战国初期,篇幅简短,代表作品是《老子》《论语》《墨子》;战国中期,开始长篇大论,说理畅达,很多篇章形象生动,有较浓厚的文学色彩,代表作有《孟子》《庄子》;战国后期,论题集中,逻辑严密,说理透彻,文辞富丽,是先秦说理文的高峰,代表作有《荀子》《韩非子》。

(二)汉朝散文

汉朝是中国古典散文开枝散叶的时期:西汉时期,司马迁的《史记》把传记散文推到了前所未有的高峰;东汉以后,开始出现了书、记、碑、铭、论、序等个体单篇散文形式,应用文的写作开始成熟。

汉朝,文、史、哲尚未明确分开。司马迁的《史记》是我国的历史散文发展史上的一座里程碑。司马迁是西汉伟大的史学家、文学家、思想家,他创造了纪传体的通史,开创了以

《中国古代文学家(第二组)》
纪念邮票中的司马迁

本纪、世家、列传、表、书五种体例写通史的范例。五种体例相互配合,构成有机的整体,把中国古代的史学著作上升到在统一的历史观下记录历史的真相。在《史记》的影响下,东汉产生了不少历史散文著作,班固的《汉书》便是其中的杰出代表。《汉书》是我国第一部断代史,记事年代起自高祖元年,止于王莽地皇四年,记录了西汉一代229年的历史。其体例基本继承《史记》,代表篇目有《苏武传》《霍光传》等。

汉朝,与政治大一统相适应的是统治思想的统一。汉初的政论散文继承诸子散文的思辨传统,由哲学思想、政治理论体系转向具体政治政策的思辨与阐述。其中,贾谊的《治安策》《论积贮疏》《过秦论》及晁错的《论贵粟疏》都是流传千古的名篇。

汉朝还出现了一种新的文体——赋。赋的名称始于战国赵人荀卿的《赋篇》。赋的形成受到《诗经》、楚辞、先秦散文的影响,兼具诗歌和散文的双重性质,接近散文的称为文赋,接近骈文的称为骈赋。汉赋模式化的表现特征有抒情、说理、比物连类、夸饰铺排及主客辩难的体式。汉朝流行的有大赋、京都赋、抒情小赋。贾谊是骚体赋创作的杰出代表,其作品有《吊屈原赋》《鵩鸟赋》,抒情述志、情感浓郁,与楚辞有明显的承继关系。枚乘的代表作《七发》开创大赋体式。司马相如《子虚赋》《上林赋》《大人赋》等代表汉大赋最高成就,司马相如也因此与司马迁并称为"文章西汉两司马"。班固的《两都赋》和张衡的《二京赋》是汉朝京都赋的代表作。张衡的《归田赋》是汉朝抒情小赋的开山之作。

> 微课
> 中国古代散文

(三)三国两晋南北朝散文

三国两晋时期,散文形成了重文采、重抒情、重个性的创作趋势。到南北朝时,骈文成为一种成熟的散文形式。

建安散文首开散文之新风。曹操被鲁迅称为"改造文章的祖师",他的作品改变了汉朝文章的积习,清峻、通脱、质朴、简约,代表作有《让县自明本志令》《求贤令》等。曹丕、曹植的文章已经明显地注重辞采骈偶,曹丕的《典论·论文》为中国文学批评史上第一部文学专论。

正始散文继承并发展了建安散文的文风,"越名教而任自然",表现作家真性情。阮籍的名作《大人先生传》表现了作者愤世嫉俗的同时不免消极厌世的情绪;嵇康的《与山巨源绝交书》被鲁迅称为"嬉笑怒骂"的文章。

三国两晋南北朝时期,赋大多为骈赋(俳赋)。例如,曹植的《洛神赋》叙述自己在洛水边与洛神相遇的故事,"翩若惊鸿,婉若游龙",想象丰富,辞采流丽;江淹的《别赋》典型地表现出南朝骈赋的美文丰采。

陶渊明的散文和他的诗一样,独立于时代风尚之外,崇尚"自然"是他思想的核心,"抱朴含真"是他的社会理想。《五柳先生传》《自祭文》等是陶渊明个人的自适生活的写真,《桃花源记》表达了陶渊明心中的理想社会。他的辞赋代表作有《归去来兮辞》《感士不遇赋》《闲情赋》等。其中,《归去来兮辞》语言优美流畅,叙事、诗情和哲理融为一体,表现了诗人的性情与家乡自然美好的景物的和谐统一。

(四)唐宋散文

中国的散文发展到六朝,出现了"文""笔"的对立:"文",就是辞藻华丽、声律和谐的

散文,以骈文为代表;"笔",就是不受声律约束的散文,如三国两晋时期有很大发展的应用文。唐朝是我国散文史上"文""笔"交替的重要时期。骈文在南北朝时发展到了顶峰,唐初虽然不断有人提倡简古实用的散文,如陈子昂提倡风雅兴寄等,但此时并未形成文体、文风改革的普遍风气,初唐的散文主流依然以骈文为主,代表作是王勃的《滕王阁序》和骆宾王的《代李敬业传檄天下文》。

直到中唐,韩愈、柳宗元以复古相号召,提倡先秦两汉时期的散文形式,反对骈文,古文运动由此兴起。在古文运动的推动下,散文的写法日益繁复,出现了文学散文,产生了不少优秀的山水游记、寓言、传记、杂文等作品。古文运动在中国散文史上的影响极为深远。

韩愈奠定了古文运动的理论基础,他主张"文以明道",即强调文章要反映儒家思想,有充实的思想内容,褒贬社会现实,抒发个人真情实感;提出"唯陈言之务去"、"词必己出"、"文从字顺",要求文字的表达要流利;提出"气盛则言之短长与声之高下者皆宜也",强调文章的形式是为内容服务的。

柳宗元在文学性散文领域探索了"古文"的写作技巧,取得了很高的成就。他的文章风格雄深雅健,峻洁精奇,以"永州八记"、《捕蛇者说》、《三戒》为代表,在山水游记和寓言的写作方面做出了开创性的贡献。由于古文运动的影响,晚唐还产生了散文化的赋,如杜牧的《阿房宫赋》等。

韩愈、柳宗元离世后,古文运动一度衰落。到了宋朝,欧阳修再一次掀起了古文运动,继续致力于散文的革新和创作。他在创作和理论上都吸取了唐朝散文的经验和教训,并不绝对摒弃骈文,注意吸收骈文在词采、声调等方面的长处,使散文更加健康地发展。其散文平易流畅、清新自然,具有婉约含蓄之风貌。如著名的《醉翁亭记》《秋声赋》等,文辞练达,是散文中的佳篇。继欧阳修之后,苏轼的文章汪洋恣肆又清新自然,如著名的《前赤壁赋》《后赤壁赋》体现出了娴熟的艺术技巧。王安石文风简洁峻切,论证严密,立意新颖,气势不凡。曾巩、苏洵、苏辙等人也都在古文运动的影响之下取得了各自的成就。后人将宋朝的欧阳修、王安石、曾巩、苏轼、苏洵、苏辙与唐朝的韩愈、柳宗元合称为"唐宋八大家"。

总之,宋朝的散文创作吸取了韩、柳文体改革的特点,又创造了比韩、柳更为平易流转的风格。艾南英《再答夏彝仲论文书》评价:"文至宋而体备,至宋而法严。"古文运动树立了一种摆脱陈言俗套,自由抒写的新文风,大大提高了散文的抒情、叙事、议论、讽刺的艺术功能,"唐宋八大家"的作品成为后人学习的典范,骈文从此退出古典散文的主流舞台。

(五)明清散文

明清时期是中国古典散文达到唐宋高峰之后继续探索革新的时期,主要表现为流派迭出、风格多样,如台阁派文风平正典雅,唐宋派平淡自然,公安派轻巧洒脱,桐城派柔澹雅洁等,各有千秋。在这些流派中,后人评价较高的是归有光"写世俗琐事"的"小文章"和袁宏道写自得之趣的小品文,其文风活泼,韵味深长,具有独特的艺术精神,是散文创作在明朝真正的发展创造。

明初的宋濂是明朝"开国文臣之首",他的部分传记散文很有现实意义。刘基也是明初的重要作家。从永乐到成化年间,保守派的复古主义和形式主义的倾向明显,台阁体诗文盛行。之后,发生了鲜明的拟古主义与反拟古主义的斗争,出现了许多文学小集团或文学流派,如著名的"前七子"、"后七子"、唐宋派、公安派、竟陵派,以及晚明小品文作家和复社爱国主义作家。

明中叶以后,以李梦阳、何景明为首的"前七子"发起复古运动,"倡言文必秦汉,诗必盛唐",反对台阁体。他们在对扫荡八股文风起到一定积极作用的同时,又走上了盲目模拟古人的路子。

嘉靖年间,唐宋派作为"前七子""后七子"的反对派,提倡唐宋古文,继承南宋以来推尊韩愈、柳宗元、欧阳修、曾巩、王安石、苏轼等人古文的既成传统,其中有代表性的作家是归有光。归有光,字熙甫,昆山人,世称震川先生。他的著名作品有《先妣事略》《寒花葬志》《项脊轩志》等。

晚明大量出现的小品文是公安派与竟陵派革新的产物,体现了"独抒性灵,不拘格套"的创作理论。张岱是小品文作者中比较有成就的一位。他的小品文题材较广,山水名胜、风俗世情、戏曲技艺乃至古董玩具等都可以入他的文。他的散文语言清新活泼,形象生动,其名篇有《西湖七月半》《湖心亭看雪》。

桐城派是清中叶著名的散文流派。桐城派的主要作家方苞、刘大櫆、姚鼐都是安徽桐城人,桐城派即因此得名。方苞继承归有光的传统,提出"义法"主张,并使之成为桐城派的基本理论,要求内容和形式相统一。姚鼐是桐城派的集大成者,他提出文章须以"考据""词章"为手段阐明儒家的"义理",并对我国古代散文文体加以总结、分类。

康有为、梁启超是清末散文改良派的代表作家,他们提出了"文界革命"口号并积极践行,无视传统古文的程式,直抒己见,为白话文运动开辟了道路,代表作有《少年中国说》《敬业与乐业》《论毅力》等。

二、中国古代游记散文

(一)中国古代游记散文简述

游记散文是散文的一种,描写作者游览途中的见闻感想,所以,典型的游记散文主要包含游览过程、景色和作者的思想感情三个要素。中国古代真正的游记散文始自三国两晋时期,鲍照的《登大雷岸与妹书》、陶弘景的《答谢中书书》、吴均的《与朱元思书》、陶渊明的《桃花源记》等都是当时的名篇。唐朝,游记成为一种独立的散文类型,柳宗元的"永州八记"系列游记开创了以山水抒写政治感怀的传统。宋朝,游记散文更加繁荣,除了用写景排忧托志而外,还开创了游记说理的写法,如王安石的《游褒禅山记》、苏轼的《石钟山记》都是其中名篇。明清时期是游记散文的高峰期,散文创作中除注重意境美、自然美的刻画以外,还明显走向审美趣味的个性化。总之,与其他的散文类型相比,游记散文更能够表现传统文化中人与自然的和谐关系,也更能摆脱封建礼教的束缚,真实表现文人独立的思想人格与审美情趣。

中国古代游记散文按照表现形式的侧重可以分为:抒情型,如陶渊明的《桃花源记》、陶弘景的《答谢中书书》、柳宗元的《小石潭记》;说理型,如王安石的《游褒禅山记》、苏轼的《石钟山记》、龚自珍的《说京师翠微山》;写实型,如王维的《山中与裴秀才迪书》、元结的《右溪记》等。

(二)中国古代游记散文选读

1. 陶弘景《答谢中书书》

山川之美,古来共谈。高峰入云,清流见底。两岸石壁,五色交辉。青林翠竹,四时俱备。晓雾将歇,猿鸟乱鸣;夕日欲颓,沉鳞竞跃。实是欲界之仙都。自康乐以来,未复有能与其奇者。

2. 吴均《与朱元思书》

风烟俱净,天山共色。从流飘荡,任意东西。自富阳至桐庐一百许里,奇山异水,天下独绝。

水皆缥碧,千丈见底。游鱼细石,直视无碍。急湍甚箭,猛浪若奔。

夹岸高山,皆生寒树,负势竞上,互相轩邈,争高直指,千百成峰。泉水激石,泠泠作响;好鸟相鸣,嘤嘤成韵。蝉则千转不穷,猿则百叫无绝。鸢飞戾天者,望峰息心;经纶世务者,窥谷忘反。横柯上蔽,在昼犹昏;疏条交映,有时见日。

3. 柳宗元《小石潭记》

从小丘西行百二十步,隔篁竹,闻水声,如鸣珮环,心乐之。伐竹取道,下见小潭,水尤清冽。全石以为底,近岸,卷石底以出,为坻,为屿,为嵁,为岩。青树翠蔓,蒙络摇缀,参差披拂。

潭中鱼可百许头,皆若空游无所依,日光下澈,影布石上。佁然不动,俶尔远逝,往来翕忽,似与游者相乐。

潭西南而望,斗折蛇行,明灭可见。其岸势犬牙差互,不可知其源。

坐潭上,四面竹树环合,寂寥无人,凄神寒骨,悄怆幽邃。以其境过清,不可久居,乃记之而去。

同游者:吴武陵,龚古,余弟宗玄。隶而从者,崔氏二小生:曰恕己,曰奉壹。

第三节　中国古代叙事文学

一、中国古代叙事文学的发展

(一)叙事文学的发端时期:先秦时期

先秦时期的叙事文学主要有两类形式:一类是上古歌谣和神话传说,这一类记录多见于《山海经》,如"黄帝战蚩尤""精卫填海""夸父逐日"等,此外还有"女娲补天""盘古开天""嫦娥奔月""后羿射日"等。另一类是史传散文,如《尚书》《春秋》《左传》《国语》《战国策》《吕氏春秋》等。

(二)叙事文学的发展时期:汉朝至隋朝

史传文学在这一时期取得了辉煌的成就。司马迁是西汉伟大的史学家、文学家、思想家。他继承父亲撰著史书的夙愿,在遭受宫刑之后发愤著书,写出了不朽著作《史记》。《史记》通过人物语言描写体现出人物的性格特点和神情风貌,在本人的传记中表现这个人物主要的经历和性格特征,以突出其特点,而其他的一些事件和性格特点则置于别人的传记中去描述,称为互见法。班固继承《史记》体例,写作了我国第一部断代史书《汉书》。

三国两晋南北朝时期叙事文学的重要发展是出现了志人小说和志怪小说。志怪小说以干宝的《搜神记》为代表,包括"东海孝妇""干将莫邪""韩凭夫妇""宋定伯捉鬼"等故事。志怪成为中国小说中的一个重要类型,在后世产生了许多名作,如《聊斋志异》《阅微草堂笔记》等。志人小说的代表作是刘义庆的《世说新语》,主要描写东汉后期至三国两晋时期一些名士的言行和逸事,它善于将记事与记言相结合,并擅长在细节处勾勒人物的性格和精神风貌。《世说新语》在艺术上有着独到的成就,鲁迅评《世说新语》:"记言则玄远冷隽,记行则高简瑰奇。"

《聊斋志异》中《灵官》插图

(三)叙事文学的成熟时期:唐宋元时期

唐朝经济繁荣,民众文化生活需求提高,宗教的兴旺等多种因素促进了中国小说文学的发展。唐朝流行的传奇小说继承和发展了前朝志怪小说,内容精彩,文辞华丽,并产生了大量名家名作,如《柳毅传》《霍小玉传》《莺莺传》《玄怪录》等。唐朝传奇小说的出现标志着中国古代短篇小说的成熟。

宋朝话本小说是宋朝民间说书人讲唱内容的底本,因此以浅近的文言或白话进行创作,并常常以平凡百姓为创作对象,以爱情或公案为主要题材,代表作有《错斩崔宁》《碾玉观音》等。

元朝文学的主要形式是元曲,包括杂剧和散曲。元杂剧是在宋杂剧、金院本的基础上,吸收诸宫调等说唱文学的成就而形成的成熟的戏剧形式。剧本结构一般为一剧四折一楔子,剧末附"题目正名"。四折戏按故事的开端、发展、高潮、结束来安排。楔子放在剧首为序幕,放在中间为过场戏。"题目正名"为二句诗或四句诗,扼要概括剧情,用于剧团演出前贴"招子"(海报)之用。结构例外的剧作有《西厢记》(五本二十一折)、《西游记》(六本二十四出)等。

元杂剧用北方歌曲演唱,流行的宫调有五宫四调。每折只采用一种宫调,四折的宫调不重复。每剧一般只用一人演唱,其他角色只有说白。由正末演唱的剧本称末本,由正旦演唱的剧本称旦本。打破一人演唱惯例的剧作有《西厢记》《望江亭》等。元杂剧的角色分为旦、末、净、杂四大行当:旦行扮演女性人物;末行扮演男性人物;净行扮演勇猛或滑稽、反面人物,男女均可;杂行扮演陪衬性人物,男女均可。剧中人的说白称为云,有韵白和散白两类,韵白为诗句,散白为散文。说白细分有旁白、带白、内白等,剧本中称为背云、带云、内云等。演员的做工、武打、歌舞等表演剧中称为科,有时也可指音响效果,如做悲科、混战科、做弹科、内做风科等。

元杂剧作为元朝文学的典型形式,作家、作品灿若星河,"元曲四大家"关汉卿、白朴、郑光祖、马致远代表了元朝不同时期、不同流派杂剧创作的成就。关汉卿的代表作有《窦娥冤》《救风尘》《单刀会》等。元朝王实甫的《西厢记》与明朝汤显祖的《牡丹亭》、清朝曹雪芹的《红楼梦》被称为中国文学史中三大爱情作品,《西厢记》是元杂剧对后世剧坛最有影响的作品,具有里程碑式的历史地位。

(四)叙事文学的高峰时期:明清时期

明清时期,小说和戏剧都发展到了新的高峰。明初,在小说方面出现了罗贯中的《三国演义》与施耐庵的《水浒传》。明中期,出现了以唐寅、祝允明为首的"吴中四才子",戏剧的创作开始走出低谷,徐渭的《四声猿》以及梁辰鱼的《浣纱记》面世,神魔小说《西游记》问世。明亡前,明朝的戏曲和小说创作进入高峰期,汤显祖完成了"临川四梦"的创作,长篇世情小说《金瓶梅》《醒世姻缘传》,白话短篇小说"三言"(《喻世明言》《警世通言》《醒世恒言》)、"二拍"(《初刻拍案惊奇》《二刻拍案惊奇》)及神魔小说《封神榜》等先后问世。

明末清初,政权的更迭促使戏剧家们反映当时的社会现实的内容有所增加,如孔尚任的代表戏剧《桃花扇》就借侯方域与李香君的爱情故事,反映了明朝的灭亡。孔尚任与洪昇(代表剧作《长生殿》)并称为"南洪北孔"。

清朝在长、短篇小说创作上都取得了辉煌的成绩。《红楼梦》是成书于清朝乾隆年间的长篇章回体小说,作者曹雪芹根据自己的生活经历,以贾宝玉、林黛玉的爱情悲剧为线索,描写了以贾家为代表的四大家族的兴衰史,反映了封建社会晚期广阔的社会现实。《红楼梦》是中国四大古典小说之一,也是中国古典小说史的顶峰。蒲松龄的《聊斋志异》写了一个狐、魔、花、妖的世界,概括了17世纪中国的社会面貌,传奇、志怪、逸事等诸体兼备,是中国文言短篇小说集大成之作。吴敬梓的《儒林外史》主要描写封建社会后期知识分子及官绅的活动和精神面貌,是我国清朝一部杰出的现实主义的长篇讽刺小说。

清末"小说界革命"背景下,涌现出大量揭露社会阴暗的小说,鲁迅称之为"谴责小说",刘鹗的《老残游记》、吴趼人的《二十年目睹之怪现状》、李宝嘉的《官场现形记》、曾朴的《孽海花》并称为"四大谴责小说"。

微课
中国古典叙事文学

二、古典叙事名篇简介

(一)长篇小说

1.《三国演义》

作者罗贯中,元末明初人。《三国演义》原名为《三国志通俗演义》,是罗贯中根据历史上的三国故事编撰而成的。《三国演义》是我国文学史上第一部长篇章回体历史演义小说。其中名篇有《杨修之死》《诸葛亮舌战群儒》《草船借箭》等。

章回小说是我国古代长篇小说的唯一形式。这是从长篇话本发展而来的。因内容丰富，一次讲说不完，故说书人就需要将其分成若干章回，每次讲一章或一回，连续多次构成一个完整的故事，因而得名。明清时期是章回小说全面发展繁荣的时期。

2.《水浒传》

作者施耐庵，元末明初人。《水浒传》是中国古代小说中优秀的英雄传奇，也是后世长篇武侠小说的源头。它在我国文学史上占有极高的地位，在世界文学史上也是一部不朽的名著。

3.《西游记》

作者吴承恩，明朝人。《西游记》主要描写的是唐僧、孙悟空、猪八戒、沙悟净师徒四人西天取经，历经九九八十一难的故事。《西游记》是中国古代小说中优秀的神魔小说。

4.《金瓶梅》

作者兰陵笑笑生。《金瓶梅》是中国文学史上第一部以描写人情与日常生活为题材的长篇小说，开辟了中国古典小说的新纪元。

5.《封神演义》

作者许仲琳（有争议）。《封神演义》是一部流传很广的长篇神话小说，是我国古代神魔小说的代表作品。

6."三言""二拍"

中国的白话短篇小说在宋元时期已比较发达，到了明朝，文人创作的拟话本大量涌现，标志着这种文体形式的成熟，其中冯梦龙创作的"三言"(《喻世明言》《警世通言》《醒世恒言》)与凌濛初创作的"二拍"(《初刻拍案惊奇》《二刻拍案惊奇》)集这类小说之大成。

(二)传奇与戏曲

1. 明朝中期的三大传奇

李开先的《宝剑记》，取材于小说《水浒传》，描写林冲落草的故事；梁辰鱼的《浣纱记》描写范蠡、西施的爱情故事，被认为是第一部用改革后的昆山腔谱曲并演出的传奇剧本，在戏剧史上占有重要的位置；王世贞或其门人所作的《鸣凤记》描写了以夏言、杨继盛为首的朝臣和严嵩父子的斗争经历，塑造了一系列忠臣的形象，同时揭露了当时专制统治的腐朽和残酷。

2. 明朝戏曲流派：吴江派与临川派

吴江派是以吴江人沈璟为代表的注重戏曲格律的明朝戏曲派别。沈璟反对当时脱离舞台实际的所谓"案头剧"，强调"场上之曲"，因此，从有利于舞台演出的角度要求戏曲创作格律至上，服从观众，推崇语言"本色"。沈璟一共改编、创作了17本昆剧，合称为《属玉堂传奇》，其中流传至今的有《红蕖记》《埋剑记》《双鱼记》《义侠记》《桃符记》《坠钗记》《博笑记》等。临川派又称玉茗堂派，其领袖人物是临川人汤显祖。临川派强调创作不应受形式、格律的拘束，重内容，强调作家的才情和个人的感情，又被称为言情派。吴江派与临川派曾在创作主张上有过长时间的争论，史称"汤沈争论"。

3. 汤显祖与《牡丹亭》

汤显祖是明朝末期戏曲剧作家、文学家，其主要作品《紫箫记》（后改为《紫钗记》）、《牡丹亭》、《南柯记》和《邯郸记》合称"临川四梦"或"玉茗堂四梦"。《牡丹亭》被后人与《西厢记》并称为爱情戏中的"双璧"。

• **成语小故事** •

海屋添筹 出自苏轼《东坡志林》卷七："海水变桑田时，吾辄下一筹，迩来吾筹已满十间屋。"形容人年岁很大，是传统文化中用于祝人长寿的专门词语。

苏轼《东坡志林》记载了一个故事：有三位老人相遇在一起，互相比起年龄。一个说："我的年龄已经记不清了，只记得少年时与盘古有过来往。"另一个人说："每当海水变成桑田的时候，我就放一个筹码记下来，现在我的筹码已经堆满十间屋了。"最后一位老人说："我吃的仙桃不计其数，每吃一个仙桃，我就把桃核丢在昆仑山下。现在，那些丢掉的仙桃核已经和昆仑山一般高了！"海屋添筹就是其中第二个老人的故事。

思考与实践活动 ▶▶▶

千古文心，书香涵咏

❶ 背景资料

葬花吟
林黛玉

花谢花飞花满天，红消香断有谁怜？
游丝软系飘春榭，落絮轻沾扑绣帘。
闺中女儿惜春暮，愁绪满怀无释处。
手把花锄出绣帘，忍踏落花来复去。
柳丝榆荚自芳菲，不管桃飘与李飞；
桃李明年能再发，明年闺中知有谁？
三月香巢已垒成，梁间燕子太无情！
明年花发虽可啄，却不道人去梁空巢也倾。
一年三百六十日，风刀霜剑严相逼；
明媚鲜妍能几时，一朝漂泊难寻觅。

花开易见落难寻,阶前愁杀葬花人,
独倚花锄泪暗洒,洒上空枝见血痕。
杜鹃无语正黄昏,荷锄归去掩重门;
青灯照壁人初睡,冷雨敲窗被未温。
怪奴底事倍伤神?半为怜春半恼春。
怜春忽至恼忽去,至又无言去未闻。
昨宵庭外悲歌发,知是花魂与鸟魂?
花魂鸟魂总难留,鸟自无言花自羞;
愿侬此日生双翼,随花飞到天尽头。
天尽头,何处有香丘?
未若锦囊收艳骨,一抔净土掩风流。
质本洁来还洁去,强于污淖陷渠沟。
尔今死去侬收葬,未卜侬身何日丧?
侬今葬花人笑痴,他年葬侬知是谁?
试看春残花渐落,便是红颜老死时;
一朝春尽红颜老,花落人亡两不知!

《儒林外史》节选
吴敬梓

有人辞官归故里,有人星夜赶科场。
少年不知愁滋味,老来方知行路难。

旅夜书怀
杜甫

细草微风岸,危樯独夜舟。
星垂平野阔,月涌大江流。
名岂文章著,官应老病休。
飘飘何所似,天地一沙鸥。

二 活动内容

(一)文化素养:经典再现

古典文学作品中有很多经典人物和经典场景,请大家从以下人物场景中选一到两个,认真揣摩,并用话剧、小品等形式进行表演。

宝黛共读西厢:青年男女的美好爱情;
范进中举:中年秀才的癫狂时刻;
旅夜书怀:晚年诗圣的孤苦无依。

(二)素养提升：厚德仁爱，责任担当

先秦诸子、汉唐气象、宋明风韵……大风泱泱，大潮滂滂，五千年文脉涵育了中华文明。从历史中的志士仁人，到当今的护国英雄，每一代人都有每一代人的使命与责任。当下，我们已然走上富强之路，但是我们的使命还没有完成，请大家搜集文学作品中的志士仁人，结合自身经历感悟，畅谈"大我"的时代和"小我"的责任，"大我"的发展和"小我"的前途，讨论如何将"小我"融入"大我"，青春献给祖国，不管将来在任何岗位上，都不遗余力地发挥自己的光和热。

第五章

笔精墨妙——中国古典书法与绘画

第一节　中国古典书法

一、中国书法的发展

中国书法是关于汉字书写的一门艺术。如何使字艺术化,是历代书法家孜孜以求的终极目标。林语堂在《吾国与吾民》一书中写道:"书法提供给了中国人民以基本的美学……如果不懂得中国书法及其艺术灵感,就无法谈论中国的艺术……通过书法,中国的学者训练了自己对各种美质的欣赏力。"从摩崖石刻、门楣匾额到商业广告,在中国广袤的大地上,书法艺术无处不在,即使在现代社会依然保持着旺盛的生命力。

(一)发轫阶段:商朝至汉朝

甲骨文是商朝的古人在占卜时刻在兽骨或龟甲上的文字,又称殷墟文字,可说是中国最早的艺术文字,距今已有三四千年历史。由于龟甲形状的限制,甲骨文多纵向排列,单字也呈纵长取势,刀意往往劲健利落。

商周时期,我国的冶炼业高度发达,青铜器皿常常铸有文字,被称为金文,属于大篆字体。当时的青铜器种类繁多,乐器以钟为代表,食器以鼎为代表,所以金文又称钟鼎文。金文由甲骨文演变而来,早期类似甲骨文,常依字赋形,时有活泼灵气;中期点画圆劲,有雍容庄严的庙堂之风;周朝晚期,各诸侯国势力渐强,金文风格也开始分化,毛公鼎、虢季子白盘等上的金文各有不同风情,总体来说,跟前期比较起来,字势相近,字体紧密,字形方阔,极为优美。金文开创了书法艺术中"金石气息"的渊源。

秦汉时期是汉字字体发展定型的阶段。大篆改创小篆,大篆、小篆又简化成隶书,随后又发展成草书,而又演变成章草、行书、楷书,基本上所有的字体都在这一阶段出现了。

殷商青铜器上的金文

西周毛公鼎上的金文

秦始皇巡狩各处,常刻石以为志,所书之字多出于李斯之手,瘦硬婉通,被尊为小篆正宗,至今琅玡、泰山两处石刻犹存。秦朝虽推行"书同文",以小篆为官方字体,但实际使用时因字体不同或书写地方不同分为八种,号称"秦书八体":大篆、小篆、刻符、虫书、摹印、署书、殳书、隶书。

秦朝泰山刻石上的小篆

汉朝朝廷对书法比较重视,甚至准以"善书"入仕,因此,汉朝的书法艺术空前繁荣,我国古代书法艺术至此打下坚实的基础。

汉朝通行的代表字体是隶书,它继承了秦隶的写法,加强了由圆转而方折的变化,隶书基本定型。篆书的笔画只有横、竖、点及弯转,隶书笔画有了撇、捺,还有了折,至此,汉字的笔画完备,汉字不再是象形文字,由小篆至隶书的变化被特称为隶变。隶书笔形最典型的特点是"蚕头雁尾"。为了书写便捷,汉朝还出现了隶书的草体,称为章草。汉朝还出现了楷书。汉朝末期,楷书的速写形式——行书、今草都出现了。

东汉乙瑛碑上的隶书

(二)成熟阶段:三国两晋南北朝时期

三国两晋南北朝时期的书法在我国书法史上占有非常重要的位置,是书法史上第一座里程碑。马宗霍在《书林藻鉴》中称:"书以晋人为最工,亦以晋人为最盛。晋之书,亦犹唐之诗、宋之词、元之曲,皆所谓一代之尚也。"这一时期书法艺术的兴旺是多方面因素综合作用的结果。

三国两晋南北朝时期,我国文房四宝的制造技术都有重大进步:这一时期的毛笔笔头锋毫饱满,出现了兼毫笔和软毫笔;石墨以外,松烟烧制的墨第一次在全国范围内得以推广;纸张大量生产和盛行,虽然早期贵族士大夫中仍有"贵素贱纸"的想法,但是纸张依然很快成为市面上主要的书写材料,很多书家自制纸张,质量甚至超过皇家出品,王羲之曾经一次赠予谢安纸张九万张;砚台始于

北魏张猛龙碑上的楷书

汉朝,汉朝都是陶砚,三国两晋时期开始出现石砚,并很快出现带有琉璃匣、可以随身携带的砚台。书写工具的改进给书法艺术的发展带来了很大的便利,为书法艺术的繁荣提供了物质基础。此外,多民族文化融合带来审美上的多样化,佛教、道教盛行,以及名门望族世代传递等政治、经济、文化因素都是这一时期书法艺术兴旺的重要原因。

三国两晋南北朝时期,各种字体相互影响,共同发展,书法成为一门自觉的艺术。三国时期的书法家以钟繇为代表,在汉隶向楷书、行书的转变中他起了重要作用,卫夫人和王氏家族都深受其影响。王羲之融会贯通了楷书、行书、今草三种字体,脱去以往重滞的笔法,其雄俊飘逸的风格、精美的笔法奠定了后世书法的基础。王献之继承发扬了父亲的书法艺术,其书法外放神骏,达到晋朝书法新的高峰。至此,钟繇和"二王"(王羲之、王献之)树立了楷书、行书和草书美的典范,我国书法技法体系基本成熟。后世虽有丰富和创新变化,但仍没有突破这一体系。

(三)繁荣阶段:隋朝至清朝

唐朝是我国历史上国力极盛的王朝,政治清明,经济发达,文化事业空前繁盛,书法艺术遂达到第二个高峰。唐朝楷书四大家——欧阳询、虞世南、褚遂良、薛稷一扫前代柔靡之气,代之以意气风发的昂扬气概。盛唐以后,颜真卿、柳公权将楷书发展到完美阶段。唐朝草书也极其繁荣,张旭和怀素的狂草纵肆奔腾,是唐朝精神的典型体现。

宋朝重文抑武,士人重视书法。宋朝书法中行书成就最高,蔡襄、苏轼、黄庭坚和米芾被称为"宋四家",其书法虽然个性各异,但都善于发挥性灵,以追求意趣为旨要,是宋朝书法的典范。

元朝书法首推赵孟頫,他全面学习晋唐书法,推崇古法,扭转了南宋以来过于张扬己意而至的偏颇,甚至影响了明朝前期的书法发展。明朝台阁体书风的盛行对书法发展有一定阻碍作

唐朝《颜勤礼碑》上的楷书

用,前期恪守古法,以工稳见长,后期在个性解放的思想影响下异军突起,异彩纷呈。明朝还是中国书法史上的样式成熟期。明朝以前的书法样式主要是翰札、手卷、团扇、条幅等,明朝又增添了折扇、长卷、中堂、对联等。清朝是我国传统文化的总结期,在书法上也是如此。

二、名家及名帖

(一)商朝至汉朝

1. 商周时期

散氏盘铭文;戍嗣子鼎铭文;大盂鼎铭文;毛公鼎铭文;虢季子白盘铭文;石鼓文;公乘得守丘刻石文。

2. 秦汉时期

泰山刻石文(李斯);《冠军帖》《二月八日帖》《秋凉平善帖》(张芝);《熹平石经》(蔡

邕);《曹全碑》;《张景碑》;《张迁碑》;《乙瑛碑》;《礼器碑》。

(二)三国两晋南北朝时期

1. 三国两晋时期

《荐季直表》《宣示表》《力命表》(钟繇);《快雪时晴帖》《奉橘帖》《丧乱帖》《十七帖》《月半帖》《孝女曹娥碑》《大唐三藏圣教序》《兰亭集序》(王羲之);《洛神赋十三行》《鸭头丸帖》《中秋帖》(王献之)。

2. 南北朝

《张黑女墓志》;泰山经石峪《金刚经》;《张猛龙碑》。

(三)隋朝至清朝

1. 隋唐时期

《上阳台帖》(李白);《九成宫醴泉铭》《皇甫诞碑》《仲尼梦奠帖》《化度寺碑》《行书千字文》《兰亭记》(欧阳询);《颜勤礼碑》《多宝塔碑》《麻姑仙坛记》《祭侄文稿》《大唐中兴颂》《颜氏家庙碑》《自书告身帖》《湖州帖》(颜真卿);《雁塔圣教序》《枯树赋》《房玄龄碑》《孟法师碑》(褚遂良);《玄秘塔碑》《神策军碑》《大唐回元观钟楼铭》(柳公权);《孔子庙堂碑》《破邪论序》(虞世南);《古诗四帖》《肚痛帖》《终年帖》(张旭);《书谱》(孙过庭);《灵飞经》(钟绍京);《小草千字文》《自叙帖》《苦笋帖》(怀素)。

欧阳询《兰亭记》

2. 宋辽金时期

《黄州寒食诗帖》《邂逅帖》《治平帖》(苏轼);《诸上座草书卷》《自书松风阁诗卷》(黄庭坚);《蜀素帖》《多景楼诗》《虹县诗》《拜中岳命帖》(米芾);《郊燔帖》《万安桥石碑》(蔡襄);《小楷书千字文》《题欧阳询张翰帖后跋》(赵佶)。

3. 元朝

《胆巴碑》《洛神赋》《道德经》《玄妙观重修三门记》《四体千字文》(赵孟頫);《草书苏轼海棠诗卷》(鲜于枢)。

73

4. 明朝

《潇路马湖记》《白羽扇赋》《杜甫醉歌行诗》(董其昌)；《箜篌引》《致元和手札》(祝允明)。

5. 清朝

《沧海日长联》(邓石如)；《临石鼓文》(吴昌硕)；《金农诗横幅》(郑燮)；《七言诗册页》(傅山)。

• 成语小故事 •

入木三分　出自张怀瓘《书断·王羲之》。本来形容书法笔力强劲，后来也比喻见解、议论深刻。

传说东晋明帝有一次要到建康北郊祭祀土地神，让王羲之把祭文写在木制祝板上，再派人雕刻。雕刻者把木头剔去一层又一层，发现王羲之的墨迹竟渗进木板深处，直到剔去三分厚才见白底，雕刻者惊叹王羲之笔力雄劲，竟入木三分。

第二节　中国古典绘画

一、中国古典绘画的特点

"绘画"在《现代汉语词典》中的定义："造型艺术的一种，用色彩、线条把实在的或想象中的物体形象描绘在纸、布或其他底子上。"中国绘画具有悠久的历史和独特的艺术传统。不论是早期的壁画，还是后起的卷轴画和版画，基本上都是在民族的土壤中产生和发展的。我们所熟悉的水墨画是近一千多年来中国古典绘画的主流形式，其余各时期也有特定的主流绘画形式存在。

与西洋绘画以团块和色彩的明暗来描绘对象不同，中国古典绘画的主要表现手段是富有连续性和流动感的线条，舞动的线条如同音乐旋律，在静止的平面内营造出时间感和动态感。

中国古典绘画注重虚实。所谓虚实，主要指画面上景物和色彩的疏密、浓淡的安排。一般地说，用工笔、翔实的近景、浓墨重彩等手法处理的地方可视为实；概括性、简略的内容及远景用墨清淡，可视为虚。另外，中国古典绘画和书法都讲究留白，讲究"计白当黑"，对画面空白的处理也集中反映了这种虚实关系。

中国古典绘画是带有一定综合性的造型艺术。中国古典绘画与书法艺术是"书画同源"的关系，在材料、工具、技法、审美趣味上都有共同之处。中国古典绘画往往与诗词、款赋、书法、篆刻相结合，画面中的款题、印章也是画的一部分，可以丰富画的主题思想，构成有机、统一的画面，达到形神兼备、气韵生动的效果。

中国古典绘画还有着独特的装裱形式。因为中国书画大多创作在容易揉皱、破损的宣纸和绢丝类物品上，需要用麻纸、布帛、丝绢等材料裱褙并加框以加固，称为装裱。装裱成品可分为卷、轴、册页和片等，便于收藏和观赏。装裱本身也成为书画作品的背景，所谓"三分画，七分裱"，装裱可以起到衬托画体的作用。

二、中国古典绘画的发展

（一）原始绘画

中国绘画的起源可以追溯到遥远的史前时期。据考古发现，最早可能在新石器时期，黄河流域、长江流域甚至黑龙江流域、珠江流域的原始人就留下了他们创造的艺术品，如岩壁上的岩画、陶器上的花纹等。

岩画，即在岩石表面涂上颜料或凿刻创作绘画。中国的古岩画遍及全国各地，主要可分为南北两个系统，风格各异。南系主要分布在广西、四川、云南、贵州、福建等地，战国至东汉期间的有大量发现，大都以铁矿粉调和血液制作红色颜料，鲜艳的红色经久不变。北系主要分布在阴山、黑山、阿尔泰山等地，大都是用尖利物品在岩石上刻制的，创作时间从远古直到元朝。中国岩画画人物大都只通过四肢表现动作、体态，画动物也仅重点

贺兰山岩画中的人面

刻画出特征部位，既反映了远古中国人精细的观察能力和高超的概括能力，又营造了一种天真而粗犷的稚拙之美。

在世界文化史上，我国的陶器占有重要的地位，陶器上的绘画纹饰多姿多彩，以线条刻画和颜色填充为基本手段，为后来的中国传统绘画开创了道路。1978年出土的鹳鱼石斧图彩陶缸距今已有六千年左右的历史，其上所绘鹳鱼石斧图体现了中国史前彩陶画艺术创作的极高成就。

1982年，在甘肃秦安大地湾原始建筑遗迹的地面上，发现有人物和动物的绘画残迹。在辽宁西部凌源、建平交界的牛河梁属于红山文化的女神庙遗址出土的建筑构件上，有彩绘墙壁的残块，是我国现已发现的最早的壁画。

（二）战国至汉朝时期的绘画

战国时期，大型建筑物似乎普遍地采用壁画作为装饰。楚国的先王庙宇及祠堂里就绘有规模宏大、内容丰富的壁画。屈原的不朽诗篇《天问》就是他在被流放期间，忧心憔悴，彷徨山泽，见到楚国的这些壁画而作的。可惜这些壁画均已不存。1949年，在湖南长沙楚墓中出土了战国时期的帛画（画在丝织物上的画）《人物龙凤图》《人物御龙图》。从这两幅画可以看到，以线条作为主要的造型手段的绘画传统在战国时期已经形成。

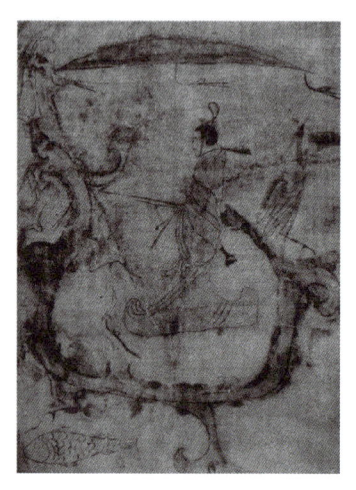

人物龙凤图　　　　　　　　　人物驭龙图

秦汉时期,我国已成为一个统一、强盛的多民族封建国家。秦朝初年,国力强盛,府库充盈,绘画艺术在继承战国时期的绘画传统的基础上,有了明显的发展。从闻名中外的湖南长沙马王堆一号汉墓彩绘帛画,山东、四川等地的画像石、画像砖,辽宁、内蒙古、河北等地的汉朝壁画中可以清楚地看出,这一时期的宫殿壁画、墓地壁画、地上建筑壁画及与其相关的画像石和画像砖非常发达。另外,西汉末年,佛教已经开始传入我国,三国时吴国著名画家曹不兴就擅长画佛像。从此以后,宗教题材的绘画艺术逐渐兴起。

车马出行画像石

(三)三国两晋南北朝时期的绘画

三国两晋南北朝时期是中国绘画发展的重要的转变时期。从东汉末年开始,我国由中央集权的统一走向分裂。在这个动荡的时期,人们精神苦闷,寻求寄托,宗教迅速地传播,宣传教义的壁画及石窟艺术大兴,其中重要的代表有新疆克孜尔石窟、甘肃麦积山石窟和莫高窟。另外,以文学为题材的绘画逐渐开始兴起,人物肖像画为这个时期杰出的代表,著名的作品有顾恺之的《洛神赋图》和卫协的《诗·北风图》。山水画和花鸟画也开始萌芽。中国的绘画史和绘画理论著作从这时才真正开始。

莫高窟是我国古代规模最大、内容最丰富的石窟群,俗称千佛洞。据记载,莫高窟是在东晋时期前秦建元二年(366)开始建造的。以后经南北朝、北魏、北周、隋、唐、五代、宋、西夏、元等朝代的不断修建,共开凿了千余洞窟。莫高窟最重要的艺术表现是大量的壁画。这些壁画的内容大体分佛像、佛教故事、中国传统神话、供养人、装饰纹样和建筑图等种类。北周以前的壁画主题侧重宣扬忍辱、苦修、无原则的施舍和自我牺牲,而隋唐时期的壁画则着重表现佛教宣扬的西方极乐世界,表现欢乐和幸福的主题。

(四)隋唐时期的绘画

隋唐时期,中国封建社会进入了鼎盛期。社会安定,经济繁荣,文化昌盛,对外经济、文化交流异常活跃,这为绘画艺术的发展提供了良好的背景,隋唐是我国绘画艺术发展的一个高峰,继承和发扬了我国民族绘画艺术的成就,并融合了外来的艺术。

人物画在这个时期占有重要的地位,如《步辇图》《凌烟阁功臣图》《西域图》《明皇试马图》《醉学士图》等对后世影响深远。山水画逐渐成熟,花鸟画开始兴起。这些画作表现出了隋唐时期昂扬磅礴的社会面貌和时代精神。

莫高窟菩萨图(局部)

隋和初唐时期有作品流传于世的著名画家有展子虔和阎立本。盛唐和中唐时期,山水、人物、花鸟、鞍马等领域画家名家辈出且风格多样,只是遗存画迹太少,难以见其全貌。在现存的唐朝中期绘画遗迹中,有代表性的是李思训的青绿山水、吴道子的佛教人物画、张萱的工笔重彩仕女画以及韩干的鞍马画。晚唐时期,在山水、人物、花鸟等各领域都有重要成就的基础上,不少画家专攻一门,深入钻研,如周昉善画仕女,韩滉善画牛,边鸾善画孔雀、蜂蝶,刁光胤善画湖石、花竹等。现存画迹中,周昉的《簪花仕女图》及韩滉《文苑图》《五牛图》较为闻名。此外,现存的被公认为世界最早,也是较成熟的版画作品是唐朝咸通九年(868)刊印的《金刚般若波罗蜜经》中的扉页木刻。

韩滉《五牛图》(局部)

此外,唐朝绘画的繁荣还表现在绘画理论的著述上。根据文献记载,唐朝绘画理论著作共有二十多种,具有重要的理论价值和史料价值。其中影响最大的是张彦远的《历代名画记》。它汇集了唐朝以前的有关著述,对唐朝以前的画家和作品加以论证记述,是我国古代第一部比较完整的绘画史。

(五)五代宋辽时期的绘画

五代时期,中原与北方的绘画主要是继承唐朝的艺术传统,西蜀和南唐相继设立宫廷画院,这一时期人物、山水、花鸟等绘画领域都取得了重要成就,在中国美术史上起着承前启后的作用。

五代时期人物画以繁丽精细的画风见长,顾闳中的《韩熙载夜宴图》清楚地显示了这一点。五代是中国古代山水画发展的重要时期,是中国花鸟画成熟的时期。

北宋承袭五代时期南唐、西蜀旧制,设置规模更大的宫廷画院,以各种官职提高宫廷画家的社会地位。至北宋徽宗赵佶统治时期,宫廷画院达于极盛,文人、士大夫的绘画创作空前活跃。随着经济繁华和对外交流扩大,画作开始作为商品出卖,这极大地促进了绘画艺术的发展,增强了绘画艺术和与社会的联系。宋朝绘画在人物、山水、花鸟等领域中,呈现了全面繁荣的局面。

人物画方面,北宋末年画家张择端的《清明上河图》是千古巨作。与人物画相比,宋朝山水画的成就更突出。米芾开创了适于表现江南风雨云烟、抒发画家独特感受的"米点山水"。北宋前期的花鸟画注重写实,崔白则在注重写实的同时注入了更多的诗情和寓意,这在赵佶的花鸟画中也得到了反映。此外,文同、苏轼等人的墨竹进一步强调了花鸟画的借物抒怀与托物寓兴的特点,为后来的大写意花鸟画的发展奠定了基础。

(六)元明清时期的绘画

元朝统治者执行残酷的民族压迫政策,加上错综复杂的社会矛盾,大量的汉族士大夫阶级出身的画家不得不采取不问政治、超然世外的态度,把时间、精力和思想情感寄托在便于寄兴遣情的山水画、花鸟画方面,于是,山水画、花鸟画(特别是以梅、兰、竹、菊为题材的"四君子画")大兴。文人画与宋朝宫廷画院的精密不苟的画风相比,更重视主观意趣的表达和笔墨技巧的追求,它发展了用书法诗文题画的方法,强调了绘画的文学趣味,提高了传统水墨画的笔墨技巧,使山水画进入一个新的阶段。元初的赵孟頫在其中起了关键作用,奠定了中国古代文人画的主要特色。

元朝山水画家中有著名的"元四家"——黄公望、倪瓒、王蒙和吴镇。他们的画风各具特色,黄公望是浑厚苍劲,倪瓒是幽淡天然,王蒙是苍莽深秀,吴镇是淋漓酣畅。花鸟画方面,水墨写意兴起,这方面的代表人物有画梅名家王冕等。元朝宗教壁画以山西永乐宫壁画最为突出,成就足以雄视千古。

明清两代是我国封建社会后期,文化总体趋于保守,但是在绘画领域却出现了很多富有个性的画家,画派林立。这一时期,山水画、花鸟画成为毫无疑问的画坛主流,人物画和宗教画都愈加衰落,但肖像画开始在民间盛行。

沈周《芳园独乐图》

明朝的山水画，初期有戴进为代表的浙派及以吴伟为代表的江夏派。中期以后，以苏州为中心的一批文人画家形成了富于书卷气的吴门画派，代表人物是"明四家"——沈周、文徵明、唐寅、仇英。明朝的花鸟画以写意花鸟画最突出，其代表人物是徐渭。明朝画家开始了对于个性风格的自觉追求，绘画语言及表现手法进一步走向多样化。

明朝后期，文人画家开始涉足通俗文化，版画有很大发展。随着市民阶层不断扩大及明朝小说、戏曲文学的发展，刻书行业竞争激烈，用版画作为书籍插图的风气大盛，许多著名画家如唐寅、仇英、陈洪绶等都积极为版画提供画稿。全国形成了一些著名的版画刻制中心和具有不同艺术风格的流派，如建安派、金陵派、徽派等。胡正言以水印木刻的形式刻印了著名的《十竹斋画谱》与《十竹斋笺谱》，这是版画发展史上的重要创造。

明末清初，社会动荡，传统的思想意识有了松动，富有个性的画家竞相出现，其中可以大致分成两种创作倾向：一种是保守倾向，代表人物是清初的"四王吴恽"（王时敏、王鉴、王翚、王原祁、吴历、恽寿平）。另一种倾向以"清初四僧"和"扬州八怪"为代表。被称为"清初四僧"的弘仁、髡残、八大山人和石涛因不满现实，先后削发为僧，他们的绘画重在抒发内心的幽愤，强调个性的表现。继承他们画风的是乾隆时期活跃在扬州一带的"扬州八怪"，其中郑燮对我国近代绘画的发展影响很大。

晚清时期活跃在上海一带的一批具有革新精神的画家，如赵之谦、任熊、任颐、虚谷、吴昌硕等，被称为海派画家，他们注重绘画个性，与商业的联系更加紧密，雅俗合一之势更加明显。部分画家还吸收了西方绘画的一些元素，迈出了近代中国画的第一步。

从宋朝一直到清朝晚期，中国绘画明显形成了人物画、山水画、花鸟画三大绘画类型。工笔和写意的技巧形成了完整的技术体系，作品的装裱形式（卷、轴、册、屏等）得到了完善。

郑燮《竹石图轴》

三、名家名作介绍

成熟阶段的中国画按创作题材可以分为人物画、山水画、花鸟画等。

（一）人物画

人物画是中国画中的一大画科，出现较山水画、花鸟画等为早，大体分为帝王画、仕女画、僧道画等。人物画力求人物个性刻画得逼真传神，气韵生动、形神兼备，常把对人物性格的表现，寓于环境、气氛、身段和动态的渲染之中，即"传神"。人物画从汉朝的简朴、稚拙发展为三国两晋南北朝时期的"迹简意澹而雅正"、唐朝的"焕烂而求备"，并向"细密精致而臻丽"的方向发展。

1. 顾恺之

顾恺之是东晋著名画家、绘画理论家。他的画注重表现人物的精神面貌,尤其重视眼神的描绘,擅于以绘画艺术的语言,刻画对象的心理特征和精神风貌。顾恺之的代表作为《女史箴图》和《洛神赋图》。《女史箴图》通过对宫中贵族妇女的生活描绘,展现了她们的神采。顾恺之注重用线来造型,线条连绵不断有节奏感,线的力度略有控制,将自战国以来的"高古游丝描"发展到"春蚕吐丝""春云浮空、流水行云"的完美无缺的境地。《洛神赋图》是据曹植的《洛神赋》而画的,创造了人神相恋的梦幻境界。

顾恺之《洛神赋图》(局部)

2. 吴道子

吴道子是唐朝著名画家,后人誉其为"画圣"。吴道子的人物画形象鲜明,将运用线条的方法发挥到了极高境界。传为吴道子作的《送子天王图》,人物服饰的线条勾勒有轻重、缓急、粗细、快慢之变化,有"吴带当风"之说。吴道子创造了笔简意远的山水"疏体",使山水画成为独立画种,从而结束了山水作为人物、宫观背景的附庸地位。

3. 阎立本

阎立本是唐朝著名画家。他的人物画多取材于历史事件和人物,用以鉴戒贤愚、弘扬治国安邦之大业。阎立本的线描画面部细劲圆润,画衣物简练粗重,注重根据不同的对象使用不同的线条,设色也较前代更浓重。阎立本将人物画向盛唐的"焕烂而求备"推进了一步,他是一位承上启下的画家。阎立本的代表作有《历代帝王图》《步辇图》等。

阎立本《步辇图》(局部)

4. 张萱、周昉

唐朝仕女画家中较著名的是张萱和周昉，他们开创的绮罗人物画丰颊肥体、设色明丽、刚柔相济。张萱的《捣练图》是反映唐朝妇女劳动生活的图景。周昉的《簪花仕女图》《纨扇仕女图》体现了宫廷生活的闲情逸致，是唐式仕女图画的典型风格。

5. 顾闳中

顾闳中是五代时期南唐的著名画家。五代时期，人物画题材多为贵族生活。顾闳中的传世作品《韩熙载夜宴图》笔致细劲，色彩明丽，对不同人物的身姿、容貌以及表情都刻画得恰如其分，陈设的细节起到烘托主题的作用，整幅画以长卷形式描绘了夜宴、观舞、休息、演乐、宾客应酬五个场面，刻画了失意官僚的心理矛盾和腐朽的生活状态。

宋徽宗摹张萱《捣练图》（局部）

顾闳中《韩熙载夜宴图》（局部）

6. 唐寅

唐寅是明朝著名画家、书法家、诗人。唐寅的人物画师承唐朝传统，色彩艳丽清雅，体态优美，造型准确。他的代表作《美人春思图》描绘了手抚脸颊而立的仕女，其衣裙飘动，神情动人。这幅画笔墨富于变化，形象生动。

7. 张择端

张择端是北宋著名画家。他擅长画建筑、车船等风俗题材。他的代表作《清明上河图》代表了宋朝风俗画发展的高度水平，采用全景式构图，用严谨、精细的笔法分三个段落再现了宋朝城市社会生活的各个方面。张择端对于城市"市井细民"的生活具有深厚的感情和广泛、精到的了解，所以《清明上河图》内容异常丰富，高度还原了现实，艺术表现生动、真切，具有高度历史文献价值，是我国古代绘画史上不朽的作品。

唐寅《美人春思图》（局部）

张择端《清明上河图》(局部)

(二)山水画

山水画是以山川等自然景观为主要描绘对象的中国画。山水画传统上按画法风格分为青绿山水、金碧山水、水墨山水、浅绛山水、小青绿山水、没骨山水等。山水画形成于三国两晋南北朝时期,但当时尚未从人物画中完全分离。隋唐时期,李思训、王维等逐渐完善了山水画的画理、画法、章法(构图),形成了山水画的面貌。五代时期,山水画趋于成熟,成为中国画的重要画科。宋朝,范宽、李成、郭熙等画家辈出,山水画达到了成熟的境界。

1. 展子虔

展子虔是隋朝著名画家。他的《游春图》是我国现存最古老的山水画卷。《游春图》描绘达官贵人春季郊野踏青游乐的场景,以山水为主体、人物为点景,配以殿阁舟桥,恰当地表现了客观物体之远近、高低、大小及空间透视关系,有"远近山川,咫尺千里"的效果,为我国山水画的划时代创造,后人视其为"开青绿山水之源"。

展子虔《游春图》(局部)

2. 董源

　　董源是五代时期南唐的著名画家。他的山水画有水墨和青绿二体，尤擅水墨山水，创造了披麻皴和点子皴等表现方法，用状如麻皮皴笔表现山峦，上多矾头（山顶石块）苔点，多画丛树繁密，丘陵起伏，云雾显晦和溪桥渔浦，汀渚掩映的江南景色，后人评为"平淡天真，唐无此品"。他的代表作有《潇湘图》《夏山图》《夏景山口待渡图》《龙宿郊民图》等。

董源《龙宿郊民图》（局部）

3. "元四家"

　　黄公望、王蒙、倪瓒、吴镇是元朝有代表性的文人画家，世称"元四家"。四人的山水画都源出董源，以水墨为主，具有中国文人画的共同特征——书画结合，重意境情趣。其中黄公望被尊为"元四家"之首，其画空灵潇洒。他的传世作品《富春山居图》在流传过程中被烧成两段，前半段为《剩山图》，现收藏于浙江省博物馆，后半段为《无用师卷》，现收藏于台北故宫博物院。

黄公望《富春山居图》（局部）　　　　倪瓒《六君子图》（局部）

(三)花鸟画

花鸟画在唐朝开始独立,五代、宋朝时期花鸟画形成富贵、野逸两种风格。

1. 黄筌

黄筌是五代时期前蜀、后蜀的著名画家,擅长花竹翎毛,所画多为宫廷中的奇禽名花,是一位技艺全面的画家。其作品多用淡墨细勾,然后再以重彩渲染,线条细密交融,生物情态生动逼真。他的代表作为《写生珍禽图》,用精湛的写实技巧营造了细腻明丽风格的画面。

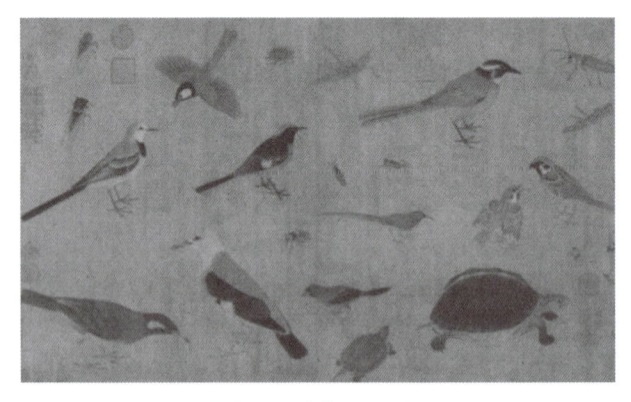

黄筌《写生珍禽图》(局部)

2. 徐渭

徐渭是明朝著名画家、文学家。他以泼墨大写意花鸟画见长,不求形似求生韵,笔势激动,气度轩昂,如感情之宣泄,澎湃汹涌。《墨葡萄图》是徐渭传世的画作之一,图中以饱蘸水墨之笔,挥写一支墨葡萄,茂盛的叶子以及枝、干等皆泼墨而成,笔墨酣畅,几无线条,却墨色浓淡有致,形态生动。

3. 八大山人

八大山人原名朱耷,是明太祖之子朱权的九世孙,明亡后遁迹空门。八大山人集众家笔墨之大成,并将中国绘画艺术推向高度净化、简括、夸张、变形的水墨写意新阶段,在立意、形象、造型、布局、笔墨以至"诗书画一体"上均有突破。其花鸟画成就异常突出,以极具个性的奇简冷逸的风格抒发遗民之情,达到水墨大写意花鸟画的空前水平,代表作有《荷鸭图》《孔雀牡丹图》《佛手图》等。

徐渭《墨葡萄图》(局部)

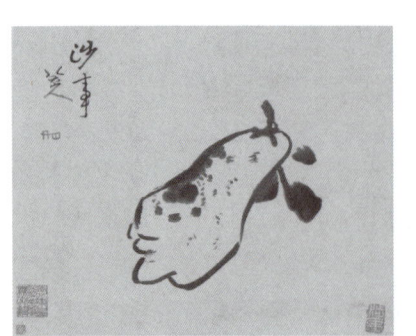

八大山人《佛手图》

• 成语小故事 •

画龙点睛 出自唐朝张彦远《历代名画记》，原来形容梁代画家张僧繇作画的神妙，后来比喻写文章或讲话时，在关键处用几句话点明要旨，使内容更为精辟有力。

据说，张僧繇在金陵安乐寺的墙壁上画了几条巨龙，龙画得活灵活现，非常逼真，只是都没有眼睛。人们问他为什么不把眼睛画出来，他说眼睛画了，龙会腾空飞走的，大家还是一再请求，张僧繇只好答应把龙的眼睛画出来。他点出眼睛的龙当场就腾空而去。

思考与实践活动 ▶▶▶

翰墨精神，丹青气韵

⊖ 背景资料

（一）关于书法与绘画的评论

中国艺术的最高形式是书法。
——宗白华《宗白华讲美学》

情绪的唤起便是一切，无论绘画还是诗歌均是如此，这又使我们想到"气氛"问题，或称"气韵生动"的问题。

书法艺术给美学欣赏提供了一整套术语，我们可以把这些术语所代表的观念看作中华民族美学观念的基础。
——林语堂《吾国与吾民》

书法是空间艺术，但传统书论更强调它的时间性，要在空间中体现出时间的节奏，使抽象的线条展现出生命变化的趣味来。

书法最忌静，一味静，则呆滞，呆滞则无生气，无生气，即无韵味。故在书法中，宁静中追求飞动的韵律，演成含蓄的生命的舞蹈，最为书家所重。中国书法的节奏如鹰击长空、飞鸟出林、秋蛇出洞、飞龙翔天……墨线翻飞中完成生命的狂舞。
——朱良志《曲苑风荷》

中国画的特长即是能以"以小见大"的手法来表现广阔重叠的胜概的，这种手法自隋唐以来逐渐成长，趋于成熟，到北宋达到神妙的境界。
——沈迈士《王诜》

"以小见大"是中国画的重要特色之一。中国画有千岩万壑、重峦叠嶂式的构置,但更多的是追求在微小精制的景观中展现广阔幽远的境界,意象是精微的,韵味却是幽远的。

——朱良志《曲苑风荷》

(二)画作欣赏

赵孟頫《鹊华秋色图》

元代画家赵孟頫被好友周密浓烈的思乡之情打动而创作了《鹊华秋色图》。整幅画画面精确再现了济南附近黄河两岸的鹊山和华不注山,画面左侧用披麻皴画出凝重深静、浑然一体的鹊山,右侧用荷叶皴画出主脉分明、高耸入云的华不注山。两山之间百草丰茂,树丛错落,草屋幽远,家禽灵动,几点红叶巧妙点出了"秋色"。实地考察之后,人们惊奇地发现,七百多年来,两山及山脚下的村庄、树丛和浅滩的整体景观基本没有变化。可以说,这是中国绘画史上从"对景写生"到"默写山水"的经典作品。

二 活动内容

(一)文化素养:书画审美

中国书画历史源远流长,有着辉煌灿烂的艺术成就和独特的审美造型方式,是中华文化美学思想观念的集中体现。传统的中国书画在笔墨黑白间营造意境,追求气韵生动,注重意境高远、意趣盎然,强调艺以人修、艺以德修。欣赏中国书画可以让我们更加了解中国的传统艺术,同时提高个人的审美能力和艺术修养。中国书画自古以来名家名品众多,请选择自己喜欢的书法或绘画流派的代表作品及艺术家,制作PPT向全班同学推介,共同赏析。

(二)素养提升:各美其美,文化自信

习近平在党的十九大报告中指出:"文化是一个国家、一个民族的灵魂。文化兴国运兴,文化强民族强。没有高度的文化自信,没有文化的繁荣兴盛,就没有中华民族伟大复兴。"作为中华优秀传统文化的重要组成部分,山水画将中国人的审美趣味和道德修养融为一体。有山有水便有了家,便有了牵挂。透过山水画,中华儿女得以回望记忆深处的故土风光,找寻一种心灵的归宿,进而激发出深藏心底的爱国情怀。请大家参考背景资料中画作,自选一幅蕴含浓浓家国情怀的画作进行赏析和交流。

社会与生活

模块

治国有常

——传统社会制度与中外交流

第六章

为政之要——中国传统政治制度

政治制度即政治体制，指的是统治阶级为维护阶级专政而采取的统治方式、方法的总和，包括国家政权的组织形式、国家结构形式、政党制度及选举制度等。由于国家的类型不同，或同一类型国家所处的具体历史条件不同，其政治制度也会有差异，我国传统政治制度是封建专制主义中央集权制度。

第一节 封建专制主义中央集权制度的形成和发展

一、中国古代政治制度的发展

中国传统政治制度从进入文明时代算起到近代之前，大致可以分为四个阶段：贵族君主制时期、君主丞相制时期、君主宰辅制时期和绝对君主制时期。

（一）贵族君主制时期：先秦时期

先秦时期指中国从进入文明时代直到秦朝建立这段时间，主要包括夏、商、西周、东周（春秋、战国）这几个朝代。夏、商、西周三个奴隶制王朝实行的是分封制的地方政治制度。夏朝是中国史书中记载的第一个世袭制朝代，禹传位于子启，世袭制替代了原始部落的禅让制，从此"家天下"延续近四千年。商朝承袭了夏朝的政治制度，将奴隶制发展到鼎盛时期。西周时期，周王通过层层分封的方式，将宗室子弟和有功之臣分封为公、侯、伯、子、男五等列国诸侯，《荀子》记载"立七十一国"，周王为"天下共主"。分封制规定，诸侯必须服从周王的命令，有为周王镇守疆土、随从作战以及交纳贡赋、朝觐述职的义务。西周后期，周王室的权威日渐没落，到了战国时期，诸侯国再无朝周之举。

与分封制互为表里的还有宗法制。宗法制由氏族社会父系家长制演变而来,是按血缘关系分配国家权力、建立世袭统治的一种制度,其特点是宗族组织和国家组织合二为一,核心是"立嫡以长不以贤,立子以贵不以长"的嫡长继承制。宗法制确立于夏朝,发展于商朝,完备于西周,这种制度使得女性在家庭继承方面完全没有权利,影响了后来的各封建王朝。

相传夏朝建立之前,虞舜时已有刑法,《夏书》载"昏、墨、贼、杀,皋陶之刑也",夏朝的刑法称为"禹刑"。《左传》载"商有乱政,而作汤刑","汤刑"即商朝法律的统称,商朝颁布了《甘誓》《伊训》等法律文书,法律已粗具规模。西周初期沿用商朝法律统治人民,之后国家制度进一步完善,法律制度也有新的发展。西周订立了宫、墨、劓、刖等九篇"刑书",西周中期又由吕侯主持修订了《吕刑》,以"明德慎罚"为立法原则,废止了严酷的旧法。

春秋初期,各诸侯国基本上沿用西周时的法律。中叶以后,各诸侯国陆续公布了新的成文法,魏国李悝集春秋以来各国立法之大成,编著《法经》,《法经》包括保护私有财产的《盗》,维护封建秩序的《贼》,关于审判、断狱的《囚》,追捕犯罪的《捕》,处罚狡诈赌博、贪污淫乱等行为的《杂》,定罪量刑的《具》共六篇,这是中国历史上第一部比较系统的封建成文法典。

战国时期,韩非提出建立"法、术、势"相结合的封建专制主义中央集权的君主专制国家。后来商鞅变法,规定废分封,行县制,郡县受中央政府直接管辖,长官由国君直接任命,实行了中央集权的政治制度。

(二)君主丞相制时期:秦朝至南北朝

秦朝是中国历史上第一个专制主义中央集权的封建王朝,秦朝创立帝制及以三公九卿为代表的中央官制,废除分封制,推行郡县制,强力维护了国家的统一,其监察制度强化了中央对地方的控制,推行车同轨、书同文、行同伦的统一文化风俗,加强了国家的凝聚力,奠定了中国大一统王朝的统治基础。

统一天下之后,秦王嬴政认为自己"德兼三皇,功过五帝",于是取三皇五帝的尊号,成为中国第一个皇帝即"始皇帝",自此天子被称为皇帝,中国古代皇帝制度由此开创,历时两千余年。秦朝为加强中央集权,使地方分权而治,建立了一套从中央到地方的官制和行政机构——三公九卿制。中央设丞相、太尉、御史大夫三公。三公以下,由九卿执行具体政务。

秦朝建立后废除了先秦时期的分封制,在加强中央集权基础上,除秦朝都城咸阳设置了内史管辖外,在全国范围内推行郡、县二级政权的地方行政制度即郡县制。郡是中央政府管辖的地方行政单位,天下分为36个郡,由郡守主管行政,郡尉主管军事,中央派监御史负责监察,三者互不隶属;郡下辖县,以万户为界,万户以上设县令,不满万户设县长;郡、县两级地方政府下设办事机构与职能部门,办事机构称门下,职能部门称列曹;县以下设乡,由三老主教化,乡以下置亭,亭以下置里。这种宝塔式的统治机构由皇帝掌握最终决断权。

秦朝受到法家思想的深刻影响,采用法家的学说治理国家,制定的法律十分细密、严苛,是秦始皇加强皇权、巩固中央集权政治体制的工具。秦朝以战国李悝的《法经》为蓝本,改法为律,制定六篇刑律为《秦律》。法自君出,君主独断,《秦律》对于维护皇帝的权力、巩固中央集权发挥了重要作用。以法为本,严刑峻法,具五刑、族诛、弃市、肉刑等繁多刑法种类和残酷的行刑方法也给人民带来了极大的苦难。1975年湖北出土的云梦秦简记载了秦时陆续修成的《秦律》的部分内容,其中有《秦律》的律文,有对条文、术语做明确解释的法律答问,有名目繁多的其他律文,还有案例和关于治狱的法律文书,如男六尺五寸、女六尺二寸即算作成年人,没有达到这个身高就不需负刑事责任。

秦朝采用了战国时期阴阳家的五德终始说作为秦朝法定统治地位的凭据。"秦得水德",水德尚黑,所以秦朝的旌旗等都使用黑色,礼服衣色以黑色为上,而庶人需穿白袍以示区别。与水德相应的数是六,所以秦朝规定符传长度、法冠高度各为六寸,车轨宽六尺等。

汉朝基本上沿袭了秦朝的三公九卿制。西汉中期,原本负责监察地方的监御史工作不力,为了强化中央对地方的管理,又设立了刺史制度,在国内设置13个州,每个州设立专职监察地方的刺史一名,主要职权是监察地方官员并向中央进行汇报。刺史制度在西汉中后期得到进一步发展,对维护皇权、澄清吏治起着积极的作用。西汉后期民众的反抗斗争频繁发生,在镇压地方武装暴动的过程中,刺史、太守等地方割据势力逐步掌握了军权和地方的行政权,最终导致汉朝政权四分五裂。

西汉承秦朝郡县制,又总结秦朝灭亡的教训,在部分地域大封诸侯王以为藩辅,实行郡国同等地位的双轨地方行政制度,史称郡国并行制。当时全国有60个郡,中央直辖15个郡,其余分属诸侯王国。诸侯王在封国内是国君,权力很大,除太傅和丞相由中央任命外,其他各级官吏都由诸侯王任命,诸侯王还拥有一定的军权、行政权。这种制度增强了诸侯王发展本地经济的积极性,在西汉初期百业待举的情况下,对恢复、发展生产起到了积极作用。但郡国并行制下,诸侯王权力过大,严重影响汉朝中央集权,汉景帝时爆发了七国之乱,汉武帝推恩令实施之后郡国并行制名存实亡。

东汉末期,形成州、郡、县三级地方政治制度,称为州郡县制,是中国的行政区划演进到新阶段的体现。汉朝的刺史制度在国内设13个州,每个州设立专职监察地方的刺史或州牧一名。为了镇压叛乱,朝廷派九卿等重臣出任各州的刺史或州牧,执掌一州军政大权,从此,州由汉初的中央监察区变为一级地方行政区,州、郡、县三级地方政治制度取代了郡、县二级地方政治制度。

汉朝初期,统治者反思以法家思想为基础的秦朝法律,宣布"余悉除去秦法",确立了休养生息、无为而治、宽省刑罚的指导思想,丞相萧何在秦朝六律的基础上增加《户律》《兴律》《厩律》三章编成《九章律》。《九章律》基本大法通用于汉朝,对社会稳定、经济发展起到了保障作用。

三国两晋南北朝时期是中国历史上政权更迭频繁的时期,但在政治体制上仍然继续实行君主专制中央集权制度,行政区划大体上都沿用了东汉末年的州郡县制。不过,由于三国两晋南北朝时期战争漫长,大批北方民众举族南徙至长江中下游地区定居避乱,各地出现大量侨州、侨郡、侨县,与此同时,各政权还多次滥设州郡。据记载,北周大象二年(580),北方已有221个州、508个郡、1124个县,不少地区出现州下无郡可辖,郡下无县可辖的情况,地方政治制度处于极度混乱的境地。

(三)君主宰辅制时期:隋朝至元朝

隋朝是中国历史上承南北朝下继唐朝的大一统王朝。三省六部制是隋文帝综合汉朝以来的官制而创立的一种新的中央行政制度。中央最高政府行政机构设尚书省、中书省、门下省三省,中书省负责草拟和颁发皇帝诏令,门下省负责审核政令、纠核奏章,尚书省负责执行国家重要政令,"中书取旨,门下封驳,尚书奉而行之",把原本的相权一分为三,避免了权臣专政,中国中央行政制度遂由君主丞相制转向君主宰辅制。六部即吏、户、礼、兵、刑、工部,是尚书省的下设机构,六部职责分工明确,又有合作,有力地提高了行政效率。三省六部制使封建官僚机构形成一个严密完整的体系,加强了中央的统治力量。隋朝的地方行政区划基本恢复秦制,隋炀帝时全国设190个郡、1255个县。

唐朝是中国封建社会中统一时间长、国力强盛的朝代之一。唐朝进一步完善和确立了皇帝—官僚政治体制的君主宰辅制,这种政治体制不仅为唐朝社会、经济、外交和文化的发展提供了制度上的保障,而且对唐以后的各朝的政治制度也有深远的影响。

唐朝前期的政治机构基本上承袭了隋朝三省六部制,但有所调整变化。由于三省事权分立,尤其是起草诏令的中书省和审核政令的门下省时常因为政见不同而互相扯皮,唐朝中后期采用的是中书门下体制,三省长官在政事堂共同商议军国大事,成为宰相裁决政务的常设机构,中书门下成为独立于三省之上的最高决策兼行政机关,宰相对于行政事务的干预性越来越强。三省之下,尚书六部成为政务执行的主体,每部之下又辖四司,共为二十四司,所有其他的省(如秘书省、殿中省、内侍省)及寺监、诸卫、东宫、王府和地方官都是掌管具体事务的部门,甚至御史台的监察职权也围绕六部行使。

在地方行政机构设置上,唐朝开创了道府建制。唐朝初期沿用隋制,采用郡县制行政区划。贞观时期为加强管理,唐太宗把全国地域按山川地形划分为十道,由中央政府不定期派巡察使赴各地区视察。至开元时,因为江南地区人口众多且经济发达,所以将之前的十道重新划分为十五道,并在每个道都设置了采访处置使,至此唐朝的道、州、县三级地方行政机制形成。唐朝除了在全国设置道外,还确立了府制,府与州同一级别,用于重要地区的管理,唐朝在内地重要地区设24个都督府,并设6个都护府加强对周边少数民族的管理并巩固边防。唐朝中叶以后,为了加强都护府的防御力量,节度使开始成为正式的固定官职,并渐渐发展到集军、民、财、政于一身,最终爆发了安史之乱。安史之乱后,平叛有功的将领皆授予其节度使,他们往往又割据独立,形成唐朝中晚期的藩镇割据局面。

唐朝法律分为律、令、格、式四种。律是刑法典;令是指国家对各项制度所做出的具体规定,如《户令》;格是对律、令、式做出补充修改与对禁令的汇编;式则是各项行政法规,如《水部式》。《唐律》根据隋朝《开皇律》修正而来,唐高宗年间又对《唐律》进行了全面解释,写成《律疏》,其与《唐律》合称为《唐律疏议》,后世又称为《唐律疏典》。

宋朝的政治体制大体沿袭唐朝的政治制度。但为了加强中央集权、削弱百官权力,实行二府三司制。宰相不再由三省长官担任,而是另设"中书门下"作为宰相办公机构,以同中书门下平章事为宰相,中书门下与枢密院合称二府,掌文武大权。设立了盐铁、户部、度支三司,主管财政大权,宰相只保留行政权,军政归枢密院,财政归三司,权力相互制衡。

宋朝吸取唐朝教训,用"杯酒释兵权"把军权收回到中央,并在地方行政机构设置上采取分路而治,建成路、府州军监、县三级政区。一级行政区划改为路,水陆转运使为路的行政长官,下设安抚使掌军事,刑狱使掌刑罚,常平使管理市场和盐铁专卖,路的权力被一分为四。府州机构的设置沿袭唐朝,长官由文官担任并由朝廷直接任命,军由五代时期的军区发展而来,仍保留军的名号,监多半设在工矿地区,用于加强国家对矿产的开发管理。

元朝由蒙古族建立,是中国历史上首次由少数民族建立的大一统王朝。元朝制度多沿袭金制,同时又有创新。在中央,采取文武分权的制度,废除尚书省和门下省,由中书省统领六部,总理全国政务,成为国家最高行政机关;设枢密院为中央最高军事管理机关,掌管兵权;设御史台为最高监察机关,负责监察事务;在地方上设宣政院,掌管宗教事务和西藏地区。在地方行政区划上,元朝实行行省制度,开中国行省制度之先河。行省是元朝地方最高行政机构并为一级政区名称,元朝除腹地直隶于中书省、西藏地区由宣政院管辖外,另设立十个行中书省,分管其余地区,行省下有道、路、府、州、县等基层行政机构。

另外,元朝采用"民分四等"的政策,把国人分为四等:一等蒙古人,二等色目人,三等汉人,四等南人。这种划分反映在一些政策和规定中,例如汉人打死蒙古人需要偿命,而蒙古人打死汉人只须"断罚出征,并全征烧埋银",由此使民族矛盾与阶级矛盾更加激化,导致元末农民大起义。

君主宰辅制是在封建君主制度下,由宰相(单个或群体)辅助皇帝进行决策的制度,它是中国古代政治制度的重要组成部分,在特定时期对君权起到了有限的抗衡、制约作用,但是,随着皇权专制的一步步加强,君主宰辅制能起的制衡作用越来越有限,于是中国走向了绝对君主制。

(四)绝对君主制时期:明清时期

1380年,朱元璋罢中书省,废丞相,开启了中国封建史上绝对君主制的时期。皇帝大权独揽,吏、户、礼、工、刑、兵六部直接对皇帝负责,设都察院,专掌弹劾纠察。六部和都察院合称七卿,另加通政司管理章奏,大理寺为司法机关,主平反,合称九卿。明朝还设置了锦衣卫、东厂和西厂作为情报机构。锦衣卫直接对皇帝负责,侦查情报,拥有"巡查缉捕"并进行秘密审讯的权力。东厂的主要职责是监视政府官员等各种政治力量,包括监视锦衣卫,由宦官担任首领。西厂设立于宪宗时期,1482年后被废,后又短暂恢复。为加强中央集权,防止锦衣卫、东厂和西厂相互勾结,明朝还设置了由宦官担任首领的内厂,是中国历史上宦官权力极大的时期。

九卿和锦衣卫、东厂、西厂都是直接对皇帝负责的,皇帝大权独揽的直接后果就是政务繁重,因此又成立了内阁协助皇帝处理公务,此内阁名义上只是咨询顾问,没有参与决策的权力,但在发展过程中内阁的权限逐渐增大,最终跃至六部之上,成了明朝中央最高的决策机构,其领袖称为首辅。但从制度上说,内阁只是皇帝的秘书部门,所以,内阁与六部和司礼监等的权力斗争常常发生,明朝从制度上裁撤了宰相的决策权,却带来了新的混乱。

明朝建立后改元朝行省为承宣布政使司,所管辖的区域是国家的一级行政区,设左、右承宣布政使各一人,负责辖区民事。为防止地方权力集中,由提刑按察使司负责辖区刑名,都指挥使司管辖军事。承宣布政使司下设府和直隶州,这里的府是由元朝的路改制而成,其下再设县为第三级行政区划。明朝中期开始派遣六部或者都察院的大臣以总督和巡抚的名义督抚地方行政,实际掌握着地方军政大权,体现了朝廷对地方的强化管理。

明朝在西南少数民族地区实行土司制度,这些由当地人担任的土司官对辖区内的行政有自主权,一般是终身制且可以世袭,拥有很大的权力,逐渐演变成一种割据势力,播州之役就是播州土司联合周围少数民族发动的。

明太祖朱元璋是一个非常重视立法的君主,他以《唐律》为蓝本,本着"法贵简当,使人易晓"的原则制定法令,"凡七誊稿",字斟句酌地完成了《大明律》的编撰工作,视其为维护朱明皇朝长治久安的法宝。为把《大明律》贯彻到社会的各个方面,朱元璋还汇集官民"犯罪"事例来解释律条,为此颁行《大诰》,令全国官吏军民每家一册诵习,进行普法教育,使广大人民服从封建统治。《大明律》是中国封建社会后期的典型法典,其律文结构和量刑原则对《大清律》及周边国家有很大影响。

清朝是中国最后一个大一统封建王朝,它在法律、制度各方面较完整地继承了明朝体制,同时又有自己的特色。清朝在中央行政体制上基本继承了明朝的制度,六部为清朝最高执行机关,各部尚书直接对皇帝负责,和六部并立的中央行政机构有大理寺、太常寺、光禄寺、太仆寺、鸿胪寺、国子监、钦天监、翰林院、太医院、理藩院、宗人府、詹事府、内务府、都察院等。但是,因为清朝入关之前处于贵族政治阶段,政治权力集中于王公贵族,重大决策由摄政王大臣会议讨论决定。清朝前期多致力于削弱贵族势力,增强皇权专制。康熙十六年(1677)设立南书房,它完全是由皇帝严密控制的机要机构,是康熙帝削弱议政王大臣会议权力、实施高度集权的重要步骤。雍正七年(1729)之后,军机处成为直接对皇帝负责的核心权力机构,议政王大臣会议的地位被削弱至几乎可忽略不计,政治权力全部掌握在皇帝手中,"军国大计,罔不总揽"成为清朝中央集权制度的顶峰。宣统三年(1911),清政府宣布废除军机处,实行内阁制,任命内阁总理大臣和诸大臣组成内阁,组成中国历史上第一个现代意义上的内阁,然而内阁成员中过半数为皇族或贵族,时人讥之为"皇族内阁"。该内阁在辛亥革命后倒台,被由袁世凯组成的新内阁所取代。

在地方行政制度上,清朝也基本承袭了明朝的体制。清朝地方最高行政长官为总督或巡抚,所以称为督抚制。清朝全国设八大总督,分别为直隶、两江、闽浙、两湖、陕甘、四川、两广、云贵总督,将明朝两京13个布政使司转化为清朝18个省(后来划分为23个省),每省设一名巡抚为主管民政的最高长官。总督和巡抚没有上下级隶属关系,都是直接对皇帝负责。省下设道、府(州)、县,农村地区还有保甲系统等。后因省所辖区域太大,为妥善处理政务,又在省下设置道作为省政府的派出机构。

清朝对边疆地区的管理多采用因地制宜的政策,大都保留各少数民族原有的制度。

东北到新疆的少数民族地区设五将军;西藏地区由达赖管理政务,班禅管理寺院,他们与驻藏大臣共同协商政事;内蒙古地区由中央理藩院管理;西南民族地区实行土司制。

八旗制度是清朝特有的制度,其主要特点是兵民合一,全民皆兵。八旗制度促进了女真社会的发展,为清朝统一中国起了重要作用,清朝建立后对八旗子弟给予很多特权照顾,久之造成了旗人的颓废和寄生性,后期促使清朝更快地走向了衰亡。

1912年,辛亥革命推翻了清朝统治,建立了共和政体,结束了中国两千多年的封建君主专制制度。

二、中国古代特色政治制度

(一)三公九卿制

三公九卿制是秦朝的中央行政制度。在这个制度中,中央设三公:丞相是最高的行政官,通常设左、右丞相两名,有时只设一名丞相即独相,帮助皇帝处理全国的政事,依照秦朝律法,出任丞相的人均受封侯爵;太尉负责管理军事,但由于秦朝当时的中央集权,军队实际上由皇帝亲自掌控,所以并没有任命太尉;御史大夫执掌群臣奏章,下达皇帝诏令,监察百官,是中国古代监察官制度的发端。

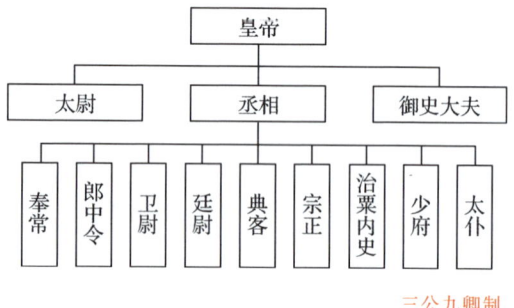

三公以下是执行具体政务的九卿:奉常掌管宗庙礼仪,下有太乐、太祝、太宰、太医、太史、太卜等属官;郎中令掌管警卫,属官有大夫、谒者、诸郎、期门、羽林等;卫尉掌管皇宫保卫,属官有巴士司马令和卫士令;廷尉掌管司法诉讼;典客掌管外交事宜;宗正掌管皇室内部事务;治粟内史掌管国库财政税收,属官有太仓令和平准令;少府服务皇室,管理皇帝私产;太仆掌管宫廷车马。除三公九卿外,秦朝还设有管理京师治安消防的中尉、负责皇宫等公共建筑事务的将作少府、专门召抚西南诸夷的典属国、统领太子宫事宜的詹事、为皇后服务的皇后诸卿等。

(二)三省六部制

三省六部制是君主宰辅制的主要形式,并在君主绝对专制的明、清两朝依然被有选择地沿用。三省是中央最高政府行政机构。三省六部制在不同朝代具体设置略有变化,唐朝的三省六部制大体如下:中书省负责草拟和颁发皇帝诏令,其长官为中书令,诏令主要由中书舍人负责起草,设六名既有政治才干又有文学才能的中书舍人负责诏令起草工作,两名起居舍人记录皇帝的言行和诏令内容,若干通事舍人负责传达诏命等。门下省负责审核政令、纠

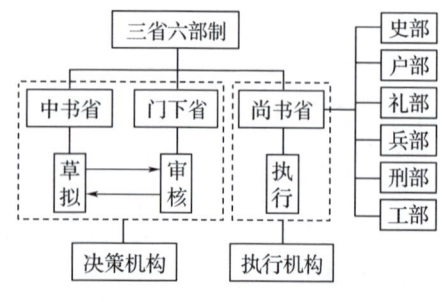

核奏章,拥有封驳即封还和驳正的权力,其长官为侍中,设四名给事中负责封驳,两名起居郎负责朝廷政事和诏令的记录整理,若干谏官负责对朝廷各项决策进行评论。尚书省负责执行国家重要政令,"掌举诸司之纲纪,与其百僚之程式",地位很高,有"尚书省,事无不总"之说法,其长官为尚书令,副长官为左、右仆射。六部即吏、户、礼、兵、刑、工六部,是尚书省的下设机构。吏部负责官吏的任免、考核等;户部负责土地、户籍、赋税等;礼部负责国家法度、祭祀、接待等;兵部负责武将选用、军械等;刑部负责法律、刑狱等;工部负责山泽、工程等。

"中书取旨,门下封驳,尚书奉而行之",三省彼此相互监督和牵制,把原本的相权一分为三,避免了权臣专政。六部职责分工明确,又有合作。三省六部制使封建官僚机构形成一个严密完整的体系,有力地提高了行政效率,加强了中央的统治力量。

(三)八旗制度

八旗制度是清朝重要的社会生活军事组织形式。八旗制度最初源于女真人的狩猎和对外战争时的临时性军事组织牛录制。1601年,努尔哈赤整顿编制,明确每三百人为一牛录,首领称为牛录额真,牛录之上的单位称为甲喇,甲喇之上称为固山,固山的汉语为旗。初置黄、白、红、蓝四色旗,编成四旗,1615年增设镶黄、镶白、镶红、镶蓝四旗,八旗制度确立。随着清朝实力不断壮大,每旗内部又编制了蒙古八旗和汉军八旗,八旗制度臻于完善。

八旗中的正黄、镶黄、正白三旗由皇帝直接统领,其他六旗分别由其他皇族统领,于是形成了上三旗与下五旗。

为加强军事防御,清朝令八旗兵在京师与全国的军事要地驻防,驻扎京城的八旗被称为京旗,其余的被称为驻防八旗。至18世纪中叶,驻防八旗在驻防地繁衍生息,实行永久性的驻扎。

清朝统治者在民族问题上一致秉持"首崇满洲"的政策,给旗人很多特殊优待。如入关伊始,圈平民的大批良田划归旗人,在重新规划京城布局时免费分房给旗人,豁免旗人的税赋与劳役,给旗人很多社会福利补贴制度、法律制度上的特权偏向等,但长期的优惠政策反而造成了旗人的颓废和寄生性。八旗制度既是清朝取胜的重要因素之一,也是清朝最终走向衰败没落之路的重要原因。

• 成语小故事 •

萧规曹随 出自汉朝扬雄《解嘲》,比喻按照前人的成规办事。

西汉初期,人民迫切需要休养生息、发展经济。萧何顺应民意采取了一系列积极措施。到了曹参当丞相的时候,他审时度势,完全遵照萧何制定好的法规治理国家。刚即位的汉惠帝以为曹参不愿意尽心辅佐自己,曹参向汉惠帝解释了自己的看法,在为相期间采取"无为而治"的策略,使西汉政治稳定、经济发展、人民生活水平日渐提高,留下了"萧规曹随"的佳话。

第二节　选才之难万冀一

在中国古代社会长期发展的过程中,统治阶级为保证和巩固其统治地位,都把官吏的选拔和人才的选用放在十分重要的位置。尽管在不同的历史时期,统治阶级培养和选拔人才的标准及方法各有特色,但在这个过程中,都逐步建立了维护阶级的统治地位、促进封建社会发展的选官制度。

一、中国古代选官制度

(一)世官制到选任制:先秦时期

据文献记载,商朝实行世官制度,建立了由职官、武装等职能部门组成的比较完备的国家机构体系。官职有协助君主处理政务的相、掌管记载的史、掌管占卜的卜、掌管祈祷的祝,还有内服官、外服官等。

西周按照宗法血缘关系实行世卿、世禄的选官制度,即世官制。世官制指世代为官,官吏都具有世袭官职的特权。世族是世官制的基础,世家大族的成员随时有出任重要官职的机会。

春秋战国时期,随着新兴封建地主阶级对权力的要求,奴隶社会的世官制逐步走向衰亡,以广泛选贤任能的官吏选任制逐步确立,"见功而与赏,因能而受官",到战国中后期,选任制基本确立。此外,田忌向齐王推荐孙膑,苏秦游说燕王任卿相,说明臣下推荐和才士自荐也是当时的选官方式。

(二)军功爵制:秦朝

秦朝主要实行的是军功爵制(二十等军功爵制),主要包括两项内容:其一,"有军功者,各以率受上爵",凡立有军功者,不问出身门第、阶级和阶层,都可以享受爵位和俸禄,"能得爵首一者,赏爵一级"。军功是接受爵禄赏赐的必要条件,其用意在于鼓励秦军士气、提高军队战斗力。其二,"宗室非有军功论,不得为属籍",取消了宗室贵族所享有的世袭特权,即使是宗室成员,如果没有军功,也不能再像过去那样仅凭血缘关系就可以列入"属籍",也不能获得高官厚禄和爵位封邑。军功爵制造就了一批爵禄及身而止、不再传给子孙的新官僚和一批军功地主,所以它不但是新的封建军事制度的重要内容,而且是新的封建官僚制度的组成部分,从而开了秦汉以后的"布衣将相之局"。

(三)察举制和征辟制:汉朝

汉朝的察举制和征辟制是选举人才的主要方式。

察举制是一种自下而上推选人才为官的制度,是汉朝选举官员的主要途径。地方选择品德高尚、清正廉洁者推荐给上级或中央,推荐标准以品行为主,学识为辅,推荐过后要经过考试复核,复核合格后量才录用。无论是特举贤良方正,还是岁举孝廉、茂才(西汉时称秀才,东汉避光武帝名讳改为茂才),均须经过中央复试,荐举为主,考试为辅,是这一时期的特色。东汉后期,察举制已经背离了其初衷,被推荐者多是贵族官僚亲近，或有品行不端者靠贿赂使自己成为被举荐者，为纠正察举制任人唯亲、唯财的弊端，政府开始注重考试，对被举荐者施行"授试以职"，形成察举与考试相结合的选士制度，而且考试成分日益增加，内容包括策、经、笺奏等所有科目。在推荐基础上加强考试，这是汉朝察举制发展的新趋势。

征辟制是汉朝选拔官吏制度的一种补充形式。所谓"征辟"，就是征召名望显赫的人士出来做官。"征"，是皇帝为加强统治，征聘有识之士到朝廷充任要职，即征召布衣出仕，这是对被征辟者的礼请，"安帝雅闻衡善术学，公车特征拜郎中"。被征辟者可以应征，不愿出仕也可以托词不就。"辟"，是三公等中央高级官僚将自己任用的属吏向朝廷推荐。《后汉书·张衡列传》："连辟公府，不就。"征辟制在东汉尤为盛行，公卿以能招致贤才为高，而俊才名士也以有所依凭为重。因为被征辟者是辟召者的属吏，两者有天然的依附关系，也更容易形成派系。在汉朝的选官制度中，征辟制作为一种自上而下选任官吏的制度，地位仅次于察举制。

(四)九品中正制：三国两晋南北朝时期

三国两晋南北朝时期主要实行九品中正制，又称九品官人法。汉朝的察举制和征辟制在这一时期也被沿用。

中正是品评人才的官职名称。九品中正制规定：由各州郡分别推选一名德名俱高而且在中央任职的官员担任大中正，大中正下再设立小中正。中正按家世、才能、品德等标准分为九等（上上、上中、上下、中上、中中、中下、下上、下中、下下），并详细记录造册后提交官府，每年的品评结果可以有所升降。政府在选官时会根据中正评语和实际需要来挑选人才。九品中正制使得当时的官吏选拔有了客观标准，解决了长期混战导致的人才选拔的无序情况，也缓解了中央政府与世家大族的紧张关系，为实现全国的统一打下了坚实的基础。然而随着时间的推移，九品中正制也显现出一些弊端，政府任免人才全部依据中正评语，这使得中正权力极大，世家大族通过控制中正进而出现"上品无寒门，下品无势族"的现象，严重影响社会发展。

(五)科举制：隋朝至清朝

三国两晋南北朝时期多战乱，前朝的选官制度已经失去作用，九品中正制的弊端也日益严重。而选官是否得当直接关系到社会兴衰。隋朝建立后，为了加强中央集权，适应封建经济和政治关系的发展变化，选拔优秀人才，创立了科举制，即选官不问门第，通过考试选拔官吏的制度。这种制度由于采用分科取士的办法，故称为科举。科举制初期规定各州每年选送人才，参加国家举办的秀才与明经科的考试，后隋炀帝又增加了进士科考查应试者对时事的看法，科举制正式形成。科举制使用公开考试的方式，改善了之前的用人制度，彻底打破血缘世袭关系和世族的垄断。"朝为田舍郎，暮登天子堂"，部分社会中下层有能力的读书人进入社会上层，获得施展才智的机会。科举制从隋朝开始实行，前后经历一千三百余年，成为世界上延续时间最长的选拔人才的办法。

唐朝完善了隋朝的科举制度，考试的科目分常科和制科两类。每年分期举行的称为常科，由皇帝下诏临时举行的考试称为制科。进士、明经两科为唐朝常科的主要科目。进士考时务策和诗赋、文章，难度较高；明经考时务策与经义，难度较低。常科考试最初由吏部考功员外郎主持，后改由礼部侍郎主持，称为权知贡举。进士科最受重视，

99

进士及第称为登龙门。常科登第后,还要经吏部考试,称为选试,合格者被授予官职。武则天曾亲自"策问贡人于洛成殿",这是科举中殿试的开始,但在唐朝并没有形成永制。在武则天时期还产生了武举,应武举的考生来源于乡贡,由兵部主考。考试科目有马射、步射、平射、马枪、负重摔跤等,"高第者授以官,其次以类升"。

宋朝的科举制度,大体上沿用了唐朝制度,分为常科、制科和武举,但是在内容和形式上都做了很多改变。宋太祖时期为了选拔真正有才干的人担任官职,于开宝六年(973)实行殿试。自此以后,殿试成为科举制度的最高一级的考试,并正式确立了三年一次的州试、省试和殿试的三级科举考试。宋朝将进士分为三等:一等称进士及第;二等称进士出身;三等赐同进士出身。殿试以后,不需要再经吏部考试,直接授官。此外,还规定了科举考试要实行糊名和誊录以防止徇私。南宋时期,还要举行皇帝宣布登科进士名次的典礼,并赐宴于琼苑,故称琼林宴,以后各代仿效。

宋朝还出现了一种独特的选官制度"推恩荫补",中高级文武官员的亲属子弟及其门客等,在遇朝廷重要庆典时,承恩特许入国学读书并入仕,称为恩荫。宋朝恩荫名目繁多,也是后期官员冗繁的原因之一。

元朝前期并不定期举办科举考试,朝廷选拔高级官员经常按关系远近而决定,世袭、恩荫和推举也都可以。元朝中后期的科举制度基本沿袭宋朝,但乡试、会试考获名单俱按种族分配,蒙古、色目人赐进士及第较为容易。

明朝建立后,科举制进入了鼎盛时期。明朝对科举高度重视,科举制度的严密也超过了以往历代。正式科举考试分为乡试、会试、殿试三级。

微课
选官制度二

清朝晚期经历"数千年未有之大变局",随着西学的传播和洋务运动的发展,有激进派主张彻底废除科举,也有要求在科考内容中加入西学、西政的温和派。1888年,清朝政府首次将自然科学纳入考试内容,加设经济特科,荐举经时济变之才。同时,应康有为等建议,废八股,以时务策命题。戊戌变法失败后,慈禧下令所有考试悉照旧制。1901年清朝实行"新政"后,第二次诏令废除八股,改试策论。自1906年开始,所有乡试、会试一律停止,各省岁科考试也停止,在我国延续了一千三百多年的科举制正式废除。

二、中国古代科举制度

科举制度萌芽于汉朝,始于隋朝,定型于唐宋时期,鼎盛于明清时期,在中国延续了一千三百余年。以明朝的科举考试为例,明朝正式科举考试分为乡试、会试、殿试三级。乡试是由南、北直隶和各布政使司举行的地方考试,每三年举办一次,考场称为贡院,秋季八月开考,所以也称为秋闱,凡本省科举生员与监生均可应考,乡试考中的获得举人身份,俗称孝廉。会试又称礼闱,乡试的第二年二月在京师举行,所以也称为春闱,是由礼部主持的全国考试,考中的称贡士,第一名称会元。殿试在会试后当年举行,应试者为贡士,贡士在殿试中均不落榜,只是由皇帝重新安排名次,第一名称状元。殿试由皇帝亲自主持,只考时务策一道,殿试次日阅卷,又次日放榜,录取分三甲,通称进士:一甲三名，赐进士及第，第一名称状元、鼎元，第二名称榜眼，第三名称探花，合称三鼎甲。二甲赐进士出身，三甲赐同进士出身。进士榜用黄纸书写，故称为黄甲，也称为金榜，中进士称为金榜题名。"连中三元"就是从地方到全国，每次考试都是第一，这是科举场中的佳话，从隋朝到清朝的一千多年科举史里，共产生文状元596名，武状元182名，而其中"连中三元"者仅21位。

  明朝乡试、会试头场考八股文。能否考中，主要取决于八股文的优劣。八股文以"四书五经"中的文句作为题目，只能依照题义阐述其中的义理。措辞要用古人语气，即所谓"代圣贤立言"，不允许自由发挥。结构有一定程式，字数有一定限制，句法要求对偶。就是用八个排偶组成文章，一般分为六段以首句破题，两句承题，然后阐述为什么，谓之起源。八股文的主要部分是起股、中股、后股、束股四个段落，每个段落各有两段。篇末用大结，称复收大结，书写难度甚高。所以，一般读书人往往把毕生精力用在八股文上。

清朝休宁县汪鸿章
县取复试联登

• 成语小故事 •

野无遗贤　出自《尚书·大禹谟》："野无遗贤，万邦咸宁。"民间没有遗漏不用的贤人，指有才能的人都受到任用，人尽其才，政治清明，古多以称颂圣明之世。

  唐玄宗曾诏求天下士子，只要精通一艺，便可到长安备选。李林甫担心会有士子在对策时指斥自己的奸恶行为，建议让郡县长官先对士子加以甄选，将其中优秀者送到京师，在御史中丞的监督下，由尚书省复试，最后将名实相副者推荐给皇帝。最终这次李林甫主持的考试竟然没有一人合格。李林甫便向玄宗道贺，称野无遗贤，玄宗不但没有责备他，反而大为高兴。著名诗人杜甫也是这次考试的受害学子之一。

思考与实践活动 ▶▶▶

为人而仁，为政而正

一　背景资料

  论中央政府之组织：结束了上半段历史上的三公九卿制，而开创了下半段的尚书六部制。

论选贤与能：结束了上半段的乡举里选制，而开创了下半段的科举考试制。

论租税制度：结束了上半段的田租、力役、土贡分项征收制，而开创了下半段的单一税收制。

论到军队：结束了上半段的普及兵役制，而开创了下半段的自由兵役制。

综此几点，我们可以说，唐代是中国历史上在政治制度方面的一个最大的转捩中枢。唐以后中国的历史演变是好是坏，那是另外一回事；但罗马帝国亡了，以后就再没有罗马。唐室覆亡以后，依然有中国，有宋、有明、有现代，还是如唐代般，一样是中国。这是中国历史最有价值、最堪研寻的一个大题目。这也便是唐代之伟大远超罗马的所在，更是它远超过世界其他一切以往的伟大国家之所在。

——钱穆《中国历代政治得失》

古人说："经国序民，正其制度。"意思说，治理国家，使人民安然有序，就要健全各项制度。新中国成立70年来，我们党领导人民不断探索实践，逐步形成了中国特色社会主义国家制度和法律制度，为当代中国发展进步提供了根本保障，也为新时代推进国家制度和法律制度建设提供了重要经验。

——习近平《坚持、完善和发展中国特色社会主义国家制度与法律制度》

在中国实行人民代表大会制度，是中国人民在人类政治制度史上的伟大创造，是深刻总结近代以后中国政治生活惨痛教训得出的基本结论，是中国社会100多年激越变革、激荡发展的历史结果，是中国人民翻身作主、掌握自己命运的必然选择。

人民代表大会制度是符合中国国情和实际、体现社会主义国家性质、保证人民当家作主、保障实现中华民族伟大复兴的好制度。

——习近平在庆祝全国人民代表大会成立六十周年大会上的讲话

我们国家的名称，我们各级国家机关的名称，都冠以"人民"的称号，这是我国社会主义国家政权的基本定位。我国国家制度深深植根于人民之中，能够有效体现人民意志、保障人民权益、激发人民创造力。

——习近平在十九届中央政治局第十七次集体学习时的讲话

公平正义是我们党追求的一个非常崇高的价值。党的十八大以来，习近平总书记高度重视维护和促进社会公平正义，提出"公正是法治的生命线"，明确"不论处在什么发展水平上，制度都是社会公平正义的重要保证"，强调"司法是维护社会公平正义的最后一道防线"，要求"努力让人民群众在每一起案件办理、每一件事情处理中都能感受到公平正义"。坚持以习近平法治思想为指导，推进以审判为中心的刑事诉讼制度改革，抓好司法责任制综合配套改革，依法纠正一批重大冤假错案件，扎实推进平安中国建设，深入开展扫黑除恶专项斗争，良法善治成为维护和促进社会公平正义的根基，人民群众的获得感、满意度显著提升。

——2020年11月23日《人民日报》评论员文章《维护和促进社会公平正义——论学习贯彻习近平总书记在中央全面依法治国工作会议上重要讲话》

衙斋卧听萧萧竹，疑是民间疾苦声。些小吾曹州县吏，一枝一叶总关情。

——郑燮《潍县署中画竹呈年伯包大中丞括》

二 活动内容

(一)职业素养:敬业奉献

请大家参考背景材料中给出的关于唐朝制度的综述,从中国历史朝代中选择一个搜集制度相关资料并做综述,分组完成,再进行班级汇总,整理中国古代政治制度的发展脉络。思考我国当前政治制度的优越性、为政和为人的内在联系,以及今后人生道路和职业道路的选择,坚定在今后的职业岗位上敬业奉献的决心。

(二)素养提升:明礼守法,公平正义

2014年1月7日,习近平在中央政法工作会议上发表重要讲话指出,法治不仅要求完备的法律体系、完善的执法机制、普遍的法律遵守,更要求公平正义得到维护和实现。"理国要道,在于公平正直"。老百姓讲"一碗水端平",如果不端平、端不平,老百姓就会有意见,就会有怨气,久而久之社会和谐稳定就难以实现。

"理国要道,在于公平正直。"出自唐朝史学家吴兢的《贞观政要》,这句话是说,治国理政最重要的原则,就在于保证法令政策公允无偏私。

请大家结合背景资料,搜集身边事例,讨论公平正义对于国家、社会、个人的重要性。关注时代,关注社会,立志做知行合一、明礼守法的奋斗者。

第七章

重农抑商——中国传统经济制度

经济制度是指国家的统治阶级为了组织社会经济活动,体现在社会中占主要地位的生产关系的发展,建立有利于其政治统治的经济秩序,而创设的各种有关经济问题的规则和措施的总称。

第一节 中国传统经济制度的发展

中国传统经济制度与中国古代农业生产、人丁户籍等相互关联。发展农业是中国传统经济制度的基础,土地制度、户籍制度、赋税徭役制度构成了中国古代不同时期的经济制度体系。

一、从土地公有到土地国有及劳役制度:先秦时期

微课 中国传统经济制度一

原始社会末期,家庭成为基本生产单位以后,公社首领从侵占公田上的收获或让公社成员代为耕种土地,逐渐形成经常性、普遍性的贡献进而形成租税。春秋时期以前,天子、诸侯等统治阶级拥有土地世袭所有权,实行租和税合为一体的贡、助、彻之制。《史记》:"自虞、夏时,贡赋备矣。"《孟子·滕文公上》记载"夏后氏五十而贡",即分给每家五十亩土地,按历年收获的平均数上缴所得。商朝甲骨上有命令民众为王耕作的记载。"殷人七十而助""惟助为有公田",就是把土地分为公田和私田,分给每家私田七十亩,让他们共同耕种公田。而关于周朝的租税,"周人百亩而彻""虽周亦助也","彻"是一种类似"助"的制度。孟子鉴于周朝国人服兵役、野人不服兵役,提出"国中什一使自赋""野九一而助",即在"国人"地区,分给每家一百亩土地,收其十分之一的收益作为军赋;在"野人"地区,分给每家一百

亩,"八家同井",共同参与其中的一百亩公田的耕作,公田收获就作为租税。西周后期,由于"民不肯尽力于公田",租税制度取代了藉礼,《周礼》记载"井牧其田野,九夫为井","八家同井"变为"九夫同井",废除了其中的公田,改为"履亩而税"。西周以后对关市及山林川泽开始征收实物税。关市之赋主要用以王之膳服或供养食客,山泽之赋主要用于丧事。春秋战国时期在保持井田的形式下,进行了履亩而税的改革,齐桓公采纳管仲的建议,改革租税制度,取消公田,根据土地的丰饶和贫瘠及年岁的收获情况来征收田税。《春秋》记载,宣公十五年(前594),鲁国"初税亩"实行了"履亩而税"的改革。

春秋时期,逐渐实行谷禄制,按官职、地位授予相应数量的谷物作为俸禄,如孔子在鲁国"奉(俸)粟六万"。到战国时期,谷禄制普遍施行,如秦国的官俸有五十石(一石为十斗,约五十千克)、一百石以至五百石、六百石以上等级别,楚国用"担"(一担等于五十千克)来计算官禄。战国时期的王室勋贵除了领取官职俸禄外还有封邑,享有封邑的租税,并不占有土地、人民,如孟尝君担任齐国相国,继承其父封地,"封万户于薛"。吕不韦为秦国丞相,封文信侯,"封(洛阳)十万户",还"食蓝田十二县"。

原始社会瓦解后,一部分公有的工商业演变为官府的工商业,主要用于满足公社首领等统治阶级自身的需要,剩余的公有工商业则演变为"通功易事,以羡补不足"的民间工商业。

二、土地私有制和户籍制度的确立:秦朝至南北朝

商鞅变法后,秦国的私有土地制确立起来。秦国全面转入"耕战",重视农业生产和对外战争。《田律》中规定下及时雨和谷物抽穗都应即刻书面报告,《仓律》中规定了种子验收程序和亩播种量等详细法规,反映了秦国对农业的重视程度。秦国通过发展农业为对外战争提供保障,有军功者授爵赐予土地,秦始皇三十一年(前216),政府颁发"使黔首自实田"法令,要求百姓自己申报土地,政府承认私有土地的合法性并作为征税的依据。地主阶级凭借这个法令,不仅得以合法占有土地,而且可以用各种手段兼并农民的土地。

秦献公十年(前375),秦国建立了以"告奸"为目的的"户籍相伍"制度。商鞅变法进一步规定,不论男女出生后都要列名户籍,死后除名,建立了"什伍连坐制",把全国吏民编制起来,五家为伍,十家为什,不准擅自迁居,相互监督检举,一人犯罪,邻里连坐。这种严苛的法律让国家直接控制了全国的劳动力,保证了赋税收入。秦王嬴政统治时期,户籍制度趋于完备,户籍中有年纪、土地、爵级等项内容,是人们身份的凭证,户籍制度也成为国家统治人民的一项根本制度。

汉朝延续了秦朝土地私有制度,包括自耕农民的小土地所有制,皇室、地主大土地所有制和国家土地所有制。国家征收耕地税和人口税。

楼车

汉朝在农业生产中大量采用铁农具和牛耕,开始广泛使用楼车,二牛抬杠成为最重

要的犁地方法,还相继诞生了代田法、区田法等新式耕田法。东汉时期,出现了翻车(又名龙骨水车)和渴乌等水利工具,农业生产效率大大提高。到了东汉后期,土地兼并集中情况日益严重,豪强庄园势力日益强大,这种情况也间接导致了三国局面的形成。

秦朝由国家行政官僚统一经营全国各地的盐、铁开采和出售,令民间商人不得从事盐、铁的开采和贩卖;通过收取高额的市场租金和关税、编商籍等措施严格限制商业的发展。西汉早期,冶铁业分国营(中央政府)、官营(地方经营)和民营三种类型。汉武帝收冶铁业为国营,实行专卖政策。到了东汉,各地冶铁业多为豪强地主私营,加上水排的发明,冶铁业更加发达。汉朝的纺织业分国营与民营。东汉时期,蚕桑养殖在长江和岭南等地开始推广,为丝绸之路的贸易交往奠定了物质基础。

西汉早期奉行重农抑商政策,商人地位低下。"高祖乃令贾人不得衣丝乘车,重租税以困辱之。""市井之子孙亦不得仕宦为吏。"到文帝时期,商人坐列贩卖,操纵物价,晁错书《论贵粟疏》,提出了重农不抑商的主张,让商人竞买爵位,提高商人的地位。全国形成长安、洛阳、邯郸等数个商业中心。西汉时期,丝绸之路是当时世界最重要的东西方交流的商路。到东汉时期,中原地区商道线路发达,各地货物往来更加频繁。

汉朝画像石上的纺车、缫车 　　　　汉朝画像石上的集市

秦汉时期,南、北方经济发展很不平衡。三国两晋南北朝时期,北方受到大规模、长时间战乱影响,经济发展缓慢,与此同时,南方政治局面相对稳定,经济迅速发展。经济格局重心从北方黄河流域逐渐南移,南北经济趋于平衡发展。同时由于各民族之间的融合加强,各民族取长补短,进一步促进了国家经济的恢复和发展,为隋唐时期的繁荣奠定了基础。

三国两晋时期,由于士族在政治和经济上特权进一步加强,土地兼并更加剧烈,封山岭、占江湖的现象很严重,土地越来越集中在少数权贵手中,独立性很强的庄园迅速发展,庄园经济趋于成熟,成为当时的主要经济形态。庄园经济的表现方式很多,如北方的堡坞、壁垒,南方的田墅、田园、别业等,都是它的外在形态。据《宋书》记载,东晋后期,"山湖川泽,皆为豪强所专,小民薪采渔钓,皆责税直"。东吴的士族庄园"僮仆成军,闭门为市,牛羊掩原隰,田池布千里"。门阀士族拥有广阔的田地和众多的依附农民,依附农民

汉朝画像石上地主家庭纺织的情景

当时称为僮仆、僮牧、奴婢、徒附等。这种富足恢宏的大庄园为门阀世家的优游生活提供了充实的物质基础。庄园经济是典型的自给自足经济,庄园主可以根据自己的生活需要布置庄园,使耕种与纺织结合,把庄园建成一个独立而封闭的世界,他们可以"生于斯,死于斯,歌哭于斯"。

三、从人丁到田亩、从均田制到两税法:隋唐时期

隋朝推行均田制,规定成年男丁每人受露田八十亩,种植五谷,再受永业田二十亩;妇人每人受露田四十亩,不给永业田;奴婢受田同如常人。永业田不须归还,露田在耕田者死后要归还国家。均田制的实施肯定了土地的所有权和占有权,减少了田产纠纷,有利于无主荒田的开垦,对巩固封建统治、恢复和发展农业生产起到积极作用。

隋朝初期,民户瞒报户口现象十分严重,影响了赋税的征收。为了整顿户籍和赋役,颁布了大索貌阅法,在全国各州县严密清查户口。"貌阅"就是要求官吏根据户籍上描述的外貌来检查户口,并按病残程度确定百姓的"三疾"状况,作为免除赋役负担、享受侍丁待遇的依据。

隋朝统一币制,废除比较混乱的古币以及私人铸造的钱币,改铸五铢钱,世称隋五铢。"车书混一,甲兵方息。"度量衡在隋文帝时重新统一。

隋朝在各地都修建了许多粮仓,其中著名的洛阳回洛仓,东西长一千米左右,南北宽约三百余米,存储粮食在百万石以上。唐人记载:"隋家储洛口,而李密因之;西京府库,亦为国家之用,至今未尽。"

隋朝是中国瓷器技术的重要发展阶段,窑场烧制的瓷器明显增多,出现了融南北风格于一体的各种花色、风格、样式的瓷器。在河南安阳、陕西西安的墓葬中出土的白釉瓷胎质洁白,釉面光润,造型生动美观。隋朝青釉瓷器的生产则更广泛,青釉瓷器胎质坚硬,釉子为玻璃质,大多数都有垂流现象。隋朝瓷器的发展也带动了当时经济的发展。

原汉朝都城长安久经战乱,残破不堪,不能适应新建的统一国家都城的需要,隋文帝选择新址建新都,取名大兴,是当时世界上规模最大的城市。隋朝兴建大兴、洛阳和经济重镇江都(今扬州),"重楼延阁相互临映,招致商旅,珍奇山积",这样规模宏大、商业繁华的都市,在当时世所罕见。为了巩固发展,隋朝还兴建举世闻名的大运河以及驰道,大运河建成后六百余年时间之内一直是沟通南北双方的重要纽带。

隋朝末期,数十个割据政权相互混战,全国人口锐减,唐朝建立后采取措施发展生产,收编户齐民,放免部分奴婢、部曲为良,招抚流民,国内人口开始恢复,到晚唐时期人口峰值约六千万。

唐朝初期,征收赋税实行以均田制为基础的租庸调制。租庸调以人丁为依据,"有田则有租,有身则有庸,有户则有调"代表了政府规定的三种义务。"租"即朝廷发一顷土地给十八至六十岁的人口供其耕种,这期间每年缴纳两石粮食;"庸"为在一定年岁内每年为朝廷劳动二十天;"调"为每户每年缴纳绫、绢、缍若干。

唐朝中期实行两税法依户等纳钱,以原有的地税和户税为主,汇总其他各类税收,以财产的多少为计税依据,改变了之前以人丁为主的赋税制度,是对当时赋役制度较全面的改革。两税法拓宽了征税的广度,增加了财政收入。

唐朝农业生产出现了曲辕犁、水车和筒车等新式工具,有记载的重要水利工程有一百六十多项。唐朝后期,人口南移加上土地开垦及大修水利,南方粮食产量大幅增加。

唐朝手工业分官营和私营两种,门类齐全、规模庞大,远超之前。官营手工业由工部主管,下设监,监下设署,署下设作坊,其产品只供皇室、高级官员和衙门消费。以民间手工业作坊和家庭手工业为主的私营手工业是士农工商之一。唐朝前期纺织业、陶瓷业和矿冶业较发达,后期丝织业、造船业、造纸业和制茶业发展迅速。手工业的进步对商品经济的发展起着积极作用,也推动了各地区之间的经济联系。

四、重农不抑商:宋元时期

宋朝对商业非常重视,宋朝的商业是中国历史上最为发达的,农业、造纸业、印刷业、纺织业、制瓷业均有重大发展。航海业、造船业的发达促进了海外贸易的发展,通商范围覆盖南太平洋、中东、非洲、欧洲等地区,国家经济的繁荣程度远超前代,商业税成为宋朝政府重要的经济来源。

仇英《南都繁会景物图卷》(局部)

宋朝的赋役制度大致延续唐朝的两税法,但以田税为主,外加各类杂税和徭役等。北宋田税法规定,每年夏、秋按土地的数量好坏各收税一次。役法包括差役和夫役:差役由现任文武职官和他们的家属后代、州县胥史、豪族承担,职责是替朝廷看管仓库、押送财物、督催赋税等;夫役由自耕农、半自耕农和佃农承担,职责是修浚河道、土木营建等。

宋朝对农业生产非常重视,政府不断颁布劝农诏书,招流民组织大面积开荒,大幅增加了耕地面积。国家大兴水利,治理黄河、漳河,在东南沿海修筑海塘和钱塘江堤,在太湖流域筑石堤等,有"苏常熟,天下足"之称。政府设置农官、劝导农桑,在北方地区试种水稻,在江淮等地引种耐旱、早熟的占城稻,在长江以南推广种植粟、麦、黍、豆等北方农作物。政府注重农具改进,在耕牛缺乏的地区推广人力翻土工具踏犁,用于插秧的秧马也在这时出现,让农作物产量大幅增长。政府还推广农业新技术,奖励种树和种桑麻,农村中开始出现专门种植桑蚕、茶叶、花卉、果树等经济作物的专业户,棉花盛行种植于闽、广地区。宋朝这些措施对当时农业的发展起了很大的促进作用,还为工商业的发展提供了广阔的空间。

宋朝手工业的生产规模、技术水平、产品质量都远超前代,其中丝织业、制瓷业、造船业、造纸业等具有代表性。

宋朝的纺织业非常发达,官府设有绫锦院、内染院、文绣院,并在各地设绣局、锦院等,一些规模较大的民营丝织业作坊也为市场供应产品。西北地方流行毛织业,重庆、四川等地麻织业非常发达。扬州锦、越州寺绫、常州紧纱、润州罗、睦州交梭绢、卢州绢、宣州绮等各地的名产畅销全国,"买卖昼夜不绝"。南宋时期,广东雷州半岛地区和广西南部成为棉纺织业的中心,而苏杭地区因丝织产品工艺精美、图案多彩多姿,成为全国丝织业的中心。

宋朝是我国制瓷艺术的大发展时期,各地官窑林立,民窑四起。汝州汝窑的青瓷有"雨过天晴"之誉,禹州钧窑的瓷器红如胭脂、青如葱翠,景德镇景德窑影青瓷滋润细腻,它们和开封官窑、龙泉哥弟窑、建阳建窑、曲阳定窑并称七大名瓷窑,所产宋瓷通过海上丝绸之路远销海外。在瓷器上雕画花纹是北宋时的新创,"以刀刻样,针刺绣花,板印印花,以及锥尖凿纹,笔蘸粉堆砌凸形,再施白釉"。宋瓷不仅是生活日用品,而且是精美的工艺美术品。宋朝通过瓷器贸易,让中华文明传遍世界。

宋朝造船业的发展随着海上贸易而空前繁荣,造船技术水平是当时世界之冠;船模放样技术被用于大规模漕船和战舰的制造;有了专门的货船和客船;鸟形之物"五两"用于辨别风向;多层船板增加船身强度;升降舵可"随水浅深更易";平衡舵可改善船舶操纵的灵活性。1974年福建泉州出土一艘宋朝古船,有十多个隔水仓,可载重物,可抗大浪。宋太宗时期,全国每年造船三千余艘。到了南宋,湖州、泉州、广州等成为新的造船中心。广州制造的大型海舶木兰舟可"浮南海而南,舟如巨室,帆若垂天之云,柂长数丈,一舟数百人,中积一年粮"。

北宋钧窑瓷器出戟尊

宋朝,我国古代造纸业进入了极盛期,以竹茎为原料的造纸新工艺出现,实现了造纸业的重大突破,重庆、四川、安徽、浙江成为主要的造纸产地,因"长如匹练"而得名的徽州匹纸自首至尾匀薄如一,澄心纸、金粟纸、藤纸等闻名于世。

纸张的大量生产与毕昇的活字印刷术为宋朝印刷业的繁荣奠定了基础。宋朝的印刷业分三大系统:官刻系统的国子监所刻的书称为监本;民间书坊所刻的书称为坊本;士绅家庭自己刻印的书属于私刻系统。宋朝印刷作品不仅包括儒家经典著作,还遍及正史、医书、算书和名家诗文,以纸墨精良、字体圆润、做工考究而闻名于后世。

宋朝商业繁盛,彻底打破唐朝的坊市制度,城市中出现了各种类型的集市。太祖诏令:"榜商税则例于务门,无得擅改更增损及创收。"宋朝通行的货币有铜钱、白银。后期由于大量使用铜钱、白银进口商品,国内金属通货短缺,纸币交子和官办会子出现,与金属铸币并行流通。

宋朝是我国对外贸易发展的黄金时代。元丰三年(1080),宋朝政府制定了中国历史上第一部贸易法《广州市舶条法》。宋朝对外贸易分官府经营和私商经营两种方式。南宋时期,朝廷非常注重发展民间海外贸易,据记载进出口货物四百种以上,海外贸易获利极为可观,"市舶之利最厚,若措置合宜,所得动以百万计"。宋朝在与金和大理的交界处设立榷场来互通有无。此外,宋朝铜钱信用良好,被朝鲜和日本等广泛使用。

元朝是疆域广、强大且富庶的国家。元朝前期保持草原时期以畜牧为主的游牧经济,之后为了巩固对汉地的统治,采取了恢复农业生产的措施,经济开始以农业为主,并在生产技术、垦田面积、粮食产量、水利兴修等方面都取得了较大发展。元朝重视贸易,受汉族儒家轻商思想影响较小,民族之间交往增多,陆路和海上贸易相当发达。

元朝的赋税制度南北不同。北方税制由丁税和地税组成。"元之取民,大率以唐为法。其取于内郡者,曰丁税,曰地税,此仿唐之租庸调也。"忽必烈即位后对中原赋役数额有所调整,并在旧制基础上,明确规定输纳之期、收受之式、封完之禁、会计之法,使之更趋完善。元朝的南方税制专指按亩征收的土地税,"取于江南者,曰秋税,曰夏税,此仿唐之两税也"。此外元朝"科差"是以户为课征对象,"其法各验其户之上下而科焉"。元朝的牲畜税是古老的税种,称为"羊马抽分",规定凡有马百匹者及有牛、羊百头者,各纳其一。元朝实行政府盐专卖,盐的税收超过了全国税收的一半,同时实行专卖制度获得的茶税和酒醋税也是朝廷的一项大宗收入。元朝还实行市舶课税法,对国内与海外诸国往来贸易的商舶所载货物抽分与课税。

蒙古可汗进入中原之初,残酷的屠杀和劫掠使得中原地区的农业生产遭到严重的破坏,后来确立了"国以民为本,民以衣食为本,衣食以农桑为本"方针,采取了一系列措施恢复农业生产,从事农业的民户不断增加,耕地面积不断扩大,粮食产量有所提高,"民庶晏然,年谷丰衍",特别是经济作物棉花的种植不断推广。但从元朝中期起,政治日益腐败,水利失修,农业处于停滞衰敝的状况。

元朝时期,官办手工业分属工部、武备寺、大都留守司等部门。工部的主要职责为制定国家手工业政策法令和产品标准式样、任命匠官等,下属有各类生产部门。元朝棉花种植已非常普遍,棉织业也随之发展起来。传说元朝著名的棉纺织专家黄道婆出身贫苦,少年流落海南岛,在道观劳动学会运用制棉工具和织崖州被的方法,由此大力推广搅车、拔车、织机等工具,还传授错纱、配色、综线、印染等技术,中国纺织业有了很大发展。著名的青花瓷是元朝瓷器创新的产品,造型优美,色彩清新,有很高的艺术价值。元朝的造船业十分发达,已经使用罗盘针导航。元朝活字印刷术不断改进,陆续发明了锡活字和木活字,并用来排印蒙文和汉文书籍。套色版印刷术也被应用于刻书。

元朝漆器剔红紫萼圆盘

元朝的商业发达,贸易繁盛,北方的大都、南方的杭州都是当时著名的商业中心。大都城内有各种市集三十余处,各地的富商大贾云集,每天有千车丝织品运进城内。杭州是运河的终点,城中每天有四五万商人前来贸易。元朝政府对许多商品进行专营垄断,金、银、铜、铁、盐由政府直接经营;茶、铅、锡由政府卖给商人经营;酒、醋、农具、竹木等由商人、手工业主经营,政府抽分。元朝的海外贸易规模远超宋朝,政府设立泉州、广州和庆元三个长期存在的市舶司,对海外贸易的商舶所载货物课税,泉州港作为海上丝绸之路的起点,取代广州成为当时世界上最大的港口。

五、实物地租向货币地租过渡:明清时期

明朝商业经济繁荣,市场活跃,农产品逐渐商品化,手工业生产水平提高,出现了商业集镇,产生了资本主义萌芽,工商业的繁荣超过了以往的任何一个朝代。

明朝加强了经济立法,《大明律》中的《户役》《田宅》《钱债》《市廛》在土地制度、赋役制度、经济关系等方面做了明确规定。严禁"欺隐田粮",规定典卖田宅必须税契,严禁正常土地买卖之外的土地兼并,规定庶民不准蓄奴,禁诱骗、掠卖良民为奴隶,田主不得随意役使佃客,还颁发了一系列有关招收流民垦荒、兴修水利、实行屯田等方面的法令。

明朝政府在户帖制度的基础上,核定天下田赋、登记各地户口和产业编入《黄册》。国民以户为单位,每年填报姓名、年岁、丁口、田资,由地方官吏负责审核,资料累计十年后汇编为《黄册》。明朝的税法分为田赋和商税。明初的田赋继续推行唐朝的两税法,在全国范围内普遍丈量土地编制《鱼鳞册》,册中记载田地的亩数、质量和田主情况等作为征税的依据。明朝中期,由于土地兼并加剧,贪污腐败现象严重,加上赋役苛重,人民不堪忍受纷纷弃家逃亡,国民生产受到破坏。明朝政府自嘉靖至崇祯年间进行相关赋税改革,推行一条鞭法,简化了税制,又由实物税转为货币税,增加了财政收入,有利于商品货币经济的发展,具有进步意义。

明朝统治者凭借国家权力,将有较大市场、利润较大的商品垄断在官府手里,对盐、茶等重要商品继续实行专营制度,商人必须向官府交钱买"盐引"和"茶引","引"是商人运输货物的凭证,印有法定的质量单位。洪武元年(1368)的《盐引条例》规定犯私盐罪者绞,有军器者斩。对于矿冶业,非贵金属允许自由采矿和冶炼,官府课税;金、银等贵金属矿只能由官府经营;其他与国计民生关系较大的铁、铜、铅、锡等矿藏,必须取得官府批准才得开采,未经官府许可而私自开挖者以盗窃罪论处。

对海上贸易,明初立法严禁私人出海,重则处绞刑或斩刑。中期海禁稍有放松,海上私人贸易迅速发展。嘉靖三年(1524)起又屡颁禁海律例,结果私人海外贸易完全停止,严重摧残了社会经济的发展和资本主义的萌芽。

明朝的手工业生产在整个封建经济中的比重进一步增加。明朝初期,在元朝长年固定的工匠制度的基础上建立了较为自由的匠籍制度。工匠分轮班匠和住坐匠两种,轮班匠每三年到京服役三个月,住坐匠每月为官府做工十日左右,由国家支付月粮。明朝后期进一步改革匠籍制度,轮班匠以交纳"匠班银"的形式替代服役,轮班制废除。

明朝棉布取代麻布成为纺织品的主流产品。松江是国内的棉纺中心,全盛时有织机万余张。明朝末期,丝织中心苏州拥有织机超过万台,工人超过四万人。织布行业纺车技术也不断改进,织布成品除了供应国内还远销海外。景德镇成为"世界瓷都",工人有几十万之多,景德镇的釉下彩青花瓷在明朝达到了巅峰,釉上彩中创新品种斗彩和五彩也都非常出名,铜红釉被世人称为"宝石红",蓝釉有"霁蓝"的美称。明朝在沿海一带有许多的造船厂,而明朝的造船业的巅峰之作就是郑和下西洋所使用的长一百五十米、

宽三十多米的宝船了。《明史》记载,宝船共有四层,船上有九个桅杆可挂十二张帆,船尾使用"平衡舵",两侧使用"减摇龙骨",一艘船可容纳千人。除了宝船外,郑和的船队还有二百多艘平均长度为七十余米的大帆船。

清朝时期,传统经济达到顶峰,生产技术水平空前提高,商业贸易颇为繁荣,人口数也是历代王朝最多,晚清全国人口数突破四亿。

郑和下西洋宝船模拟复原模型

清朝承袭了明朝的田赋制度,赋役按地亩、人丁两重标准进行征派,清初用近十年时间统计核定田地亩数、国内人丁、荒地开垦等情况,编纂了《赋役全书》。康熙五十年(1711)以当时所调查的全国人丁数为定额征收丁银。康熙五十五年(1716),清朝政府改革"摊丁入亩",由按丁征收人头税改为按地亩征税,把康熙五十年(1711)确定的丁银摊入田赋银中统一征收,没有私有田地的农户可以免征田赋,是封建土地税制的一项有益的改革。

清朝初期,为缓和阶级矛盾,招抚流亡,奖励垦荒,减免捐税,还把垦荒多寡作为考核官吏的标准,耕地面积大幅度增加。地方政府又在耕牛、种子等方面上资助困难农户,保证垦荒的进行。政府还提倡因地制宜,采用多种种植方法,因此,粮食产量大幅度提高,内地和边疆的社会经济都有所发展。至18世纪中叶,清朝的封建经济发展到一个新的高峰。

清朝手工业方面改工匠的徭役制为代税役制。产业以纺织和瓷器业为重,江宁、杭州、苏州都设有官营丝织局。棉织业超越丝织业,种类、品质都极其多样化,拥有数百名乃至上千人的规模化手工业作坊逐渐增多,纺花织布成为当时江浙一带人民的主要经济来源。"女子七八岁以上即能纺絮,十二三岁即能织布。一日之经营,尽足以供一人之用度而有余。"瓷器以珐琅画在瓷胎上,经十几道工序,呈现出绚丽豪奢之态。

清朝商业发达,资本主义萌芽较之明朝又有了进一步的增长。包买商空前活跃,手工业的雇佣劳动数量显著增加,商品经济的发展水平已超过明朝。清朝到鸦片战争时期对欧洲的贸易一直保持顺差,出口的茶叶、瓷器为国家带来了丰厚收益。康熙晚期为防止民变,推行禁矿政策,在一定程度上阻碍了工商业的发展。

六、马可·波罗眼中的中国

马可·波罗(Marco Polo)是意大利威尼斯一个富商之子。他的父亲和叔父曾到蒙古经商,因蒙古战乱决定回国,回国途中偶遇派往元朝的使臣,于是跟随使臣到元朝并见到了忽必烈。兄弟俩受元世祖之托,担任元朝派往罗马教廷的特使。15岁的马可·波罗随着父亲和叔叔,带着罗马教廷给忽必烈的复信从家乡出发,1275年到达元大都,受到元世祖的欢迎,从此在中国住了17年。元世祖对马可·波罗委以重任,先后委任他做元朝的外交使节、地方官员等职。1289年,马可·波罗一家随嫁往伊儿汗国的阔阔真公主返回欧洲,他们从泉州起航,经南海、印度洋、红海到达阿拉伯半岛,在伊儿汗国告别阔阔真公主,三人从陆路返回家乡。1296年在威尼斯和热亚那的海战中,马可·波罗成为战俘，狱中他和比萨小说家鲁思梯谦成为朋友，马可·波罗负责口述，鲁思梯切诺负责笔录和整理，完成了轰动世界的《马可·波罗行纪》，点燃了西方人对东方的憧憬向往。1324年，马可·波罗去世。

《马可·波罗行纪》分四卷，第一卷记载了马可·波罗东游直至上都的沿途见闻；第二卷篇幅最长，记载了忽必烈及其宫殿、都城、朝廷、政府、节庆、游猎等事，以及马可·波罗自大都南行到杭州、福州、泉州等地的见闻；第三卷记载日本、越南、印度、印度洋沿岸及诸岛屿，以及非洲东部的风貌；第四卷记载成吉思汗后裔诸鞑靼宗王的战争和亚洲北部的风土人情。每卷内部分章，每章叙述一地的情况或一件史事，全书共229章，书中记述的国家、城市的地名有一百多个。《马可·波罗行纪》是西方认识中国历程中里程碑式的著作，大航海时期的哥伦布等很多航海家都是带着对《马可·波罗行纪》中描写的富庶繁华的东方帝国的憧憬出发的。

马可·波罗在中国居住了17年，活跃在政治、经济、外交等舞台，足迹几乎踏遍中国，他到过的地方从西北的哈密、甘州到西南的成都，从中原腹地的太原、关中到江南的苏州、杭州、扬州，还有福州、泉州等沿海重镇等，在几十个重要城市地区都留下了他的足迹，所以他对元朝有比较全面的描述。

马可·波罗在游记中对元朝的主要政治、经济制度进行了详细的介绍，对其中的驿传制度大加赞叹："大汗的这一切事物的管理方面，比起其他皇帝、君主或普通人都更为出类拔萃。"

作为商人，马可·波罗对元初的经济制度观察细致，详细介绍了元朝的税收、商业城市、商品、商人、货币制度等。中国历史上元朝首次在全国范围内统一使用纸钞，马可·波罗在游记中有专门一章介绍元朝的纸币，包括纸币币材、造币机构、制造工艺和形制、纸币流通等。"大汗令人将桑树——它的叶可以用来养蚕——的皮剥下来……近似正方形，但要略长一点。最小的薄片当作半个图洛使用……它的形状与工序和制造真正的纯金或纯银币一样，是十分郑重的……凡州郡国土及君主所辖之地莫不通行。臣民位置虽高，不敢拒绝使用，盖拒用者罪之死也。"

马可·波罗笔下的元朝都市是人间天堂似的所在，他描述西安城："城甚壮丽，为京兆府国之都会。昔为一国，甚富强，有大王数人，富而英武。"描述杭州南宋的宫殿："是为世界最大之宫，周围广有十里，环以具有雉堞之高墙，内有世界最美丽而最堪娱乐之园囿，世界良果充满其中，并有喷泉及湖沼，湖中充满鱼类。中央有最壮丽之宫室，计有大而美之殿二十所，其中最大者，多人可以会食。全饰以金，其天花板及四壁，除金色外无他色，灿烂华丽至堪娱目。"

• 成语小故事 •

六街三市 出自郑玉《元宵诗》："六街三市浑如昼。"后指都市中热闹繁华地区的大街小巷。

六街指唐朝长安城中的六条大街，后来泛指京都的大街和闹市。北宋汴京也有六街。三市指早晨、中午、傍晚为三时之市。

第二节　御书新样铸金钱

一、中国古代货币

中国历史悠久，各个历史时期的货币也是种类繁多，综合中国古代货币的演变过程可以看出，中国古代货币的演变出现了形状由杂乱向统一转变、材质由金属向纸质转变等特点。

（一）造型各异的金属货币：战国时期

在战国时期，由于各地区经济和文化的差异性很大，各诸侯国的金属货币在造型上也存在明显的不同。

韩国、赵国、魏国使用的货币是布币，因为布币的造型类似于人，所以布币的上部称为首，两侧称为肩，下方就称为足。

晋国使用的货币是空首布币。这种货币的外形模仿了当时的农业生产工具铲，所以也被称为铲币。因为铲是金属制品，需要在顶端留有孔洞，用于安插木柄，所以早期空首布币的首部也是中空的。空首布币上一般只雕刻了一些简单的线纹，没有文字。

燕国、齐国使用的货币是刀币。刀币的造型模仿了削刀，刀柄上有条纹，刀柄末端有圆环，可以用来穿绳，方便携带。

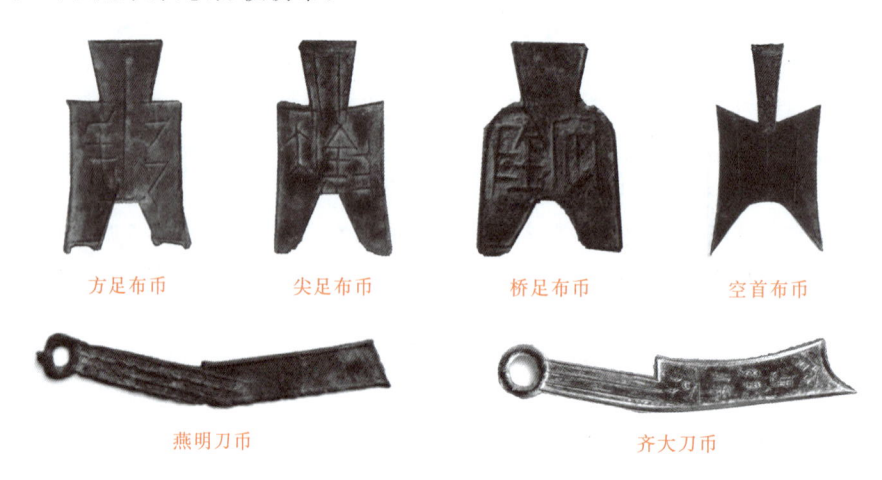

方足布币　　尖足布币　　桥足布币　　空首布币

燕明刀币　　　　　　齐大刀币

（二）圆形方孔金属货币：秦朝至唐朝

秦国在统一六国后，确定统一货币，废止了战国时期形状各异、质量悬殊、杂乱无章的旧币，改进了战国时期秦国使用的半两钱，规定在全国通行圆形方孔的秦半两钱。这种钱的直径在3.3厘米以上，质量为8克左右。秦半两钱的确定是中国货币发展过程中的一个里程碑，其圆形方孔的造型成为古代中国货币的基本形式，沿用了两千多年。

西汉初期的主要流通货币仍然是秦半两钱，但是由于民间铸造货币的无序性，出现了大量不足重的秦半两钱，直接影响了经济发展。西汉在秦半两钱的基础上增加了围边,币上印有"五铢"二字(铢是古代一种质量单位),汉五铢钱从此诞生。汉五铢钱的出现实现了汉朝朝廷对货币铸造权的集中统一管理。自汉朝至隋朝各朝一直使用五铢钱。

唐朝建立后,"废五铢钱,行开元通宝钱,径八分,重二铢四参,积十文重一两,一千文重六斤四两",确立了开元通宝钱国家法定货币地位。同时,唐朝继承了三国两晋南北朝时期以绢帛为货币的传统,实行了"钱帛兼行"的货币制度,这是一种以实物货币和金属货币兼而行之的多元的货币制度,朝廷将征收来的绢帛用于发放官员的俸禄和赏赐,解决了金属货币不足的问题。唐朝中期商业发展迅速,大城市中出现了柜坊和飞钱。柜坊经营钱物寄付,在柜坊存钱的客户可以凭书帖(类似于支票)寄付钱财。

秦半两钱 　　汉五铢钱 　　隋五铢钱 　　开元通宝钱

(三)从金属货币到纸质货币:宋朝至清朝

宋朝通行的货币有铜钱、白银。太宗时期每年铸铜钱约八十万贯,到熙宁六年(1073),已达六百余万贯。大量使用铜钱、白银进口商品造成国内金属通货短缺。真宗时期,成都印造一种纸币交子代替铜钱在四川使用,后改为官印并扩大了流通领域。南宋改为官办会子,"许于城内外与铜钱并行"。会子主要分为东南会子、湖北会子和两淮会子。会子以铜钱为本位,面值有一贯(一千文)、两贯和三贯三种,又造二百文、三百文、五百文会子。乾道五年(1169)定为三年一界,每界发行一千万贯,以旧换新。

元朝为了加强对经济的统制,以使用纸币为主,携之可"北逾阴山,西及流沙,东尽辽左,南越海表"。在纸币流通的同时,元朝也会少量铸造相应年号钱和国号钱,不论是在数量上还是在制作工艺上都不及宋朝。1260年,元朝发行以丝为本的交钞,随后发行了中统元宝交钞并一直用至元末。该钞纸长 16.4 厘米,宽 9.4 厘米,正面上、下方及背面上方均盖有红色官印。元朝后期由于大肆增发纸币,物价上涨,纸钞贬值,物价"相去几十余倍"。

明朝的流通货币以纸币为主。大明宝钞是明朝官方发行的唯一纸币,由中央集中印制发行。大明宝钞为长方形,长约 30 厘米,宽约 20 厘米,内栏上端印有面值,两边印有"大明宝钞""通行天下"字样。它的面额分几等:一贯、五百文、三百文、二百文、一百文。其中,一贯等于铜钱一千文或白银一两。明朝除了大明宝钞外,另铸造有十余种年号钱,以皇帝年号为名,统称为通宝。

清朝入关初期允许明朝铸币的使用,之后在国内各地设立铸钱局铸造顺治通宝并禁止使用其他货币。顺治通宝由"黄铜"铸造,"黄铜"是由铜七成、白铅(锌)三成合成的,一千铜钱为一串。清朝各年号均铸有钱币,上面印有满文和汉文两种文字。

串钱

清朝的流通货币除了通宝外,还有白银。一般情况下,国家财政、官员的俸禄、军队的兵饷、商人的大笔交易使用白银,而民间零星交易则使用铜钱。清朝的白银有非常多的样式,质量也各不相同,船形、元宝形、椭圆形、束腰形、圆锭、方锭等白银都可以流通使用,咸丰年间还铸造了一些类似银圆的银饼。此外,清朝顺治、咸丰、光绪时期都发行过纸币。

二、中国古代特色经济现象

(一)秦朝的标准化生产制度

标准化生产最早在秦朝就已经开始了,《秦律》中"为器同物者,其大小、短长、广袤亦必等"说的就是相同的部件要有统一的尺寸规格。从由秦始皇兵马俑坑出土的武器来推断,秦军使用的绝大多数青铜兵器,无论是短兵器、长柄兵器还是远射程兵器,都实现了制度化、标准化生产。据考据,秦朝同类弩弓的牙、栓、刀等各种配件都是可以通用的,在战争中,秦军随时可以用通用配件修复损坏的弩机,或者利用若干完好的部件重新拼装出新的弩机。在秦始皇兵马俑坑中发现的四万多支三棱箭头都是按照相同的技术标准铸造出来的,底边宽度的平均误差只有±0.83毫米。秦朝还使用"物勒工名"的方法,要求在兵器上刻上督造者以及具体制作者的名字,如有质量问题,必追究其责任,并给以严惩,以此作为武器制造的保障。这种标准化生产制度支撑着秦军,使其能够频繁发动大军团作战并不断取得胜利。

(二)三国两晋南北朝时期的寺院经济

三国两晋南北朝时期,佛教传入中国,寺院僧侣一直享受着国家的免税政策,从而形成以寺院为中心的独特的封建地主经济形式——寺院经济。南朝时,寺院经济恶性膨胀,占有许多劳动力作为寺院的依附农民。据《南史》记载:"都下佛寺五百余所,穷极宏丽。僧尼十余万,资产丰沃……道人又有白徒,尼则皆畜养女,皆不贯人籍,天下户口,几亡其半。而僧尼多非法……皆使还俗附农。罢白徒养女……如此,则法兴俗盛,国富人殷。不然,恐方来处处成寺,家家剃落,尺土一人,非复国有。"南北朝时期,君权利用神权实现统治,寺院经济正是在这种需要下由统治阶级悉力提倡和培植起来的。但是,随着神权的不断发展,寺院经济力量也在飞速壮大,寺院与世俗统治者的矛盾逐渐累积,寺院与封建统治者争夺土地、劳动力、财税收入,逐步变成了政治上具有一定的自治权的独立王国,成为封建政权无法控制的"法外之地",这加剧了神权与君权矛盾的激化,最终导致了封建统治者的"灭佛运动",寺院经济随之败落。

(三)元朝的畜牧业

蒙古族是游牧民族,因此畜牧业在元朝经济中占据着举足轻重的地位。元朝的畜牧政策以开辟牧场、扩大牲畜的牧养繁殖为主,尤其是孳息马群。元朝完善了养马的管道,设立太仆寺、尚乘寺、群牧都转运司和买马制度等制度。元朝在全国设立了14个官马道,江南、辽东和内地的郡县中都有用来牧放马群的牧场,这些牧场除了官田以外,多由夺取民田而得。元朝畜牧业发展趋势不稳定,元世祖时颁布了按照规定的价格由官方来收马的制度"和买马",推行这一制度就是为了满足军队中马匹的需求。如果"和买马"达不到收取马匹的效果,就会采用强制征收的"拘刷马"制度。从收马由自愿变成了强制,就可以看出元朝畜牧业渐渐趋向衰退。到了元惠宗时,畜牧业的衰败更为严重,最大的原因是自然灾害。

(四)清朝的晋商金融

徽商、晋商和粤商是中国历史"三大商帮"。晋商从隋唐时期起步,到明清时期已成为当时国内势力最雄厚的商帮,不仅垄断了中国北方贸易和资金调度,其贸易甚至覆盖了整个亚洲市场和部分欧洲市场,遍布全国各地的五百余家山西会馆见证了晋商的商业帝国。晋商为清朝政府的军饷、军需捐输银两,清朝政府也把山西视作"财赋有出"之地。晋商在政治方面的优势极为明显,被称为"财政部"的山西票号,还在国外设立分支机构,为清朝政府代垫代办汇兑军饷、筹借汇兑抵还外债、代理部分省的财政金库等。晋商的进取精神、敬业精神、群体精神被贯穿于他们的经营意识和组织管理中,促成了晋商"生意兴隆通四海,财源茂盛达三江"的盛况。

> • **成语小故事** •
>
> **铸山煮海** 出自司马迁《史记·吴王濞列传》,比喻善于开发自然资源。
>
> 铸山指开采山中铜矿铸造钱币,煮海指烧煮海水而获得食盐。吴王刘濞是汉高祖刘邦的侄子,统辖东南三郡五十三个县,其中豫章郡有丰富的铜矿,吴国又面临大海,刘濞就招募天下亡命之徒私下采山中铜矿来铸造钱币,煮海水而获得食盐,因此不向吴国百姓征赋税,不久吴国就富足强大起来。到了汉景帝时,朝廷考虑各个王的势力太大,不利于汉朝统治,晁错劝景帝削减封地。吴王就联合六国以"清君侧"的名义起兵反叛,史称"七王之乱",但刘濞很快就兵败被杀。

思考与实践活动 ▶▶▶

经济改革,造福万民

● 背景资料

(一)古代经济制度改革

1. 商鞅变法

战国时期魏国人商鞅在秦国以一根立木开启了变法之路。先后于公元前356年和公元前350年两次推行变法,主要措施有废井田,开阡陌,实行县制,奖励耕织和战斗,实行连坐之法。商鞅变法使秦国经济得到了飞速发展,军事实力剧增,成为战国后期最具实力、最富有的诸侯国,为秦国统一六国打下了坚实的基础。

2. 唐朝两税法

唐朝中后期,随着统治阶级对于土地的兼并日趋严重,原本实行的均田制和租庸调制失去了基础,农民苦不堪言,阶级矛盾一触即发。建中元年(780),在宰相杨炎的主持下,唐朝对赋税制度进行了改革,推行了两税法。两税法的实行是我国赋税制度的一大改革,是中国封建社会由前期向后期过渡的一个重要标志。

3. 明朝一条鞭法

"万历首辅"张居正于万历九年(1581)实行改革,将一条鞭法推广到全国。一条鞭法规定:把各州县的田赋、徭役以及其他杂征归为一条,合并征收银两,按亩折算缴纳。一条鞭法的实行是中国历史上具有深远历史影响的社会变革和经济变革。它上承唐朝的两税法,下启清朝的"摊丁入亩",起到了很好的过渡作用,维护了社会的稳定,增加了国家的收入。

4. 清朝"摊丁入亩"

清朝实行的"摊丁入亩",又称"摊丁入地""地丁合一",这是中国封建社会后期赋税徭役制度的一次重大改革。清朝政府将历代相沿的丁银并入田赋征收,这一制度,标志着中国古代实行了两千多年的人头税(丁税)正式被废除,减轻了无地、少地农民的经济负担,有利于缓和社会矛盾,有利于人口的增长,有利于社会经济的发展,尤其是有利于当时的资本主义萌芽和商品经济的发展。

以上这几次古代社会重要的经济制度改革都在一定程度上减轻了人民的负担,缓和了社会矛盾,增加了国家财政收入,解放了生产力,推动了经济的快速发展,但是,其本质——维护封建统治阶级的剥削和统治是没有改变的。

(二)哲思语录

我们党作为百年大党,要永葆先进性和纯洁性、永葆生机活力,必须一刻不停推进党风廉政建设和反腐败斗争。

——习近平在十九届中央纪委五次全会上的讲话

贪如火,不遏则燎原;欲如水,不遏则滔天。一个人能否廉洁自律,最大的诱惑是自己,最难战胜的敌人也是自己。一个人战胜不了自己,制度设计得再缜密,也会"法令滋彰,盗贼多有"。希望同志们"吾日三省吾身",做到严以修身、严以用权、严以律己,谋事要实、创业要实、做人要实。古人讲:"君子为政之道,以修身为本。"中国传统文化历来把自律看作做人、做事、做官的基础和根本。《论语》中就说,要"修己以敬"、"修己以安人"、"修己以安百姓"。古人所推崇的修身齐家、治国平天下,修身是第一位的。我们共产党人更应该强化自我修炼、自我约束、自我塑造,在廉洁自律上作出表率。

——习近平《办公厅工作要做到"五个坚持"》

全党同志要深刻认识反腐败斗争的长期性、复杂性、艰巨性,以猛药去病、重典治乱的决心,以刮骨疗毒、壮士断腕的勇气,坚决把党风廉政建设和反腐败斗争进行到底。

——习近平在十八届中央纪委三次全会上的讲话

古人说:"将教天下,必定其家,必正其身。""莫用三爷,废职亡家。""心术不可得罪于天地,言行要留好样与儿孙。"

在培育良好家风方面,老一辈革命家为我们作出了榜样。每一位领导干部都要把家风建设摆在重要位置,廉洁修身、廉洁齐家,在管好自己的同时,严格要求配偶、子女和身边工作人员。

——习近平在第十八届中央纪律检查委员会第六次全体会议上的讲话

二 活动内容

(一)职业素养:奋斗精神

改革开放是中华民族自强不息、革新向前的历史巨变,是中国历史上令人难忘的浓墨重彩的印记,激发了中国人民不忘初心的改革精神及对美好生活的追求与向往。

请结合自身经历与感受,收集资料,谈谈人民的富裕、家乡的巨变和国家的强盛,以 PPT 的形式在班级进行成果展示。

(二)素养提升:廉洁奉公,淡泊名利

参观反腐倡廉展,集中收看《巡视利剑》等反腐纪录片,思考我国当前制度的优越性,写一篇关于淡泊名利、廉洁奉公的感悟作文,不少于 1 000 字。

第八章

政教合一——中国传统教育制度

第一节 中国传统教育制度概述

一、中国传统教育制度的特点

在中国古代文献中,教育一词最早见于《孟子》:"得天下英才而教育之。"《说文解字》中解释道:"教,上所施,下所效也。""育,养子使作善也。"教育就是教诲培育的意思。教育制度是指一个国家或地区的各级各类教育组织机构的体系及相应的教育法律、规则、条例等。本书所说中国传统教育制度是指辛亥革命之前中国历史上的教育制度。中国历史上一直非常重视教育,形成了自己独有的特色,并对周边国家影响深远。中国传统教育制度有以下特点:

（1）教育与政治高度一致,实行以教治国的教育政策。中国古代统治者普遍重视教育,认为教育是淳化民风、走向文明、治国安邦的基础,所以普遍将教育看作重要的政治内容,政府直接管理教育工作是历史常态。在我国的传统文化中,教育政策是国家政治的基本策略。教育机构是政府的重要机构,官府教育在教育体制中占重要地位。历史上多个时期的政府直接统一教学内容,在教学中采用规定教科书。教育制度与选官制度结合,教育的重点是培养优良的政治人才。

（2）重伦理教育,实行以德育为首的综合教育。中国古代先贤认为教育的价值为"正德、利用、厚生",将德育放在教育价值的首位,以教治国,是为了达到"以德治国"的目的。中国传统教育以儒家教育为主流,儒家教育重伦理,推礼治,并从孔子开始就建立了以"六艺"为内容的综合教育传统,主要以培养能力全面、德才兼备的政府官员为目标。

（3）"有教无类"的广泛教育。跟西方封建时期教育和知识长期把持在教会手中相比,中国较早地将教育向更广泛的人群推广。早在春秋时期,孔子就提出"有教无类",

兴办私学，突破了学在官府的教育垄断，而官府也在封建社会较早时期的汉朝就推出了面向民间的公办教育机构，科举制度的实行更是激发了广大中下层民众的学习热情。"有教无类"的广泛教育和科举制度相结合，使我国在封建时期，相比西方，受教育的人群更广泛，传统文化中尊师重教的思想也深入民心成为民族共识。

二、中国传统教育的发展

(一)先秦时期的教育

原始社会的教育大多是在生产劳动、社会生活或者宗教活动中，由长者通过实际活动身教与口耳相传的。据史书记载，在传说中的五帝时期，就出现了学校的萌芽形态，当时称为"成均"。这一时期的学校教育内容简单，教育手段单一，不是专门性的教育机构。

据《说文》记载："夏曰校，殷曰序，周曰庠。"到了夏朝，已经出现了正式以传授知识为主的学校，称为校。商朝学校被称为序，周朝被称为庠。殷商时期，生产力日益发展，推动了这一时期教育制度的建立和发展。《礼记》记载殷有右学和左学，序又分东、西。这时的学校按"国庶之界"教导人们"明人伦、以习乐"，国就是族及其子弟，庶就是平民，教学内容与当时的社会生活直接相关，教导年轻人孝敬长辈、知礼仪、学舞学乐、习驭竞射等。

西周是中国历史上奴隶社会鼎盛时期，此时已经有比较完善的学校教育体制，出现了不同类型和级别的学校。当时的学校分为国学与乡学两种。国学开设在都城内，专为贵族及其子弟而设，按学生的入学年龄与受教育的程度分为大学、小学。乡学设在王都郊外，按照办学地点和区域大小的不同，分为塾、庠、序、校等，塾中优秀的学生可升入乡学而学于庠、序、校，庠、序、校中的优秀的学生有机会进入国学在大学里面接受教育。

春秋战国时期是我国奴隶制社会崩溃，向封建制过渡的历史大转折时期。教育也随着政治变更的影响而发生了重大变革。各诸侯国为了增强实力，十分重视治理、军事能力的培养，以"戎与祀"为主要教学内容的官学已不能适应要求，私学应运而生，由"学在官府"变为"学在四夷"，进入官学衰废、私学兴起、学派林立、诸子争鸣的新时期。其中影响最大的是儒家、墨家、道家和法家四大学派。稷下学宫是世界上第一所由官方举办、私家主持的特殊形式的高等学府。

儒家学派对后世影响广泛深远。孔子是中国古代著名的教育家，诲人不倦地培养了大批人才，在教学中注意个性差异，善于启发诱导，创造了一套因材施教的教学方法。先秦儒家大师荀子也非常重视教育，他持人性本恶的观念，认为人本性的自私等要靠后天的教育来改变，所谓"伪"，即后天的教育。

(二)秦汉时期的教育

秦灭六国实现了对全中国的统治，进而实行"车同轨，书同文，行同伦"等一系列的措施维护其统治。"书同文"之后，为推广新文字，秦编写了《仓颉篇》《爰历篇》《博学篇》，这些课本中四字为句，因押韵便于诵记，成为汉以后供学童识字所用的标准文字范本。

秦朝时期,郡县普遍设有官学,称为学室,在学室中受教育的学生被称为弟子。按规定必须至少是史的儿子才能成为弟子进入学室,朝廷对弟子有免除兵役和徭役的优待。为了便于管理,学室还立有花名册登记弟子信息,官吏可以随时使唤他们。学室的教育主要是为了入仕,教学内容有两个方面:一是学习文化,读诵《仓颉篇》《爰历篇》《博学篇》;二是明习法令。学室弟子毕业后经过一定时期的考察和实习,合格者可被任命为史这一类较低级的官职。

秦朝朝廷对教育和知识实行垄断。焚毁了许可以外的历史书、百家书作,只留下医书、农书等技术类书籍和占卜用书。禁私学,私学规模大大萎缩。推行这些政策的极致,就是实行焚书坑儒的举措。

汉朝是我国古代教育的大发展时期。在教育思想上,从早期的允许各流派传授学说到汉武帝"罢黜百家,独尊儒术",为我国长达千年的封建统治奠定了思想理论基础。在教育体制上,汉朝建立了官学、私学并行的完备的教育体系,创办太学培养儒家人才。

汉朝的官学分为中央和地方两种。中央官学由太学、鸿都门学和宫邸学组成。太学是以传授知识、研究专门学问为主要内容的汉朝最高学府,具有大学性质。初建时,只有博士弟子五十人,后来,太学生不断增加,人数最多达三万人。太学的教师称为博士,也提供咨询,参与议政。汉朝对太学博士的选拔十分严格。博士的首席在西汉时称为仆射,东汉时称为祭酒。太学的学生称为博士弟子或弟子,东汉时称为诸生或太学生,以学习态度端正、品德表现良好的民间子弟为主,学习以自学为主,口授耳传是主要的教学方法。太学注重考试,通过者委以官职,称为学选,这种考试方法具有选拔贤才和督促学生学习的双重作用。鸿都门学是专门为皇室宗亲子弟及外戚权贵等开设的官邸学校,学生由州、郡、三公以及地方豪强等推荐,所教授的多是辞赋、小说、绘画、书法等文学艺术项目。宫邸学分为两类:一是专门为皇室及其贵族子弟创办的贵胄学校;二是以宫人为教育对象的宫廷学校。

汉朝地方官学有郡国学、校、庠、序等。设在郡国的称为学,设在县(县、道、邑、侯国)的称为校,设在乡的称为庠,设在村落("聚")的称为序。汉朝地方学校的兴办取决于地方长官的意愿,因此地方办学并不普遍。

汉朝的私学有书馆和经馆。书馆也称书舍,主要进行蒙学阶段的教育,教育内容主要为识字教育、读写训练。经馆实际上是一些学者聚集讲学的场所,比书馆高级一些。私学中教师只对从学时间较长的高业弟子传授,再由他们传授给初学弟子。

(三)三国两晋南北朝时期的教育

东汉末年战乱频发,教育环境受到重大破坏,官方的教育机构基本不复存在,民间私学成为延续教育的重要手段,规模达万人以上的私学有两家,规模超过千人的有十余家。私学中儒学仍占有重要地位,名儒聚徒讲学是私学的重要方面。

西晋初年,政治初定,官学复兴。随着九品中正制选官制度的实行,世家门阀普遍重视对子弟的文化教育,朝廷创立国子学负责教授学生,"武帝初立国子学,定置国子祭酒、博士各一人,助教十五人,以教生徒"。明确规定五品以上官员贵族的子弟要进入国子学,六品以下的庶族地主子弟则进入太学参加学习,郡县开设小学教导民众。国子学制度是在九品中正制实行后士族重视门第资格、享有政治特权在教育上的反映。它是中国于太学之外另立国子学之始,也是后世国子监的开端,直接影响着南北朝和隋唐时期的教育制度。东晋在建康建立太学,后宋、齐、梁、陈都先后在建康建立建康太学。隋朝以后,建康太学中断。

南北朝时,南朝兴建儒学馆、玄素学、史学、文学四个学馆,各自招收学生传道授业,"江左风俗,于斯为美",太学有了较大起色。虽然因为政治动荡,这些学馆存续时间不长,但这种分科教学的制度对后世产生了影响。北朝的学校教育延续较好。北魏仰慕、推行汉族文化,迁都洛阳以后,太学、国子学和四门小学并立,又开设了专门场所供皇室子弟学习。北魏还首创了在郡国设立学校的制度。

(四)隋唐时期的教育

隋朝建立后,隋文帝曾发布诏书让天下人勤于学习并要求教师认真"教训",严格考试制度,对国子学中"经明者"给予"束帛"赏赐,说明统治者对于优秀人才的需求和重视。为了加强学校的教学质量,隋朝对于教师的选拔也很重视,所选拔的地域遍及全国,所选拔的人才大多为各地的名德大儒,对于品学兼优的学者往往会破格提拔。

隋朝的学校主要有国家学校(包括国子学、太学、四门学、书学、算学)、州县学校、民间学校等类型。国子学从主管教育的太常寺中独立出来,学校的地位大大提高,成为与太常寺并列的机构。"凡国学诸官,自汉以下,并属太常,至隋始革之"说的就是这项政策。四门学是专门面向皇族和宗室子弟的学校;书学是专门学习书法的学校;算学是教授数学的学校。隋朝设立了太医署,太医署在行医同时还招收学生,有医学教育机构的作用。隋朝地方学校的建设发展也很快,"州、郡、县亦皆设学",使地方的社会风俗有了大的改观,在岭南一代兴办学校有力地推动了这一地区的开发。

唐朝继承并发展了隋朝的学校教育制度,大力发展官学,同时鼓励私人办学。唐朝的学校教育制度和科举考试制度经过百余年的经营与发展已相当完备,在我国和世界学校教育发展史上占有重要的地位。

唐朝由中央直接设立的学校有"六学""二馆"。"六学"包括国子学、太学、四门学、书学、算学、律学,直隶于国子监,长官为国子祭酒。"六学"中的前三学以学习儒家经典为主,属大学性质;后三学以学习各科专门知识为主,属专科性质。国子学招收文武三品以上高级官员的子弟;太学招收文武五品以上中级官员的子弟;四门学招收文武七品以上低级官员的子弟,也招收庶民中的俊秀青年。书学、算学是沿用隋朝旧制所设的专科学校。唐朝还增添了律学,培养熟识唐朝律令的行政官员,主要学习现行的律令,学习年限为六年。此外,因皇帝酷爱书法,唐朝朝廷专门为书法家设立翰林侍书这一职务,为太子诸王教授书法。唐朝逐步向庶民开放了这些学校,打破了南北朝以来世家门阀垄断官府学问的弊端。

"二馆"是崇文馆和弘文馆。崇文馆"太子学馆也";弘文馆归门下省直辖,负责校正图书、教授学生、参议朝廷制度及礼仪。弘文馆、崇文馆属贵族学校,收皇亲贵族高官子弟,入学年龄为14~19岁。皇族子孙另立皇族小学。

中央所设的"六学""二馆",开始学生人数为2 200人,到太宗贞观年间,扩充学舍,学生人数增加到3 200人,后来学生数量猛增,加上邻国派遣的留学生,"六学""二馆"共计8 000余人。从贞观至开元是唐朝国力最强盛的时期,也是学校最发达的时期。

唐朝还开设了太医署、兽医学、天文学、音乐学、工艺学等具有专科性质的学院。太医署内部教学制度已经十分完善，分为医、针、按摩、药等专业，教学中重视精读医经，注重实习，根据成绩和疗效来决定工作分配，采用优良的教育方法。其他各专门学院也都基本采用附属主管部门、师徒相传、理论联系实践、定期考核等方式进行教学。

唐朝各级地方也分别设立学馆，府有府学，州有州学，县有县学，县内又有市学和镇学，由地方长官直接管理。到开元二十八年（740），唐朝有328个府州，1 573个县。府学可收儒经学生50～80名，医学生12～20名；州学可收儒经学生40～60名，医学生10～15名；县学可收儒经学生20～40名。这样规模宏大而完善的学校网，在世界历史上也是空前的。

唐朝还积极鼓励私人办学，唐初的私家讲学主要是由一些名家大儒或者退休官员"聚徒教授"，教学内容主要是传授经学。随着科举制度的推行，世家门阀重视子弟教育，家学也成为私学的重要组成部分，一般由家族长辈为幼童启蒙，兄长教导幼弟，内容重视家风传承。此外私塾、蒙学也是唐朝私学的常见形式。

(五)宋朝的教育

宋朝建立后确立了"兴文教，抑武事"的国策，重用文人，广办学校培养人才，严格科举选拔人才，宋朝在文化艺术科技等各方面都取得了累累硕果。

宋仁宗改良科举制度直接促进了教育事业的发展。新的科举措施包括放宽应考条件，增加取士数量，增加防弊措施，设立殿试等。宋朝的科考分为解试、省试和殿试三试。解试由各地方进行，省试在京贡院内进行，皇帝在宫内主持殿试，凡于殿试中进士者皆即授官。南宋、北宋三百多年间共开科一百一十八次，取进士二万人以上。考试的公平使得平民入仕的机会大大增加，促进了教育的发展。

宋朝官学的规模空前，朝廷在中央设立国子监、太学、武学、律学、四门学和广文馆。中央各部门也设立书学、算学、画学、医学等专科学校。地方上设立州、县两级学校，由国家给予固定办学经费，设立学官，教师先由地方选聘，后改为聘任进士或毕业于国子监、太学的学生，教材由国家统一颁布。

宋朝各地书院式私学盛行，很多学子辗转赴学院求学，当时有学识有威望的学者如朱熹、陆九渊都喜欢在书院讲学。官方为了对私人办学进行管理，对私学"赐匾""赐书""赐学田"，给予承认，于是书院形成了私学、半官办、官办私学等多种方式。著名书院有白鹿洞书院、嵩阳书院、岳麓书院、应天府书院等，其中应天府书院最终升级为国子监，成为北宋最高学府。

南宋时期，书院愈加兴盛，从最初的单一教学场所变为集教育、教学和学术研究于一身的教育机构，成为官学之外风行的办学和上学方式。宋朝还出现了庆历兴学、熙宁兴学、崇宁兴学三次兴学运动，以改革教育制度，提高人文品质，这三次运动也取得了一定的成效。

(六)元明清时期的教育

元朝作为地跨欧亚多民族大一统的朝代，有自己不同于其他朝代的文化特点，教育制度很有特色。

元朝的官学机构充分体现了多民族国家的特点。元朝的官学机构："蒙古国子学"，

入学资格限于在朝的蒙古族人、汉族人百官等,主要学习以蒙古文译写的《通鉴节要》,兼习算术等,学成考试授官;"回回国子学",入学资格限于公卿大夫及富民子弟,主要学习"亦思替非"文,即波斯文,目的是培养财政管理官员或者翻译人才;"汉文国子学",入学资格限于大臣、世家子弟,主要学习儒家经典等。大德十年(1306),北京国子监始建,初称为北平郡学,是元、明、清三朝的国家最高学府及教育行政管理机构。

元朝在思想文化教育上比较开放自由。元朝统治者对各种思想几乎一视同仁,都加以承认与提倡,"三教九流,莫不崇奉","和会朱、陆"成为元朝理学的重要特点。元朝也允许地方自由建立学校,这一时期的书院数量远超宋朝,获得蓬勃发展。

明朝立国之初就把发展教育放在非常重要的位置,广设学校并实行"科举必由学校"的制度。

明朝国子监是由应天府学升级而来。明朝建都南京后,改学为监,称国子监。永乐十八年(1420),明朝迁都北京,改北京国子监为京师国子监,于是明朝国学有南、北两监之分。明朝开设宗学,凡是明朝宗室中年未弱冠(二十岁)的子弟及将军、中尉等爵职的子弟均可入学读书,并且安排学识丰富的长者担任教师。

明朝在全国范围内建立社学,用于15岁以下的儿童启蒙,规定府、州、县学师生享有补贴,"月廪食米,人六斗,有司给以鱼、肉"。参与启蒙教育的还有由宗族兴办的族学、私人建立的私塾蒙馆等。明朝的启蒙教育教授礼仪和基本的识字,并学习书法。经馆教授科举考试相关科目,尤其是八股取士制度之后,学子不仅要熟背"四书五经",还要学习八股文格式应试。

明朝书院的数量也显著增加。不同流派的思想可以在学院里自由探讨,是当时开明进步的学术交融方式。晚明书院的兴盛冲击了官学的地位,许多知识分子利用在书院讲学的机会传播自己的观点理论。

清朝是中国封建社会的最后阶段,定都北京后,就确立了"兴文教,崇经术,以开太平"的文教政策。

清朝入关前皇太极明确要求"凡子弟十五岁以下、八岁以上者,俱令读书",违者将对家长进行处罚,这是八旗子弟读书受教的开始。清朝入关以后仿照传统的官学制度在京师为八旗子弟设立书院,派遣国子监教习、满洲教习、蒙古教习分别在各旗书院担任教师。国子监教习讲授经学礼艺,满洲教习教导"习满文者,课清书翻译",蒙古教习负责教授蒙古语,逐渐形成了有清朝特色的旗人教育制度。清朝沿袭明朝的教育制度,承认明朝时期生员、监生、举人、进士的身份和地位,恢复南、北两京国子监,恢复科举考试制度,建立了国子监和府、州、县学的官学系统,乡镇地区兴办社学,招收乡村子弟入学,优异者可考入各地方官学。朝廷还要求地方政府兴办义学,选派教师教导家庭贫困又没有考上官学的学童。清朝地方官学和私塾共同承担蒙学任务,教导学童道德和识字。

鸦片战争以后,西方传教士在华创办教会学校,教授读写和算术,介绍西方学术。洋务派官员兴办通艺学堂"专讲泰西诸种实学",派遣学子出洋留学,引进西方教育体制等,对中国传统的教育模式产生了极大的冲击。兴办西式学堂、培养西式人才、引进西学的教学内容、建立新的教育行政管理机构等成为时代潮流。清朝朝廷被迫废除科举制度,从根本上动摇了以科举为目标的官学体系。在清朝的最后几年中,基本上形成了以初等教育、中等教育、高等教育互相衔接的新式教育制度,完全取代了旧的教育制度。

> **· 成语小故事 ·**
>
> **独占鳌头** 出自洪亮吉《北江诗话》。科举时称状元及第,现在指在竞赛中获得第一名。
>
> 宋朝科举制度最高级别的考试称为殿试,会试中选者才能参与。殿试第一名称为状元,第二名称为榜眼,第三名称为探花,合称三鼎甲。选出三鼎甲后,宣旨唱名,称为胪传。胪传毕,由赞礼官引状元、榜眼向前行至殿下(天子座前的阶梯)迎接殿试榜,到达殿前之后,状元稍稍往前站一点,一人独站在中殿石的鳌头上,所以俗称状元及第为独占鳌头。

第二节 广学崇儒开书院

一、书院制度

书院是中国古代在私学的基础上产生的一种卓有成效的教育组织机构,它在组织形式、经费来源、教学活动等方面都有显著特色。从唐朝开始到清末为止,在历史长河中,中国传统书院存在了上千年,培养了一批批中华英才,也为知识在民间的薪火传播立下了不朽的业绩,为中国教育史写下了光辉的篇章。中国传统书院制度的形成发展大致可分为雏形阶段、勃兴阶段、官学化阶段、繁荣阶段、衰落改制阶段五个阶段,每个阶段的发展有其特定的历史背景、功能和特点。

(一)雏形阶段:唐、五代时期

书院的名称最早见于唐玄宗年间。唐初,官府曾进行了大规模的图书征集活动,开元十一年(723)、开元十二年(724),唐玄宗先后在京师长安光顺门外与东都洛阳明福门外设置丽正书院,开元十三年(725),将丽正殿书院改为集贤殿书院,用以"掌刊缉古今之经籍,以辨明邦国之大典"。集贤殿书院是官方校刻、收藏古书的机构,负责为皇帝提供高质量御用读本,类似皇家图书馆的性质,并不具备教育机构的功能。

唐朝末年社会动荡,官学衰微,同时随着社会文化的发展,私人藏书日渐丰富,士子文人常常避世山林,聚集读书,交流学问,逐渐形成追随学者左右,以藏书馆为中心的讲学、求学机构,被称为书院。至五代,南都学舍(应天府书院前身)、太乙书院(嵩阳书院前身)、龙门书院等的出现标志着作为教育机构的书院正式登上了历史舞台。

(二)勃兴阶段:宋朝

书院的兴盛和制度化是在宋朝。宋初政治安定,兴文教是宋朝的基本国策,读书进

学之风大盛,但因为历经战乱,官学规模有限,无法满足士子百姓的需求。宋朝在兴办官学的同时,大力鼓励书院作为私学补充渠道发展,不断地赐书、赐额、赠田、赠屋,多所书院先后获此殊荣,扩大了书院的社会影响力,出现了闻名于世的"四大书院"。关于"四大书院"有多种说法,本书根据王应麟《玉海》所载,指白鹿洞书院、岳麓书院、应天府书院和嵩阳书院,此外石鼓山书院、茅山书院也很有名。但宋初官学和书院的发展依然不能满足人才的需求,于是,朝廷相继发动了三次兴学运动,分别是范仲淹主持的庆历兴学、王安石主持的熙宁兴学、蔡京主持的崇宁兴学。三次兴学都是以改造官学为目标,朝廷把文教政策的重点放到了全力兴办官学上面。这期间,官学规模和办学条件都有很大提高,吸纳学生的数量和对士子的吸引力都大大增强。同时,朝廷对书院私学采取了不闻不问的态度,书院一时沉寂下去。

书院的真正兴旺发达是在南宋。一方面,因为国力衰微,政局动荡,南宋朝廷已经没有实力继续大规模、高规格兴办官学,只好又支持私人书院的发展。而随着官学的衰落,很多读书人对官学的办学教学水平失望,也转而投向书院。书院成为当时主要的教育机关,制度完备,特色鲜明,影响巨大。另一方面,南宋学者大多研究理学,南宋书院的兴盛始终与理学的发展传播联系在一起。南宋书院重新勃兴的标志就是朱熹重修白鹿洞书院,并为白鹿洞书院定下教规《白鹿洞书院揭示》(又称《白鹿洞教条》或《白鹿洞学规》),它包括五教之目、为学之序、修身之要、处事之要、接物之要,后来成为各书院的标准院规,是我国学院教育制度化的重要标志。朱熹后来又修复和扩建了岳麓书院。两所著名书院的修复起了良好的示范作用,著名的理学家陆九渊在象山书院讲学,丽泽书院为吕祖谦讲学之所,后人称道的南宋"四大书院"都是理学家讲学的重地。

(三)官学化阶段:元朝

元朝统治者对书院经历了由保护到鼓励,由创办到控制的政策变化,最终,元朝的书院相比前朝明显地官学化:元朝以前书院基本是私人创办,而元朝创办的书院一半以上是官方创办。对私人书院,元朝朝廷也提供各种物质支持,但与此同时,控制也加强了,书院主持人由朝廷派员担任,与官学一样受各级官府的管辖。元朝最早的书院为1236年建立的太极书院(纪念北宋理学家周敦颐)。到了1291年,元世祖下诏鼓励书院发展,根据各种史料估计,元朝书院极盛期可能有上千所。元朝书院对促进南北学术交流和理学发展都起到了积极的作用。

(四)繁荣阶段:明朝

明建朝后大力发展官学,明初百年间,书院渐渐冷落直至大半荒废,直到成化年间,官学弊病丛生,部分有远见的读书人一边强烈要求朝廷采取措施,一边着手修复书院讲学。至正德年间,心学兴起,王守仁与湛若水等理学大师到处讲学,所到之处必建书院,明朝书院进入极盛时期。嘉靖后期开始,朝廷担心书院失去控制,又因党争激烈,先后发生过四次禁毁书院之事,尤其以魏忠贤禁东林书院最为激烈,自此以后,书院官学化的趋势进一步发展。明朝书院的兴盛伴随着心学的发展,在王阳明的直接倡导和亲身实践下,讲会制度的完善成为明朝书院的重要特点。

(五)衰落改制阶段:清朝

清初,朝廷为了维护其统治秩序,于顺治九年(1652)下诏除原有的书院以外,"不许别创书院,群聚徒党,及号召他方游食无行之徒,空谈废业",对书院实行抑制政策。到了雍正十一年(1733),允许各省兴办书院,但只能官办,以习八股为业,为科举服务。之后,清朝书院的数量逐渐增加,最终数量为空前的三千多所,很多边远省份都设立了书院,为文化的传播做出了贡献。后期也有商人出资建立书院,体现了社会的发展。但总体来说,清朝的书院绝大部分是科举制度的附庸,缺乏宋、明两朝的积极思想意义。鸦片战争后,受社会环境的影响,书院发生了很大变化,开始设置近代自然科学和社会科学的课程,最后在光绪二十七年(1901)全部改为新式学堂。

二、中国古代著名书院

(一)白鹿洞书院

白鹿洞书院位于庐山五老峰下,是中国"四大书院"之一。相传该处为唐人李渤兄弟隐居读书之处,因李渤曾养一白鹿自随而得名,自五代起就是学者自建的读书讲学之地,南唐时建成庐山国学,宋初因皇帝赐九经给书院而改名白鹿洞国庠。白鹿洞书院从自置田产、自备藏书到提供食宿、聚徒讲学直到获得朝廷钦赐,代表了我国早期传统书院的典型发展历程。

南宋淳熙六年(1179),理学家朱熹出任知南康军,看到毁于北宋末年兵火的书院废墟,决定修复白鹿洞书院,亲自讲学,确定了书院的办学规条和宗旨,并奏请赐额及御书,苦心经营。朱熹所定《白鹿洞书院揭示》是书院建设纲领性的规章,对书院教育的制度化、规范化起到了决定性的作用。传统书院的特色本就是教学和学术研究相结合,朱熹主持白鹿洞书院期间,不再以以往经学的训诂考证等为主要内容,而是重在义理德行等理学思想,鼓励学术讨论,问疑质难、讨论争辩成为白鹿洞书院的传统,并一直延续下去,同时也影响了南宋直至明朝的其他书院。朱熹非常重视学术交流,尽管他与陆九渊学术体系不同,依然请陆九渊到白鹿洞书院讲学,并且将陆九渊的讲义刻石永存,这也开启了后代书院的会讲之风,对中国传统的学术研究与交流起到了巨大的推动作用。

(二)东林书院

东林书院创建于北宋政和元年(1111),为北宋理学家程颢、程颐的弟子杨时曾长期讲学的地方。杨时是北宋理学南传的重要人物,东林书院为宋朝理学在我国东南地区主要传播活动中心。

东林书院曾一度荒废,直到明朝万历三十二年(1604),由顾宪成等人重新修复书院并在此聚众讲学。当时在东林书院讲学的顾宪成、顾允成、高攀龙、安希范、刘元珍、钱一本、薛敷教、叶茂才时称"东林八君子",他们倡导"读书、讲学、爱国"的精神,忧国忧民,敢言直谏,"讲习之余,往往讽议朝政,裁量人物",以程朱理学为宗,反对放诞任性的王学末流,主张志在世道、躬行实践,反对空发议论、脱离实际,引起全国学者普遍响应,大批志同道合人士聚焦于东林书院,"学舍至不能容"。东林书院不仅成为江南地区人文荟萃的学术中心,而且成为主要的国事舆论中心和政治活动中心。东林书院因坚持议政之风,招致权贵忌恨。宦官魏忠贤当政期间政治腐败,屡兴冤狱,制造了东林党案,公开追捕东林党人,限期拆毁书院,最终竟至焚毁全国书院,成为书院历史上一段血雨腥风的黑暗岁月。

东林党领袖顾宪成曾撰有"风声雨声读书声声声入耳,家事国事天下事事事关心"之名联。上联将读书声和风雨声融为一体,风雨声既是对自然环境的描写又暗喻国事飘摇,下联表达了"修身、齐家、治国、平天下",以天下为己任的雄心壮志。这副对联对仗工整,叠字清脆如书院琅琅读书声,被广为传诵。

中国传统书院具有鲜明的特色,它是以私人办学为主的,建立在民间藏书基础上的,既是教育组织又是学术研究组织的一种办学机构。首先,传统书院建立之前或之初都要广收藏书,为中国古典书籍的收集、整理、研究、流传做出了巨大贡献;其次,传统书院教学和学术研究相结合,书院的主持人大多是有名的学者,所聘请的教师也大多学有所成,讲学的内容就是自己的学术成果,因此,书院在宋、明两朝与理学、心学的发展紧密联系,是当时儒学发展不可缺少的社会环境,在其他时期也促进了儒学的发展与传播;再次,书院办学方式开放、灵活,讲学、听讲者不受地域和学派的限制,书院正常的教学以学生为主体,鼓励学生大胆质疑、独立研究,还形成一套制度,定期举办讲会,共同研讨学术上的问题,形成新的学术风气,对后代影响深远;最后,传统书院的教规制度是中国教育制度化的重大发展,而各书院都非常重视的祭祀制度是传统书院继承礼乐文化和伦理道德文化的重要措施,反映了书院崇德重道的育人理念。总之,中国传统书院不仅是教书育人的场所,还承担着传播学术文化传统、重振伦理道德文化的重任,从五代末期至清朝成为中国文明发展、传播的重要基地。书院制度是中国教育文化的重要遗产,值得我们在教育现代化过程中认真学习与总结。

• 成语小故事 •

名山之席 出自严复《道学外传》。因为中国传统书院多建于山中,所以书院负责人称为山长,又因书院多位于风景秀美的名山,所以山长又被称为名山之席。

中国传统书院最初是以私人的大量藏书为依托,读书人聚集互相交流研讨、拜师学习或授徒的场所,后来发展成中国古代教育体系中重要的组成部分。书院的职事和组织系统围绕教学、研究、书籍管理和整理展开。山长是书院主持人,负责书院教学管理;堂长有的是山长的别称,有的指山长的助理;学长在书院负责某专项工作,有时指某门学科的任职教师,有时指书院教务行政的主管,类似今天的教务处长,有的指书院的学生主管;会长、斋长类似今天从学生中选出的助教,负责协助山长评阅试卷和从事教学、行政、日常生活的管理工作;讲书负责讲解经书;经长由优秀学生担任,负责协助讲书、解析、答疑;监院为地位次于山长的书院职事,主要负责书院的行政、财务及督察学生;掌祀负责祭祀活动;掌书负责管理图书;书办负责书院各种行政文书和卷宗、档案。

思考与实践活动

大学之大,在学与思

一 背景资料

(一)程门立雪

《二程外书·卷十二》:"游、杨初见伊川,伊川瞑目而坐,二子侍立。既觉,顾谓曰:'贤辈尚在此乎?日既晚,且休矣。'及出门,门外之雪深一尺。"

《宋史·杨时传》:"(杨时)见程颐于洛,时盖年四十矣。一日见颐,颐偶瞑坐,时与游酢侍立去。颐既觉,则门外雪深一尺矣。"

宋朝学者杨时和游酢原先以程颢为师,程颢去世后,他们去找程颐继续求学。二人初次到嵩阳书院拜见程颐,不巧正遇上程颐闭目养神。这时,外面开始下雪。两人求师心切,便恭恭敬敬侍立一旁,不言不动,如此等了大半天,程颐才慢慢睁开眼睛,见杨时、游酢站在面前,很是吃惊。此时,门外的雪已经一尺多厚了。

(二)宋濂苦学

《送东阳马生序》:"余幼时即嗜学。家贫无从致书以观,每假借于藏书之家,手自笔录,计日以还。天大寒,砚冰坚,手指不可屈伸,弗之怠。录毕,走送之,不敢稍逾约。以是人多以书假余,余因得遍观群书。既加冠,益慕圣贤之道。又患无硕师、名人与游,尝趋百里外,从乡之先达执经叩问。先达德隆望尊,门人弟子填室,未尝稍降辞色。余立侍左右,援疑质理,俯身倾耳以请;或遇其叱咄,色愈恭,礼愈至,不敢出一言以复;俟其欣悦,则又请焉。故余虽愚,卒获有所闻。"

宋濂是元末明初的政治家、思想家、文学家。他是个在逆境之中走出的人才,勤学苦读,终成大器。即便遇到老师面露不悦,宋濂仍是谦逊恭敬,始终保持求学的姿态,尊师重教。

二 活动内容

(一)职业素养:勤勉敬业

生活在大学校园里,你的身边一定有这样的同学:

他,不爱学习,调皮捣蛋,上课玩手机、吃零食、聊天、睡觉,或者直接逃课,认为上课无用,还不如打打游戏,分数他更不在乎,甚至会嘲笑那些认真听课、努力学习的同学。

他,努力勤奋,一丝不苟,大学期间舍弃很多玩乐,考了很多证书:雅思、报关员、会计证……忙忙碌碌的,可是临近毕业找工作时,却突然感觉很迷茫,不知道自己毕业后要干什么,不知如何是好。

他,按部就班,实习实践,但是今后想从事的是另一个专业的工作,于是毕业投简历时发现:实践经历没法写。

他……

请结合本章所学中国古代教育制度的内容,重温古人勤学苦读的精神,对比当今我国教育制度,结合自己的大学生活实际情况,组织一次辩论赛。辩论主题围绕以下两个问题自行设计:

(1)大学书本知识与实践经验哪个更重要?

(2)考证压倒一切是否值得?

(二)素质提升:志向高远,勤奋好学

教育是国之大计,党之大计。教育兴则国家兴,人才强则国家强。伴随着全球经济、信息技术的快速发展,为了提高我国的软实力,为了实现中华民族的伟大复兴,加强德育工作,提高全民道德文明素养,已成为我国教育战线面临的一项重大而紧迫的战略任务。

请大家结合自己和身边事例,理解我国当前教育制度,以及加快推进教育现代化、培育创新人才、建设教育强国的紧迫任务,思考自己今后的成人成才之路,做好整理,在班级内分组讨论。

第九章

睦邻里仁——中外文化交流

第一节　古代中外文化交流

一、古代中外文化交流的特点

纵观世界各民族文化的发展历史，只有不断进行不同文化之间的交流、借鉴和融合才能保持生命力。不发展、更新，封闭的文化必然走向僵化停滞。中华文化本身就是在几千年的发展过程中，以华夏民族为主体的中华民族中不同地域、不同民族的文化长期交流融合的结果，因此在历史上绝大部分时期，中华文化都具有兼容并蓄的博大胸怀和生生不息的生命活力，在频繁的文化交流中不断发展，对世界文化有特别重要的影响。中外文化交流史是中国文化和异域文化认识、交流和互相影响的历史，具体来说，表现在物质科技交流、文化与精神生活方式交流两大方面，交流渠道主要是国家及民族间的贸易、外交、战争或人民的迁徙和交融。

从司马迁的《史记·大宛列传》开始，历朝正史中都有"西域""南海""东夷"等列传，这是最早关于中外交往的记载。因为中国文化在漫长的古代一直处于先进地位，所以，古代中外文化交流呈现出一定的单向辐射性，特别是在东亚文化圈内。另外，外部的宗教文化对中华传统文化的巨大影响也不容忽视。

二、古代中外文化交流历程

古代中外文化交流按进程特点可分肇始时期、发展时期、繁荣时期、碰撞融汇时期四个时期。

(一)肇始时期：先秦时期

我国与异域文化的交流可能很早就开始了，大约在公元前6世纪，即我国的春秋战国时期，中外文化就已经有了交流。

在距今五千年前的红山文化遗址中已经发现造型类似西方维纳斯的陶制塑像。公元前5世纪，古希腊巴特农神庙中的命运女神雕像已经穿上从中国传去的丝绸衣物。这一时期，古波斯、古印度和古希腊的典籍中已经有对中国的明确记载，古希腊把中国称为"赛里斯"，意为"产丝之国"。

先秦时期，我国的对外交流主要是通过陆路交通，出现了中西交通历史上最古老的通道——斯基泰贸易通道，又称为草原之路。草原之路东起黄河流域，经内蒙古草原，过阿尔泰山，沿天山北麓，通向中亚和南俄草原，它是斯基泰游牧民（古代中国称其为塞人）在充当东西商业贸易的中介者过程中逐渐踏出的横贯东西的草原大道，是后来称为丝绸之路的东西贸易通道网络的原始基础，这条路将古老的中国与中亚、俄罗斯甚至古希腊城邦联结了起来，使中国文化跟世界其他区域的文化产生了密不可分的交流。

(二)发展时期：秦朝至南北朝

这一时期是中华文化与异域文化的交流有重大发展的时期。从交流区域看，中外文化交流区域更加广泛，除了中西文化交流进一步密切以外，中国跟东亚各民族的交流也进入重要时期；从交流内容看，随着中外贸易交流进一步加强，中华文化对东亚各民族产生重要的物质精神文化辐射。

此时我国与西域的贸易往来进一步加强。所谓西域，广义上指的是通过葱岭（包括今帕米尔高原、西昆仑山、喀喇昆仑山、兴都库什山）所能达到的广大地区，包括中亚、西亚、南亚、印度半岛、欧洲及北非等地。汉朝张骞出使西域，开辟了从河西走廊的敦煌经天山南、北路，越过葱岭至中亚的交通路线，使东西交流更加便利，中国的丝织品等可以从安息（帕提亚王国，位于今伊朗）转运到西亚和欧洲的大秦（罗马帝国），这就是有名的丝绸之路。

西汉鎏金铜蚕

秦汉时期，中国的造船技术更加发达，东汉末年已经可以使用风帆。班超在西域三十一年，治军施政，重建了汉朝在西域的政治势力，他还派副使甘英出使大秦，甘英到达了安息西境，行至波斯湾而还，中西交通要道复通且伸延至古波斯，东、西方的船队可以分别抵达古罗马和中国，意味着横贯亚、非、欧三大洲的东西方海上大动脉——海上丝绸之路正式形成，从此中西交流史揭开了崭新的篇章。

秦汉到南北朝时期，中西文化交流是多层次的，在中国境内陆续出土的西方金币印证了这一时期中西贸易的繁盛。在艺术领域，多种文化交汇的现象非常鲜明。中国在东亚国家中的文化中心地位逐渐形成。

根据史书记载，中国和朝鲜半岛的交流可以追溯到商朝的箕子。相传商朝灭亡后，箕子曾入朝鲜半岛建立侯国，史称箕子朝鲜，把中国先进的技术和文化带到了朝鲜半岛。从战国末年到汉初，不断有中国人为避祸迁徙至朝鲜半岛，奠定了进一步交流的基础。三国时期开始,朝鲜半岛上几乎每一位国王都受到当时中国封建王朝的册封,使节来往不绝;中国的铸铜和制漆工艺传到朝鲜半岛;朝鲜半岛上的居民开始使用汉字,学习中国古代的经典典籍;三国两晋南北朝时期,佛教、道教等从中国向东传入高句丽、百济、新罗,朝鲜半岛深深地濡染了汉文化。

(三)繁荣时期:唐朝至明朝初期

唐宋元明是中国封建社会繁荣发达的时期,中华传统文化的各个方面都得到了高度发展,特别是元朝短暂的跨欧亚的统一给中外交流带来了极大便利。总体来说,这一时期的对外交流繁荣活跃,波斯、阿拉伯的使节和商人大量来中国,陆海并举,双向交流。

唐朝在当时世界上处于先进地位,是世界性的文化和经济交流中心,大量外域使节、商人、文化交流使者来到中国,唐朝首都长安成为中外文化汇聚之处。

唐朝中日之间的交流以官方为主,日本向中国派遣了大批遣唐使,学习内容以政治制度为主,日本据此实行了大化改新,同时,这些遣唐使在中国长期生活,深入地了解学习了唐朝的精神文化内容,如语言、文字、诗歌、雕塑等。他们回国之后,带回去的文化产物对日本文化产生了深远影响。宋元明时期,中、日两国之间的交往深入到民间往来,通过航海甚至战争进行的海上商品贸易发展起来,精神文化的影响进一步加深。总之,这一时期的中日交流以中国文化输出为主,日本通过全面的学习吸收,改造了日本民族特色文化。

唐宋时期丝绸之路更加发达,陆上丝绸之路支线增多,海上交通远胜前代,中国海上船舶西行可直至波斯湾、红海,最远曾达埃及的福斯塔特和东非的基瓦尔。中国陶瓷经由海道开始大量外销,海上丝绸之路被称为陶瓷之路,宋朝制瓷业已经成为中国文化的又一个象征。科技、文化方面,中国的炼丹术、指南针、造纸术西传,是西方近代文明兴起的前提和基础;宗教方面,中国化的佛教——禅宗大放异彩,伊斯兰教、景教、印度教和犹太教等都在兼容并蓄的中华文化里立足;艺术方面,宗教绘画和雕塑、少数民族舞乐风靡全国。

唐朝八瓣团花纹描金蓝琉璃盘

元朝至明朝前期是中外关系史上的高峰。中国与欧洲之间增加了很多直接交往,元朝建立以后,对各文明之间的交流也采取了兼容并蓄的开明态度,元朝很注意对海陆丝绸之路的维护,在泉州等地开设了专门掌管对外贸易的市舶司,甚至任用外国人为地方长官等,这些措施反映了当时中西交流特别是贸易之繁荣。西欧的商人、传教士和使者陆续来到中国,《马可·波罗行纪》向西方描述了古老、神秘、富裕的东方,罗马教廷也开始派传教士在中国正式传教,元朝的使者也抵达欧洲接受教皇的接见。元朝时期,跟中国有交流的国家地区已经过百。

明朝前期中外交流史上最伟大的壮举就是1405—1433年的郑和下西洋。郑和率领船队七次远航,遍访东南亚、南亚、西亚等地,直抵东非海岸,历经三十多个国家和地区,在所到之处传播中国文化及中国对世界的善意,架起通商友好的桥梁,成为中外贸易往来及文化交流史上的盛事。之后,各国使者不断来华,中国的海外移民人数也明显增加。郑和下西洋结束约半个世纪之后,西方终于打通了通往东方的新航路,从此,世界文化交流史掀开新的篇章。

(四)碰撞融汇时期:明朝中晚期及清朝

新航路打通之后,首先带来的是贸易的繁荣,当时欧洲各国正处于殖民扩张阶段,西班牙、荷兰和英国等各国商人大批来华,中国瓷器、丝绸、茶叶、香料等商品大量输入欧洲。这一时期,欧洲大陆还兴起了宗教改革运动,为抗衡新教、壮大旧教(天主教)势力,以耶稣会为代表的旧教教会纷纷前往亚洲传教,文化之间的冲突和交融成为历史的必然,而传教士充当了重要的桥梁作用。一方面,他们将西方先进的科学文化知识传入中国,使中国知识界对"西学"有了初步的了解,中国传统的科学开始发生变化;另一方面,他们又把中华传统文化介绍给欧洲,在欧洲特定时期被创造性地理解,一时兴起了"中国热",东西方文化的接触和交流对于各自社会的发展都起到了很大的促进作用。

以利玛窦为代表的传教士在传教的同时,把科技也传到了中国。他们传播大都是当时欧洲流行的古典科学和近代技术,在天文历法、数学和地图测绘等方面表现得较为突出,在传播这些知识的同时他们也传播了近代科学方法,如科学实验的方法、数学语言、绘画透视技术等,对中国传统重内省、凭直觉、轻视逻辑思维的思维方式是一次大的冲击,深刻地震撼了一部分有前瞻眼光的士大夫,冲击了长期以来的华夏中心主义,促使中国知识界开始面向世界、认识世界。

利玛窦等传教士在传教期间源源不断向教廷和本国发回有关中国状况和中国传统文化的报告,翻译汉语书籍,对中国做了文化上的深层次探讨,向欧洲开启了一个新的世界,显示了一个新的民族。特别是17世纪80年代后,大批法国传教士来华,传教之余,还奉命进行学术交流,对中国的科技文化进行深入探讨,中国的中医学等在此时也进入了西方的视野,从此法国成为中华传统文化西传的中转站,推动了当时欧洲社会崇尚中国文明的热潮。中国风格在欧洲流行一个世纪之久,还激起了当时欧洲思想家对中国文化的无限想象和富有创造性的误读,中国的一整套维护封建专制制度的学说被移植到欧洲之后,竟然成了批判欧洲专制制度及宗教权威的武器,为欧洲启蒙学说提供了充满理性精神的思想资源,在客观上间接促使了启蒙运动的发展。

• 成语小故事 •

火中取栗 出自17世纪法国寓言诗人拉封丹的寓言《猴子与猫》。比喻为别人冒险,徒然吃苦而得不到好处。

《猴子与猫》讲述了一只猴子和一只猫看到农家院中正在炒栗子,猴子就叫猫趁主人不在场时去烧着火的锅里拿栗子,猫忍着烫把栗子一个一个拿出来,猫爪上的毛被火烧掉了,而栗子却全被猴子吃了。

第二节　海波驼铃丝绸路

1877年,德国地质学家、地理学家李希霍芬出版《中国:亲身旅行的成果和以之为根据的研究》一书,书中第一次把从中国中原地区,经新疆而抵中亚的陆上通道称为"die seidentrasse",翻译成中文就是"丝绸之路"。1910年,德国历史学家赫尔曼在论文《中国和叙利亚间的古代丝绸之路》中对丝绸之路做了进一步的文献考察,并将这一考察延伸到地中海西岸和小亚细亚半岛。于是丝绸之路之称至此因得到广泛认同而正式确立。随着对中西交流的进一步研究,丝绸之路所指范围逐渐扩大,一般还包括草原丝绸之路和海上丝绸之路。

一、丝绸之路的发展历程

(一)草原丝绸之路兴起

中西方的早期古籍里面都有关于中西方交往的记载,虽然与神话传说混杂难辨,但仍能够折射出远古时期中西方交往的零星片段情况。在河南汲县战国魏襄王墓中出土《穆天子传》中就记载了周穆王西巡的故事。传说周穆王时,犬戎势力扩张,阻碍了周和西北方部落的来往,于是周穆王西征犬戎,驾八骏西巡天下,自宗周北渡黄河,逾太行,经祁连山至西王母之邦,又至"飞鸟之所解其羽"的"西北大旷原",直至取道伊犁河,经天山北路东归回国。行程三万五千里,打开了通往大西北的草原之路。周穆王在昆仑山北麓盛产名玉的群玉之山大量采购玉石作为沿途馈赠之礼,每到一处就以丝绸、铜器、贝币等馈赠给各部落酋长,各地酋长也向他赠送大量马、牛、羊和酒。《穆天子传》所记载的这条通道大致与塞人西移的路线吻合:天山北路被称为草原路,天山南路被称为绿洲路,草原路和绿洲路是当时中西交通的要道,也是最早的东西方交流通道,被后世称为草原丝绸之路。传说中的西王母之居地代表西方极远之处,西王母可能就是塞人部落首领。

中国是6世纪前世界上唯一饲养家蚕和织造丝帛的国家。春秋战国时期,我国的丝织工艺已经非常发达,丝织品已经有提花文绮、绫罗、织锦、彩锦、锦绣等众多种类。这些精美绝伦的丝织品是春秋战国时期中西交换贸易的重要内容,以塞人为代表的草原游牧部落在公元前6世纪至公元前3世纪时充当了中国丝绸的中间商和贩运者,他们打开的草原丝绸之路贸易通道连接了中国和遥远的希腊。公元前5世纪,中国丝绸已成为希腊上层人物喜爱的服装。

(二)丝绸之路的正式形成

西汉初年,匈奴控制河西走廊和西域地区,割断了中国内地与西域各地、各国的贸易交通。汉武帝于建元二年(前139)派张骞出使西域,联合大月氏夹击匈奴。张骞是我国历史上第一个由朝廷派遣出使西域的使者,为中西交通畅通做出了巨大贡献,史书称张骞出使西域为"凿空",指张骞开辟了中原和西域的通道。

微课
丝绸之路

张骞出使西域之后，中国同西亚和欧洲的通商关系迅速发展起来。中国的丝绸和丝织品，从长安往西，经河西走廊，运到安息，再从安息转运到西亚和欧洲的大秦。这就是有名的丝绸之路，又称为陆上丝绸之路，从西汉时期开始相对稳定下来，成为中国和西域各国的通商、通使之路。

汉朝的丝绸之路分为南、北两道。丝绸之路的东段从西汉首都长安（今西安）或东汉首都洛阳，经陇西或固原西行至金城（今兰州），再通过河西走廊的武威、张掖、酒泉、敦煌四郡，出玉门关或阳关，穿过白龙堆到罗布泊地区的楼兰。北道从楼兰至渠犁（今库尔勒）、经龟兹（今库车）、姑墨（今阿克苏）到疏勒（今喀什）。南道从楼兰至鄯善（今若羌），经且末、于阗（今和田）、莎车到疏勒。

南、北两道抵达疏勒后进入丝绸之路的西段。从疏勒西行，越葱岭可至大宛（位于今费尔干纳盆地）、大夏（位于阿姆河上游）、粟特（位于今乌兹别克斯坦和塔吉克斯坦境内）、安息，最远可到大秦。也可以选择从疏勒出发，越皮山向西南方向行，过县度（今塔什库尔干），经罽宾（位于今喀布尔河下游及克什米尔一带）、乌弋山离（位于今阿富汗），至条支（位于今伊朗布什尔港附近）或转海路达波斯和罗马等地。

三国初期在北道北边形成了另一条交通要道，丝绸之路正式形成南、中、北三道：南道在塔克拉玛干沙漠南缘；西汉时的北道改称中道，在塔克拉玛干沙漠北缘；北道在天山以北，过天山后基本上循草原和河流而走，又被称为草原道。

隋朝裴矩的《西域图记》正式列丝绸之路为三道：北道通向伊丽河（今伊犁河）、碎叶（位于今吉尔吉斯斯坦阿克·贝希姆废墟），西行可直达黑海、地中海之滨；中道主要通向中亚各国和波斯；南道通往阿姆河以南各国及北印度。

丝绸之路经河西走廊到达新疆后分三路：北道经伊吾（位于今哈密）、北庭（位于今吉木萨尔）到乌鲁木齐，然后经过石河子、阿力麻里（位于今霍城）、伊犁，抵达黑海沿岸；中道经吐鲁番、焉耆、轮台、库车、温宿、喀什，翻越帕米尔高原抵达地中海；南道经楼兰、若羌、且末、于田、莎车，过阿姆河抵达伊斯坦布尔。

张骞两次出使西域，了解了西域各国的地理、物产、军事知识，并与西域很多国家第一次建立了正式的外交往来关系，之后官方对外贸易迅速发展，丝绸之路沿途繁荣发展。我国的丝绸、漆器、竹器、铁器、金银器，以及炼钢、打井技术和先进的农耕经验沿着这条路大量传向西域，以丝绸贸易为主的对外贸易促进了汉朝丝织业和丝织技术的发展，也推动了社会经济的发展。品种优良的西域马匹成为汉朝官方指定贸易对象，输入中国后促进了中国经济、军事的发展。另外，大量的西域瓜果、蔬菜、豆类、香料等流入中国，大大丰富了中国人民的物质生活。

汉朝和大秦作为当时分据东西方的庞大帝国，也希望能够绕开西域各国直接取得联系。班超曾经派遣甘英西行出使大秦，由于安息的阻挠，甘英没能成功抵达大秦。之后，大秦皇帝派遣使者于延熹九年（166）抵达汉朝，最终双方在探索过程中开辟了横跨大洋的海上丝绸之路。

（三）丝绸之路的极盛时期

唐朝国力强盛，对外保持宽容开放的态度，中外贸易往来繁荣，文化交流频繁，长安成为世界经济、文化交流中心，各国的使节、商贾、学生、艺人汇聚于此，丝绸之路在这一时期达到繁荣的顶峰,是当时世界上最长的"大陆桥"。其中最长的一段由长安通往君士坦丁堡,横跨亚、欧、非三大洲。

唐朝在汉朝以来的南、北、中三道丝绸之路以外,又开辟了两条新的路线:一路由龟兹经姑墨、温宿、勃达岭(今别迭里山)、热海(今伊塞克湖)南岸,到碎叶和怛罗斯(今哈萨克斯坦江布尔城);另一路出庭外(今吉木萨尔),经青海军(今沙湾束)、黑水守捉(今乌苏)、弓月城(今霍城),到碎叶和怛罗斯。两路汇聚怛罗斯以后,再向西行,可达西海;向南则经过石国(位于今乌兹别克斯坦塔什干)、康国(位于今乌兹别克斯坦撒马尔罕),可到波斯和大食(阿拉伯帝国)等地区。

唐朝丝绸之路的繁荣发达离不开唐朝的精心维护。唐朝出于对外政治威望与经济交流的考虑,十分重视对边疆区域特别是丝绸之路的经营。当时,北方草原上游牧民族东突厥、西突厥势力强大,他们截断丝绸之路,支持高昌劫掠来往商旅和使者,严重威胁了唐朝的对外交流。贞观四年(630),唐军击败了连年侵扰的东突厥军。贞观十三年(639),唐太宗出兵高昌,次年在该地设都护府,后又迁至龟兹,扼守天山南路交通要道。长安二年(702),唐朝在庭外设置北庭大都护府,掌控了天山北麓的交通枢纽,保证了丝绸之路的安全与繁荣,龟兹和庭外分别成为南疆和北疆的政治、经济、文化中心。唐朝还将丝绸之路由朝廷支持转为朝廷直接经营管理,从河西走廊到天山西北,丝绸之路上官方建造设施齐备,商旅通行条件大大改善,除了驿馆之外,沿途均有驻军,兼事屯田,开发土地,生产粮食。

沿着这条繁荣而安全的丝绸之路,中国和西方各国的商旅、使团络绎不绝。丝绸之路在当时承担了世界历史发展主轴的重任,科学技术、文化艺术都通过这条道路交流融汇。农业方面,西方的农作物被陆续引进中国;工业方面,中国的造纸术传到西方,西域的葡萄酒技术传入中国;文艺方面,隋唐的音乐舞蹈受西域影响很大;宗教思想上,通过丝绸之路,祆教、景教、伊斯兰教都传入中国,与之前传入的佛教一起进入民间。

很多文物能够表现出当年中西文化之间碰撞的猛烈:这一时期很多丝织物为了满足顾客的需求,采用了中亚、西亚流行的花纹;新疆发现的西域壁画中有穿着希腊式衣服的妇女形象;敦煌壁画生动地展现了中原画风与西域甚至欧洲等多种绘画风格互相渗透、融汇的过程等。这些文物表明隋唐时期的丝绸之路造就了中外文化空前的大交融,对中华传统文化以及世界文明的发展都产生了不可忽略的重大影响。

(四)丝绸之路由陆上向海上转移

微课
海上丝绸之路

唐朝安史之乱以后,国力衰退,政治动荡,唐朝失去了保卫丝绸之路安全的政治、经济和军事实力,陆上丝绸之路因而由极盛转向衰落。南宋时期整个王朝迁至长江以南,带动江南迅速繁荣,经济、文化、科技水平全面超越北方地区,加之军事实力羸弱,宋朝与中西亚及欧洲的交流主要依靠海上丝绸之路。

海上丝绸之路又称为陶瓷之路、香料之路,是古代中国与外国交流往来的海上通道。海上丝绸之路形成于秦汉时期,是已知最古老的海上航线,在陆上丝绸之路之前已有了海上丝绸之路。它主要分东海航线和南海航线:东海航线分别由登州(今蓬莱)或扬州等地起航而达日本;南海航线以南海为中心,起点主要是徐闻、番禺(今广州),经马六甲海峡至天竺(今印度)及大食、大秦等地,又称南海丝绸之路。

海上丝绸之路起源很早,据考证,距今三千至五千年期间,惠阳平原已经形成以陶瓷为纽带的贸易交往圈,并通过水路将其影响扩大到沿海和海外岛屿。先秦时期,岭南先民已穿梭于中国南海及南太平洋沿岸,文化影响已间接波及印度洋区域。南越国期间,番禺、徐闻已经是重要的对外贸易港口,这一时期的对外交往和贸易为海上丝绸之路的形成奠定了基础。秦朝对岭南地区进行了有效的管理,凿灵渠,建郡县,使番禺地区成为连接内地和海上贸易的中心地区,为汉朝海上丝绸之路的开辟做了必要的准备。

汉朝时期,汉朝和大秦作为分据东西方的庞大帝国,都积极探索直接联系的途径,此时的航海技术也在不断进步中,东汉时航船已使用风帆,最终,汉朝的帆船开辟了从中国南海通往印度洋的航线,这是我国历史上的第一条远洋航线,也是世界上最早的海外贸易航线。中国带有官方性质的商人到达了大秦,而大秦也第一次由海路直接到达中国进行贸易,作为东西方海上大动脉横贯亚、非、欧三大洲的真正意义上的海上丝绸之路形成了。海上丝绸之路对汉朝国内经济发展起到了重要作用。汉朝版图扩展到今东南亚的部分地区,朝廷在海上丝绸之路的重要港口城市设置了管理机构,交通沿线新兴了一批城市,岭南与内地的水路和陆路交通也由此显得重要而得到修治。另外,它对增强中国人民与东亚、南亚、西亚、红海、地中海等地区人民之间的合作交流也有重大的历史作用与深远的影响。

三国两晋南北朝时期,孙吴政权加强了南方海上贸易,海上丝绸之路的对外贸易涉及十五个国家和地区,丝绸是主要的输出品,海上丝绸之路的对外贸易收入成为南朝各政权的财政依赖。隋唐时期,沿海商业都会和外贸中心港口更多,当时从广州往西南航行的海上丝绸之路,经历九十多个国家和地区。唐朝在沿海重要外贸城市设市舶使,外贸经济规模巨大,建立了比较完善的外贸管理体系和外贸法规,为地方和中央开辟了可观的财政来源,海上丝绸之路和陆上丝绸之路一样蓬勃发展,对唐朝社会的变革起到了重要作用。

宋朝开始,对外贸易由陆上丝绸之路向海上丝绸之路转移,海外贸易是宋朝的主要对外贸易收入来源,宋朝对海上丝绸之路的管理与服务上了一个新的台阶。在尽可能扩大海外进出口贸易规模,保证进口商品源源不断地向京师输送的外贸原则下,宋朝的市舶司制度趋于完备。北宋神宗元丰年间制定了《元丰广州市舶条法》,对海外贸易的主体资格、出入境管理、经营许可证、违禁物品管理等做出了详细规定,在加强朝廷对外贸的管理方面影响深远,标志着中国古代外贸管理制度又一个发展阶段的开始。宋朝与东南沿海国家绝大多数时间保持着友好关系,广州成为海外贸易第一大港,海上丝绸之路主干道延伸更远,并衍生出许多支线。

(五)华商退出海上丝绸之路

明朝以来,随着亚洲各政权的崩溃以及奥斯曼帝国的崛起,陆上丝绸之路基本停滞,海上丝绸之路成为东西方交流的主要渠道。清朝以来,陆上丝绸之路已经完全断绝。

明朝力图将政治权力和经济利益最大限度地集中于皇帝手中,统治者认为沿海地区繁荣的海外贸易和海外移民分享了国家的外贸利益,就实行残酷的海外政策结束了宋元时期中国开放的局面。明朝初年即推行海禁,多次下令"片板不许入海";积极推动朝贡贸易,严禁民间从事海外贸易,并以严刑峻法惩处违禁者;招募海外流民,铲除海外华商势力和海外移民据点。最终,明朝海上丝绸之路达到极盛,但是中国商人基本上退出东亚和印度洋海域,中国的第一次海洋发展机遇从此终结。

清朝实行了较明朝更为严厉的海禁,朝廷颁布"迁海令",山东以南的沿海居民被迫内迁,施行了空前绝后的闭关锁国政策,其间广州成为中国海上丝绸之路唯一对外开放的贸易港。明清两朝的海禁对中国造成了很大的消极影响,中国在闭关锁国中麻木沉醉,直至晚清时期,列强从海上而来,才被迫打开国门。

二、南方丝绸之路与茶马古道

南方丝绸之路泛指历史上不同时期四川、云南、西藏等中国南方地区对外连接的通道,主要指历史上有名的蜀身毒道,唐朝以后以茶叶和马匹贸易为主,演变为茶马古道。

蜀身毒道是我国古代起于现四川成都,经云南的大理、保山、德宏,进入缅甸、泰国,到达印度的通商孔道,其总长约 200 千米。据考证,早至春秋时期,中国西南的崇山峻岭中就开辟了一条通向南亚次大陆及中南半岛的民间贸易通道。相传秦统一之前,蜀守李冰父子也对西南夷道进行了开发,但是直到张骞出使西域之后,朝廷才发现这条道路的存在,于是具有世界眼光的汉武帝出动大量军力打通此道。69 年,汉朝开拓和经营西南的最边远的郡——永昌郡设立,自此蜀身毒道全线贯通。与陆上和海上丝绸之路相比,蜀身毒道主要是民间贸易自发形成的通道,在这条古商道上,中国商人通过掸国(今缅甸)或身毒(今印度)商人与大夏商人进行货物交换,用丝绸或邛竹杖换回金、贝、玉石、琥珀、琉璃制品等。蜀身毒道是中、印两个文明古国最早的联系纽带,对中外社会、经济、文化的交流做出了重要贡献。蜀身毒道也是联结中国西南各族人民的重要纽带,促进了西南各族人民之间的交流,最终在我国西南部以成都为中心形成了自己特有的文化圈,称为巴蜀文化圈。

随着茶饮料的兴起,藏族等边疆游牧民族因为地理、气候等原因,形成了喝茶的习惯,而中原内地又很需要少数民族的优良马匹,于是茶马互市兴起。唐朝以来,西南地区各古道包括蜀身毒道在内,主要进行的是茶叶和马匹贸易。20 世纪 90 年代,史学界正式将其称为茶马古道。茶马古道主要干线有两条:第一条主道是川藏道,即北道,以今四川雅安一带产茶区为起点,通往卫藏地区;第二条主道是滇藏道,即南道,南起普洱,经拉萨,越过喜马拉雅山口,到印度加尔各答。除了这两条主线以外,还有唐蕃古道,东起长安,西至拉萨,在唐朝后期和宋朝时相当兴盛。

南方丝绸之路不仅是一条商业贸易之路,也是我国西南各民族联通、迁徙、融汇的道路,是我国西南部文明、文化的传播之路。它一路跨越崇山峻岭、湍急河流,经过地理环境复杂的地区,是古代西南各族人民用生命的代价开发出来的道路,凝聚着中华民族勤劳、勇敢的精神。这条路对我国西南地区的发展起到了至关重要的作用,直到中华民国时期,一直是我国西南的重要交通要道。中华人民共和国成立以后所修建的交通路线大多也是沿着南方丝绸之路展开。

> • 成语小故事 •
>
> **义无反顾** 出自汉朝司马相如的《谕巴蜀檄》,原为"义不反顾",指为正义而勇往直前,不犹豫退缩。
>
> 西汉时期,汉武帝派大臣唐蒙去修治西南夷道,唐蒙傲慢暴虐,征用大量民工,斩杀部落首长,引发民众骚乱。汉武帝让司马相如去平息事端。司马相如写《谕巴蜀檄》文告,责唐蒙并代表朝廷谕告巴蜀百姓唐蒙所为并非皇帝之意,以安抚民众。经沟通应酬,司马相如最终化解了矛盾。在文告中,司马相如要求巴蜀民众要像边境居民一样为了汉朝"义不反顾,计不旋踵"。

思考与实践活动 ▶▶▶

中外交流,异彩纷呈

一 背景资料

(一)张骞出使西域

公元前140年,汉武帝刘彻即位,张骞任郎官。公元前138年,汉武帝意欲联合大月氏打击匈奴,招募使者出使西域,张骞出任出使大月氏的使者。张骞从长安出发,经匈奴,不幸被俘,受困十年后逃脱。继续西行至大宛,经康居,抵达大月氏,再到大夏,停留了一年多才返回。返回途中,张骞改从南道,依傍南山,不料又被匈奴发现,拘留一年多。公元前126年,张骞趁匈奴内乱之机逃回汉朝,向汉武帝详细汇报了西域诸国的情况。

张骞出使西域本为贯彻汉武帝联合大月氏共击匈奴的战略意图,虽三次出使均未能达到这一政治目的,却促成了东西文化的频繁交流,将西汉威名远播西域,中原文明通过丝绸之路迅速传播。

(二)阿倍仲麻吕

阿倍仲麻吕,全名阿倍朝臣仲麻吕,又名朝臣仲满,入唐后改名晁衡,日本奈良时代的遣唐使之一,官拜左散骑常侍、安南都护。他是中日文化交流杰出的使者。

阿倍仲麻吕生于奈良附近的一个家境优渥的贵族家庭,天资聪敏,勤奋好学,酷爱汉文学。那时的唐朝社会稳定,经济繁荣,文化昌盛,扬威国际。邻国学子纷纷来唐朝学习。日本在大化革新后,为更进一步学习唐朝的先进文化,不顾当时海上交通的艰难险阻和巨大风险,不断向唐朝派遣使者和留学生。

716年,日本第八次组织遣唐船,十九岁的阿倍仲麻吕被选为遣唐使,同行的还有吉备真备和玄昉等人。到达长安后,阿倍仲麻吕入国子监太学,学习《礼记》《诗经》《左传》等经典。阿倍仲麻吕聪敏勤奋,成绩优异,太学毕业后参加科举考试,一举考中进士。

阿倍仲麻吕不仅学识渊博、才华过人,而且感情丰富、性格豪爽,是一位天才诗人。他和唐朝著名诗人李白、王维、储光羲、包佶等人都是好友。753年,阿倍仲麻吕归国时,诗人好友纷纷作诗。后有传闻他在海上遇难,李白更是痛苦不已。

哭晁卿衡
李 白
日本晁卿辞帝都,征帆一片绕蓬壶。
明月不归沉碧海,白云愁色满苍梧。

送秘书晁监还日本国
王 维
积水不可极,安知沧海东。九州何处远,万里若乘空。
向国唯看日,归帆但信风。鳌身映天黑,鱼眼射波红。
乡树扶桑外,主人孤岛中。别离方异域,音信若为通。

送日本国聘贺使晁巨卿东归
包 佶
上才生下国,东海是西邻。九译蕃君使,千年圣主臣。
野情偏得礼,木性本含真。锦帆乘风转,金装照地新。
孤城开蜃阁,晓日上朱轮。早识来朝岁,涂山玉帛均。

洛中贻朝校书衡,朝即日本人也
储光羲
万国朝天中,东隅道最长。吾生美无度,高驾仕春坊。
出入蓬山里,逍遥伊水傍。伯鸾游太学,中夜一相望。
落日悬高殿,秋风入洞房。屡言相去远,不觉生朝光。

(三)崔致远

崔致远,字孤云,新罗末期人,是朝鲜历史上第一位留下个人文集的学者、诗人,被学术界尊奉为韩国汉文学的开山鼻祖,有"东国儒宗""东国文学之祖"之美誉。他在文学上的极高成就,得到了朝鲜和韩国后世的众口同赞,被尊为"百世之师"。

崔致远12岁时来到长安求学,在中国学习、生活了16年。崔致远来唐朝的年代已是晚唐,不比盛唐的气宇恢宏,但盛世的余荫犹在。少年崔致远进入国子监学习并于874年参加了科举考试,一举及第,金榜题名。喜讯传至新罗,崔氏家族举族同庆。

崔致远之后继续留在唐朝发展,实现他宏远的人生宏愿和抱负。他开始走上文学创作道路,广交文友,结识了一批有识之士,彼此间唱和酬答,诗文互进。他的一生文学创作不断,曾经将自己的作品汇编入《桂苑笔耕集》。史学家范文澜评价此书:"一部优秀的文集,并且保存了大量史事。"

876年,朝廷任命崔致远为溧水(今南京市溧水区)县尉。他后来继续在淮南、扬州等地为官。884年,崔致远之弟崔栖远由新罗来唐朝,奉家信迎崔致远回国。对唐朝的依恋不舍与对故国的拳拳责任是崔致远这一生都消散不掉的两种情感。"万里始成归去计,一心先算却来程。"

返回新罗后,崔致远一直致力于中、朝两国文化交流,同时思考如何把在唐学到的满腹经纶、治政良策用来报效新罗王朝,振兴自己的民族,熏化民众。他向新罗国王进时务策十余条,虽未得到最终施行,却凝结了崔致远对国事探索的心血。

(四)"一带一路"

2013年9月和10月,中国国家主席习近平在出访哈萨克斯坦和印度尼西亚时先后提出共建"丝绸之路经济带"和"21世纪海上丝绸之路"的重大倡议……共建"一带一路"倡议得到了越来越多国家和国际组织的积极响应,受到国际社会广泛关注,影响力日益扩大。

共建"一带一路"倡议源自中国,更属于世界;根植于历史,更面向未来;重点面向亚欧非大陆,更向所有伙伴开放。共建"一带一路"跨越不同国家地域、不同发展阶段、不同历史传统、不同文化宗教、不同风俗习惯,是和平发展、经济合作倡议,不是搞地缘政治联盟或军事同盟;是开放包容、共同发展进程,不是要关起门来搞小圈子或者"中国俱乐部";不以意识形态划界,不搞零和游戏,只要各国有意愿,都欢迎参与。共建"一带一路"倡议以共商共建共享为原则,以和平合作、开放包容、互学互鉴、互利共赢的丝绸之路精神为指引,以政策沟通、设施联通、贸易畅通、资金融通、民心相通为重点,已经从理念转化为行动,从愿景转化为现实,从倡议转化为全球广受欢迎的公共产品。

——《共建"一带一路"倡议:进展、贡献与展望》

二 活动内容

(一)职业素养:交流共进

文化从来都不是孤立的,关起门来自己发展要不得,交流、创新才能激发出新的生命力。在中国悠久的历史中,文化成就辉煌灿烂,影响深远。请选择感兴趣的一个文化交流的实例,以此为出发点收集资料,拓展思路,写一篇不少于1 500字的论文。

(二)素养提升:平等交流,开放包容

以"开放的中国欢迎你"为主题,从张骞出使西域、阿倍仲麻吕与朋友交往、崔致远的学习生活、"一带一路"国际合作高峰论坛、北京2022冬奥会开幕式这几个场景中选择一个,分组写出剧本,然后在班级进行表演。

模块

人间情味

——家园乡土与风俗人情

第十章

巧夺天工——中国传统建筑与雕塑

第一节　中国传统建筑

一、中国传统建筑的文化特点

梁思成说:"建筑之规模、形体、工程、艺术之嬗递演变,乃其民族特殊文化兴衰潮汐之映影;一国一族之建筑适反鉴其物质精神,继往开来之面貌……盖建筑活动与民族文化之动向实相牵连,互为因果者也。"建筑被称为"石头的史书",体现了一个民族哲学、文艺、社会制度等社会文化各方面的精神风貌和物质成就。同时,建筑也是一个民族社会文化的产物。中华传统文化为中国传统建筑特色的形成提供了文化来源,并反映在城市布局、建筑形制和空间特色等方面。

(一)中国传统建筑反映了中国传统的伦理精神

中国传统建筑在营造中特别注重人与社会、人与人的关系,在儒家礼乐精神的影响下,建筑布局既注重等级差别,又重视和谐统一。中国传统建筑在平面布局上大多以建筑群体组合的方式营造,单栋建筑组合成建筑群体,小的建筑群体组合成大的群体组合,如传统建筑中多进的四合院就是典型代表,反映了传统文化注重群体的和谐一致。另一方面,官制建筑和普通的民居宅院都非常讲究中轴对称,建筑空间沿中轴线层层推进,群体中各建筑主次分明,房间的位置、功能等明确限定,建筑物的秩序井然反映了人伦关系

东汉宅院画像砖

的规范严整。不仅如此,中国古代建筑还制定建筑法例,以严格规定的营造规范作为标志,来直观外化社会等级伦理秩序,如营造体量的规范,《礼记·王制》中记载:"有以高为贵者。天子之堂九尺,诸侯七尺,大夫五尺,士三尺。"其他如色彩、装饰物的使用也都有明确规定,并在传统社会的大部分时期都严格执行,这些都是儒家礼制秩序在传统建筑中的表现。

(二)中国传统建筑追求人与自然的和谐统一

中国传统的建筑非常重视"天人合一"的理念,强调建筑和自然环境的有机组合。无论是皇宫王府还是民居住宅,都将在建筑动土之前勘察自然环境及选址看作头等大事。在建筑设计过程中讲究结合自然环境顺势营造,在特定环境中展现特定的建筑风貌。中国传统私家园林的营造中尤其体现了"道法自然"的精神,"虽由人作,宛自天开"(计成《园冶》)是园林布局的最高准则,在园林中基于地形因素,通过建筑与山水、植物的组合呼应,营造城市中的山林野趣,在闹市之中回归自然。

(三)中国传统建筑外部特征明显

与西方古建筑以石料为主要建筑材料不同,中国传统建筑以木料为主要构材,取材方便,实用价值强,居住时抗震性能良好,并且形成了独特的构架制结构原则,无论是穿斗式还是抬梁式,从外观上看每个建筑都由上部的屋顶,下部的基座,中间的柱子、门窗和墙面三部分组成,柱子和屋檐之间用榫卯穿插结合而成的斗拱连接,形成富有弹性的框架结构。另外,中国传统建筑还具有翼展屋顶、崇厚阶基、色彩丰富等明显的外部特征。

二、中国传统建筑的发展

我国的传统建筑从城市规划,建筑风格和园林建设等角度一般划分为六个时期:创立时期、成熟时期、融汇时期、全盛时期、延续时期、停滞时期。

微课 中国传统建筑

周朝是我国古代建筑创立时期,也是古代城市初生时期。从春秋末期到战国中期,随着封建土地所有制的确立和手工业、商业的发展而出现了城市。早期的城市是周王和诸侯进行政治、经济和军事统治的核心,城市里的手工业主要为统治阶级服务,商业没有充分发展起来,城市规模较小。周朝各国都城筑有坚固的城墙,墙外设护城河,建高大城门。宫殿布置在城内,建在夯土台之上,木构架成为主要的结构方式,屋顶使用陶瓦,木构架上饰用彩绘。中国古代建筑这时具备了雏形。

中国古代建筑的成熟时期是秦汉时期,这是中国古代建筑发展史上的第一个高潮,这一时期建筑规模宏大,组合多样,大多以都城、宫殿、祭祀和陵墓为主。汉朝的长安确立了首都以宫城为主体的规划思想,这一原则一直为历代帝王所遵守、发展。

三国两晋南北朝时期是民族大融合的时期,也是我国建筑史上的融汇时期。高层佛塔、石窟、佛像开始出现。据记载,北魏建有佛寺三万多所,南朝都城建康建有佛寺五百多所,不少地区还开凿石窟寺,雕造佛像。重要石窟寺有大同云冈石窟、敦煌莫高窟、天水麦积山石窟、洛阳龙门石窟等。从前质朴的建筑风格转变为圆润成熟,此时期的建筑细节有明显的"胡化"现象。

隋唐时期的建筑是中国古代建筑发展史上的第二个高潮。隋唐建筑既继承了前代成就,又融合了外来影响,形成独立而完整的建筑体系,规模宏大,规划严整;建筑群处理愈趋成熟;木建筑解决了大面积、大体量的技术问题,并已定型化;设计与施工水平提高;砖石建筑有进一步发展。隋唐的建筑气魄宏伟、严整又开朗,对亚洲其他国家的建筑也产生了影响。

宋辽金元时期的建筑与唐朝建筑宏大雄浑的风格不同,开始向细腻、纤巧方面发展,建筑装饰也更加讲究。宋朝受发达的手工业与商业的影响,城市结构和布局起了根本变化;进一步加强进深方向的空间层次,衬托出主体建筑;建筑装修与色彩有很大发展;砖石建筑的水平达到新的高度;园林兴盛。

明清时期建筑形体简练、细节烦琐。明朝开始,砖已普遍用于民居砌墙,琉璃面砖、琉璃瓦的质量提高,官僚地主私园发达,官式建筑的装修、彩画、装饰日趋定型化。清朝建筑大体沿袭明朝,但是更为崇尚工巧华丽,供统治阶级享乐的园林达到了极盛期,宗教风格建筑兴盛,住宅建筑百花齐放、丰富多彩。

三、中国传统建筑赏析

(一)军事工程建筑——长城

长城是古代中国在不同时期为防卫而修筑的规模浩大的军事工程。早在春秋战国时期,各国为了互相防御,均选形势险要的地方修筑长城。此后汉、北魏、北齐、北周、隋都曾在北边与游牧民族接境地带筑过长城。秦始皇完成统一后,将秦、赵、燕三国北边长城予以修缮,连贯为一。明朝为了防御鞑靼、瓦剌的侵扰,曾多次修筑长城。长城西起嘉峪关,东至鸭绿江,又称为万里长城。据2012年国家文物局发布的数据,中国历代长城总长度为21 196.18千米;其中,明长城总长度为8 851.8千米。1987年长城被列入《世界遗产名录》。

长城是一组有机的防御体系,这一防御体系以城墙为主体,还包括敌台、关隘、烽火台(烽燧)等一系列城防建筑。八达岭地势险要,历朝都设重兵把守。八达岭长城是明长城中保存完整、具有代表性的段落之一。而山海关被称为万里长城第一关,其北踞燕山,南抵渤海,位居东北、华北间的咽喉要冲,自古为兵家必争之地。

长城

长城是世界上修建时间最长、工程量最大的冷兵器战争时代的国家军事性防御工程,凝聚着古代劳动人民的血汗和智慧,是中华民族的象征和骄傲。

(二)城市规划——唐长安城

唐长安城兴建于隋朝,当时称为大兴城,唐朝易名为长安城,为隋、唐两朝的首都,曾是世界历史上规模最大的城市,也是中国古代最大的都城,比同时期的拜占庭帝国都城君士坦丁堡大7倍,古罗马城也只是它的五分之一。唐朝末年,长安城被后梁太祖朱温下令拆毁,其遗址位于今陕西省西安市的城区、东郊、南郊(大部分)和西郊(小部分)等大片地带。

唐长安城是按照中国传统规划思想和建筑风格建设起来的城市,由宫城、皇城和外郭城三部分组成,此外还有东市、西市等大型工、商业区和芙蓉园等人工园林。城市面积近百平方公里,最多时人口超过100万,显示出古代中国民居建筑规划设计的高超水平。

整座长安城规模宏伟,总体规划整齐,布局严整,堪称中国古代都城的典范。外城四面各有三座城门,贯通十二座城门的六条大街是全城的交通干道。而纵贯南北的朱雀大街则是一条标准的中轴线,它衔接宫城的承天门、皇城的朱雀门和外城的明德门,把长安城分成了东西对称的两部分,东部是万年县,西部是长安县,东、西两部各有一个商业区,分别称为东市和西市。城内南北11条大街,东西14条大街,把居民住宅区划分成了整整齐齐的110坊,其形状近似一个围棋盘。

天人合一是中华传统文化的核心思想之一,中国古代城市规划深受这一思想的影响,地上的城市往往是天上的写照,从而使城市称为宇宙的象征。"天子"居住的都城更是如此,唐都长安城这一人间杰作亦不例外。

(三)古典园林——拙政园

拙政园位于江苏省苏州市,与北京颐和园、承德避暑山庄、苏州留园一起被誉为中国四大名园。

拙政园始建于明朝正德初年(16世纪初),因官场失意而还乡的御史王献臣拓建大弘寺址,"广袤二百余亩,茂树曲池,胜甲吴下",他取西晋潘岳《闲居赋》中"此亦拙者之为政也"意,命名拙政园,反映了自己官场失意、寄情山林的心境。史书记载,当时的大画家文徵明应主人之邀参与建园,在园成之后将园中三十一处景色绘制成《拙政园图》,并一一配诗,配诗被称为《拙政园图咏》,这一作品被后世评为"书画诗三绝"。

拙政园从建造之初就是传统文人山林之趣与艺术家精妙的审美趣味及苏州本地能工巧匠的高超技艺的完美结合,是明清时期江南私家园林的代表作品。拙政园建造至今四百余年,其间兴衰更迭,正是四百年间民族命运的反映。

拙政园占地78亩,为苏州现有最大的园林,全园以水为中心,住宅是典型的江南地区汉族民居多进的格局(现布置为园林博物馆展厅),花园分为东、中、西三部分,山水萦绕,花木繁茂,疏朗平淡,近乎自然。

拙政园东部布局以平冈远山、松林草坪、竹坞曲水为主,疏朗明快;中部是其精华所在,以水池为中心,遍植荷花,主体建筑远香堂位于水池南岸,以赏荷命名,其余亭台楼榭也大多临水而建,倚玉轩、香洲、荷风四面亭三足鼎立,赏荷各有佳处;西部水面迂回,亭阁布局紧凑,三十六鸳鸯馆是当时园主人宴请宾客和听曲的场所,装饰华丽精美,与谁同坐轩取名自苏轼名篇"与谁同坐。明月清风我",设计巧妙,静坐轩中,可同时观赏倒影楼、三十六鸳鸯馆和笠亭的妙处。

拙政园以水见长,山水之间,疏落旷朗;以"林木绝胜"著称,四季植被,生机盎然,中部以赏荷为中心活动更是凸显了园主人之品性。拙政园在园林山水和住宅之间,穿插庭院,较好地解决了住宅与园林之间的过渡,使园林真正达到可行、可观、可居、可游的中国古代造园理想,成为私家花园的典型。

> **· 成语小故事 ·**
>
> **雕梁画栋**　出自元朝杂剧《看钱奴》,指有彩绘装饰的华丽房屋。
>
> 中国古代建筑以木结构为主,梁最重要的作用是承重。梁是中国建筑中支撑屋顶的横木,栋指一栋建筑中最大的梁,林徽因在《中国建筑彩画图集》的序言中说,起初为了木结构防腐、防蠹的需要,采用矿物原料及黑漆桐油等涂料敷饰在木结构上,后来逐渐在栋梁等木结构上雕刻花纹并加上彩绘,成为中国建筑艺术特有的一种装饰方法,也有了南北风格差异。一般来说,南方建筑,偏重于雕梁,木梁上整个雕绘戏文等精美吉祥图案;北方侧重于画栋,表面用颜色涂绘彩画。

第二节　中国传统雕塑

一、中国传统雕塑的特点

(一)实用性强,装饰感强烈

西方雕塑发源于古希腊,重视人体美感,在西方纯艺术领域具有崇高地位。而中国古代雕塑孕育于工艺美术,因中国传统重礼教、尊鬼神,所以礼器、祭器的制作力求精美,中国古代雕塑便孕育于此,形成了主要由工匠制作、以实用艺术为主、装饰性强的特点。中国传统雕塑主要可分为实用器皿雕塑、陵墓雕塑、宗教雕塑和民俗雕塑几类。

微课
中国传统雕塑

(二)绘画性强,重意象

在造型艺术领域,中国传统文人自东汉以来一直青睐书画,而认为雕塑是工匠技艺,不属于艺术范畴,所以,传统文化中长期以来以绘画的审美标准评判雕塑,雕塑因而受绘画的影响很大,形成了中国雕塑独有的技法,如彩绘一体,如重视线条美,忽视块面空间营造的立体感,如追求神似,轻视形似等。

二、中国传统雕塑的发展

雕塑艺术在我国历史悠久,可以上溯到公元前 8000 年以上,早在新石器时期,我国先民的雕塑活动就已经开始了。史前时期,我国的原始雕塑主要以陶塑为主。陶塑是将泥土加工成型后，经火烧制而成。从考古结果来看，公元前8000年至公元前4000年的原始社会末期，我们的先民烧制了大量的陶器，有的用于炊煮，有的用于饮食，有的用于储藏。这些陶器按形状和装饰纹路可分为拟形陶、彩陶、印纹陶和素陶等，其中拟形陶将陶器外形做成某种事物形象，以人和各种动物的形象为主，如狗形陶、鹰形陶等。这一时期的陶器大多形式自由而又随意粗简，有一种稚拙神秘的美感。

新石器时期彩陶舞蹈纹盆

彩陶是在表面带有彩绘纹样装饰的史前陶器，中国古代的仰韶文化、河姆渡文化、龙山文化等都有大量彩陶出土，它们是我国远古美术品中装饰精美、内容丰富、艺术成就很高的艺术作品。

夏商周时期，我国雕塑的材料从远古的石、骨、泥、木等变成以青铜和玉石为主。商周时期，青铜器作为礼器、乐器、兵器、酒食器和工具器使用，即作为实用品来铸造的，但是同时具备了很高的艺术价值，是精美的艺术品。商朝青铜礼器造型奇特，充满威严而神秘、崇高而怪异的美感。西周以后，其风格趋于写实而富于理性。春秋战国时期则变得繁丽、华美。总体来说，商周时期的青铜器，无论大小，都给人细节

西周鸭尊

精美、整体雄奇辉煌之感。商朝以瞪大眼睛、长开大口的威严的夔纹和饕餮纹为主，西周后期几何纹开始流行，春秋时期蟠螭纹、蟠虺纹的雕镂细密工巧，青铜器纹饰的变化反映了这段时期的社会发展变化。商周时期青铜器纹饰之美反映了中华民族自古对"文"之美的独特追求。

秦朝至唐朝时期，雕塑的发展比之前更加繁盛，这一时期最有代表性的雕塑是陵墓雕塑。陵墓雕塑包括墓室随葬俑和地上大型纪念性雕刻，它是古代帝王、贵族为了炫耀自己的功业地位，以及追求在死后世界继续享受人间富贵荣华而建立的，体现了它所产生的特定历史时代的社会理想和艺术水平。

《孟子·梁惠王上》记载："仲尼曰：'始作俑者，其无后乎？'为其象人而用之也。"俑是在墓葬中模仿活人制作的一种偶像，是我国奴隶制时代活人殉葬制度的残留遗迹，一般为木雕或陶塑，始于春秋时期，至战国时期已蔚然成风。秦、汉和唐朝尤为盛行，宋朝以后，墓葬制中流行纸具器，俑才逐渐减少并最终消失。俑大多真实地模拟着当时的各种人物、器具等，如士兵、奴仆、舞乐、车马等。秦始皇陵兵马俑形体比人略高，陶制，是已知最大的俑。汉俑种类比以前多，隋唐俑型大而精美，三彩俑为盛唐时的制作高峰。

地上大型纪念性雕刻主要有石阙、石兽。石阙是融雕塑

唐三彩俑

与建筑于一体的纪念性的艺术品,应用在陵墓中的称为墓阙,用来旌表主人的业绩德行、刻画祭祀相关场景,标明陵墓空间入口。石兽是中国古代大型圆雕的代表,汉朝石兽以霍去病墓石兽群雕为代表,南朝石兽有名的是南京六朝王陵的石麒麟等神兽。中国古代陵墓建设尤其是帝王陵墓,规模浩大,唐太宗确立"以山为陵"的体制后,唐陵的空间规划尤有特色,石雕是其中画龙点睛的部分。如乾陵利用自然起伏的山势,在陵前形成一条纵贯南北的长长神道,石雕群错落有致地对称配置在神道的两侧,创造了神圣庄严的气势,人行走其间,对陵墓主人的敬畏之情油然而生。

宗教雕塑是以宗教教义、故事、人物、传说为题材的雕塑。中国古代宗教雕塑以佛教雕塑艺术成就最高。我国现存佛教雕塑数量极大,分布也很分散,以石刻、铜铸、泥塑为主流,也有采用金、银、玉、木、牙等材料的。莫高窟、麦积山石窟、云冈石窟等石窟寺雕塑享誉世界,一直传承的泥塑彩绘的雕塑方式是中国独有的。中国的佛教雕塑初期显现出异域风采,东晋戴逵藻绘雕塑开创了佛教雕塑本土化的道路,到隋唐时期,佛像已经一改之前的神秘超脱,而变得丰满端庄又慈祥温和,明显可以看出生活化、本土化的变化痕迹。不同时期的佛像风格变化是中国古代的雕刻家以现实人生为基础,把佛教的造像艺术中国化的过程。

云冈石窟佛像

三、中国古代雕塑作品欣赏

(一)秦始皇陵兵马俑

1974年,陕西临潼秦始皇兵马俑坑被发现,其位于秦始皇陵东侧1 500米处,坐西向东,三坑呈品字形排列。在深5米左右的坑底,每隔3米架起一道东西向的承重墙,兵马俑排列在墙间空当的过洞中。兵马俑反映了秦朝兵强马壮、叱咤风云的气势。秦始皇兵马俑是以现实生活为题材而塑造的,艺术手法细腻、明快,手势、脸部表情神态各异,千人千面,俑的面部形态国字形、

秦始皇陵兵马俑

用字形、风字形、田字形、目字形、由字形、甲字形、申字形等基本形式,集中反映了两千多年前秦人的容貌特征。

(二)霍去病墓石雕群

霍去病是西汉武帝时期的著名青年军事家。他十七岁从军抗击匈奴,勇冠三军,被封为冠军侯,但二十四岁便撒手人寰。汉武帝为了表彰霍去病的显赫战功,在茂陵东侧(今陕西省兴平市道常村西北)为霍去病修筑了一座形如祁连山的巨大墓冢,墓前布置了一组纪念碑性质的大型石雕群。

霍去病墓石雕群的特点是,艺术家充分利用石块的自然形态,稍事雕琢,求之神似,

霍去病墓石雕

手法简练,风格浑厚,在写实中寓有夸张手法。

马踏匈奴是整个群雕作品的主体,同时也是这些雕塑所讴歌的主题。战马雄壮稳实,人像面部表情细致入微,作品上、下两部分动静对比鲜明,表现了被制降者倒而未宁的一刹那状态,整个作品风格庄重雄劲、深沉浑厚、寓意深刻、耐人寻味,既是古代战场的缩影,也是霍去病赫赫战功的象征。雕塑的外轮廓准确有力,刀法朴实明快,是我国陵墓雕塑作品的典范之作,也是我国的国宝级文物。

(三)昭陵六骏

昭陵六骏指立于唐太宗墓前的六块浮雕,内容表现唐太宗生前征战疆场所骑过的六匹战马(飒露紫、青骓、拳毛䯄、什伐赤、特勒骠、白蹄乌)。六马姿势各异,有的站立,有的徐行,有的奔驰,浮雕巧妙运用弧线和直线刚柔相济,产生了近乎圆雕的强大立体感。昭陵六骏是我国浮雕艺术史上具有代表性的作品。

昭陵六骏(局部)

(四)莫高窟

莫高窟始建于366年,一直修建到清朝。洞窟里布满了彩塑佛像和以佛教故事为题材的壁画,是世界上现存规模最宏大、保存最完好的佛教艺术宝库。1987年,莫高窟被联合国教科文组织列为世界文化遗产。

微课
莫高窟

莫高窟外景

莫高窟是建筑、彩塑、壁画三者相结合的统一体,主题是彩塑。彩塑是在人工制作成的木架上束以苇草,草外敷粗泥,再敷细泥,压紧抹光,再施白粉,最后彩绘。目前尚存彩塑三千余身。早期发展阶段(包括北凉、北魏、西魏、北周),彩塑继承了西域佛教雕塑的某些风格,经过中期鼎盛阶段(隋、唐)达到了高峰,到了五代、宋、西夏、元、清则逐步衰落。

• **成语小故事** •

画卵雕薪 出自杨衒之《洛阳伽蓝记》。原意为是在鸡蛋、柴火上雕画图形。形容古代富豪穷奢极欲的生活。

《洛阳伽蓝记》简称《伽蓝记》,是东魏杨衒之所著的集历史、地理、文学、宗教于一体的名著,主要追记了洛阳城郊佛寺之盛。后世将《洛阳伽蓝记》与郦道元的《水经注》、颜之推的《颜氏家训》并称为中国北朝时期的三部杰作。

思考与实践活动 ▶▶▶

大国工匠,精神永续

一、背景资料

(一)美丽中国

十九大报告中指出,加快生态文明体制改革,建设美丽中国。从崭新的角度要求健康发展"五位一体"战略体系,把生态文明贯穿于中国特色社会主义发展的全过程中,开启了我国生态文明建设的新篇章。

近年来,我国无论是在乡村建设还是在城市建设中都非常注重生态文明,从居住生活环境的打造到绿色生活方式的倡导,生态文明的理念通过点点滴滴的细节渗透到了普通人生活的方方面面。美丽中国表现为我们可以感受到的环境之美、时代之美、生活之美、社会之美、百姓之美的总和。

(二)工匠精神

十九大报告指出,建设知识型、技能型、创新型劳动者大军,弘扬劳模精神和工匠精神,营造劳动光荣的社会风尚和精益求精的敬业风气。

新时代的工匠精神的基本内涵主要包括爱岗敬业的职业精神、精益求精的品质精神、协作共进的团队精神、追求卓越的创新精神。其中,精益求精的品质精神是核心。这种精益求精的品质精神是一种情怀、一种坚守,更是一种责任担当。当今社会,匠人无处不在,他们是各行各业里面的坚守者,正是他们的单纯坚守,匠心才得以在浮华喧嚣的当下仍不断传承。

工匠精神不仅是我国古代社会不断繁荣进步的重要保障,更是中华民族深厚的历史沉淀和文化传承。作为当代大学生,如何在快节奏的社会大环境下坚守初心、静心积淀、创新腾飞,如何在自己的工作岗位上精益求精,值得每一位同学思考。

二、活动内容

(一)职业素养:工匠精神

民间工匠故事分享会:搜集我国古代匠人如石匠杨琼、木匠蒯祥等的故事,在班级进行一次分享活动,同时结合自己所学专业及我国的发展现状,畅谈如何继承发扬大国工匠精神。

(二)素养提升:服务社会,美好生活

(1)以"美丽校园,绿色生活"为题拍摄校园生活纪录片,在班级放映、研讨,并根据研讨结果,给学校相关部门写建议信提出建设性意见,写倡议书在同学中间倡导绿色健康生活。

(2)走访所在城市或周边城市的公共绿地、市民休闲公园、古建筑、传统园林等地方,拍摄风景,进行调研,制作拍摄相关的微电影纪录片在班级放映,讲述寻找风景的过程,可以这一过程中个人感受及对风景特色的赏析介绍为主,也可对公园规划、建筑特点、功能意义等进行研讨。

第十一章

红尘清欢——中国古代日常生活

第一节 中国古代衣食住行

一、中国传统服饰

(一)服饰文化是人类智慧的结晶

人们用服饰装扮身体,扮演社会角色,融入社会生活,服饰总是与当时的政治、经济、宗教、文化和民俗等社会因素密切相关。中华历代服饰的传承史从一个侧面反映了中华民族五千年的文明。

(二)中国传统服饰发展历程

《韩非子·五蠹》:"古者丈夫不耕,草木之实足食也;妇人不织,禽兽之皮足衣也。"上古时期,人类的服饰在原始经济基础的条件下,或为了御寒,或为了遮羞和装饰,人们以毛皮围系于下腹部,这种饰物后来被一种前后各一片的围裙状服装即裳替代。下体之服出现之后,人们又将大块兽皮割下,以动物的韧带或植物的葛藤为线用骨锥、骨针等工具穿缀缝合,这样就形成了上体之服——衣。衣和裳是中国古代先民服装中基本的形式。"黄帝、尧、舜垂衣裳而天下治,盖取诸乾坤。乾坤有文,故上衣玄,下裳黄。"(《后汉书·舆服下》)上玄下黄的服制来源于对天地的崇拜。上衣象征天,天未明时是玄(黑)色;下裳象征地,地是黄色。

最早的服装应该是在劳动中起源的。相传,古时神农氏的形象是身着红色襦,臂膊上戴有形似臂箍的东西,小腿着绑腿,头戴鸟羽帽,足踏皮制鞋,手执农具。中国在原始社会就形成了较为典型的交领、右衽、系带、上衣下

骨针(复原件)

裳的服饰造型,初步形成了以五色作服,以等级为核心的冕服制度。

夏朝至西周时期,我国建立了秩序井然的服饰礼仪制度,通过穿着冠、冕、黻来体现礼仪之制。夏朝初步形成了以冕服为中心的服装制度。这一时期的服饰一般是上衣下裳的配套:上身穿衣,衣领开向右边;下身穿裳;在腰部束着一条宽边的腰带;肚围前再加一条像裙一样的韨,用来遮蔽膝盖,又称为蔽膝。周朝作为强盛的奴隶制王朝,制定了一套非常详尽周密的礼仪来规范社会。周朝把礼分五大类,不同场合要穿戴不同的服饰,所以对应有祭礼服、朝会服、从戎服、吊丧服、婚礼服。这些服饰严格区分了天子与官僚、贵族与平民的等级差别,形成了一整套的冠冕制度模式,服饰开始标识每个人的社会角色,以便"分贵贱,别等威"。

春秋战国至汉朝时期是我国走向大一统的时期,服饰上也从百花齐放到趋于一致。

战国时期,服饰上各显其地方风格与文化风采,如春申君的三千食客中的上客皆着珠履;卫王宫的卫士穿黑色戎衣;鲁国的儒者服长衣、褒袖方履,等等。秦汉时期,随着国家统一的实现,服装风格也逐渐趋于一致。战国时期,赵武灵王吸收东胡、娄烦人的军人服式,废弃传统的上衣下裳,采用了合裆裤和胡服的腰带形式,能保护大腿和臀部肌肉皮肤在骑马时少受摩擦,且腰带十分牢固,这是华夏主体服饰文化吸收、融合少数民族服饰文化并发展的重要史例,史称"赵武灵王胡服骑射"。深衣的出现为汉服基本款式的形成奠定了基础。到了秦汉时期,男子以袍为贵。秦始皇在位时,规定官至三品以上者着绿袍、深衣,平民穿白袍。汉朝四百年间一直用袍作为礼服,至东汉永平二年(59),重新制定了祭祀服制与朝服制度,形成了正式完备的冠服制度。

三国两晋南北朝时期,民族间战乱频繁,服饰上主要表现为民族间互相影响、追求时髦、奇装异服盛行的特点。汉族流行穿紧身、圆领、开衩的胡服,少数民族受汉朝典章礼仪影响,如鲜卑族推行华化政策,"群臣皆服汉魏衣冠",使秦汉以来冠服旧制得以延续。此外,这一时期士大夫阶层沉沦于消极浪漫主义风格的生活方式,男子穿衣敞胸露臂,衣服披肩,女子服饰则长裙拖地,大袖翩翩,饰带层叠,优雅飘逸。

隋唐五代时期是中国封建社会政治经济高度发展、文化艺术繁荣昌盛的时代。唐朝服饰开放浪漫,以女装为例,袒胸、裸臂、披纱、大袖、长裙为其特征性服饰,造型雍容华贵,装扮配饰富丽堂皇,流行时尚变化万千。唐朝的女装主要是衫、裙、帔,还有短袖半臂衫(套穿在长衫外面),最时兴的女子衣着是襦裙,即短上衣加长裙,裙腰以绸带高系,几乎及腋下。唐朝女子发式多变,常见的有半翻、盘桓、惊鹄、抛家、椎、螺等近三十种,上面遍插金钗玉饰、鲜花和酷似真花的绢花。唐朝妇女好面妆,奇特华贵,变幻无穷,各种眉式流行周期很短,面妆时尚变幻莫测。唐朝年轻女子甚至还穿上胡服男装,在户外策马扬鞭。

唐朝服饰

宋朝文化趋于严肃保守,统治者三令五申,力戒奢侈铺张,服饰方面也形成了以质朴淡雅为宗的审美标准,服饰色调趋于单一,款式趋于简单。宋朝服饰的特点是修身适体。一般百姓多穿交领或圆领的长袍,文人、士大夫多穿直裰长衫,袖口、领口、衫角都镶有黑边,头上戴帽。

辽、西夏、金、元时期的服饰既体现了游牧民族的特色又有融合的色彩。如契丹族的服饰秋冬多衣皮毛,春夏改用布帛,样式简单实用,便于骑马打仗射猎等活动;党项族妇女以翻领胡服为主;契丹、女真族一般穿窄袖圆领齐膝的外衣和长筒靴。元朝的服饰体现了其多民族融合的统治现状,在服饰上也博采众长,礼服制度上承袭汉制,皇帝及高官的服饰都是仿照先秦时期的古制而成,并在服装上广织龙纹,而平时推行其本族服饰,穿腰部有很多衣褶的短、窄长袍,方便骑射动作。

明清时期是我国传统服饰继承与创新的时期。明朝服装最突出的特点是以前襟的纽扣代替了几千年来的带结。另外,为了恢复汉族的礼仪,禁胡服,制定了承继周汉、唐宋准则的新服饰制度,以袍衫为主要服饰,官员以补服为常服,头戴乌纱帽,身穿圆领衫,民间的男装多穿青布直身的宽大长衣,头上戴四方平定巾。

清朝是满汉文化交融的时代,也是我国由古代文明向近代文明转型的前夜。对应到服装史上,清服是中国古服与近代服的交接点,变化很大。清朝入关后,强制推行满族的发型和服装样式,强迫汉人穿满人服装,衣袖短窄、穿用方便的马蹄袖箭衣、紧袜和深统靴取代了宽袍大袖、拖裙高冠。在汉族人民激烈的反抗斗争之后,清朝统治者不得不退一步,实行"男从女不从"的政策,男子着长袍马褂瓜皮小帽,短衣短袖便于骑马。满族妇女衣着以旗袍为主,汉族妇女服装则沿用明朝服装形制。至清朝中期,满汉双方各有仿效,后期满族效仿汉族的风气颇盛,史书上记载"大半旗装改汉装,宫袍裁作短衣裳"。

二、源远流长的饮食文化

(一)民以食为天

中国是一个具有悠久历史的饮食文化大国,很早就树立了"礼乐文化始于食""民以食为天"等观念,千百年来饮食技术不断演进提高,是我文明古国灿烂文化的一个组成部分,甚至已经存在于我们文化心理结构的潜意识层面。这点从我们的日常语言和词汇构成都可以看出,如在生活中,见面问候语常常是"吃了吗",我们也常常用吃来表述自己的思想与观念,如"吃苦""吃亏""吃得开"等都是把生活中的重要感受或状态用"吃"来类比。

(二)中国古代饮食文化发展历程

《礼记·礼运》中记载:"未有火化,食草木之实,鸟兽之肉,饮其血,茹其毛。"在我国的古代神话传说中,有巢氏发明了"脍"和"捣"的肉食处理方法及"脯"和"鲊"的肉食保存处理法。《太平御览》:"《礼含文嘉》曰:'燧人始钻木取火,炮生为熟,令人无腹疾,有异于禽兽。'"伏羲"结网罟以教佃渔""养牺牲以充庖厨"(《三皇本纪》),开创了与饮食紧密相关的渔业和畜牧业。神农氏遍尝百草,发掘了草蔬食材,发明了种植业和冶陶业。从此,中国的饮食文化开始了。从这个神话系统中,我们可以看出我国饮食文化起步时期的清晰脉络,也可以看出我国自古就对解决饮食问题的人给予崇高的地位。

夏商周时期，随着生产力的提高，统治者利用手中掌握的权力占据多余的生活资料，追求生活享乐，首先追求的就是口腹的享受，这引发了食品制作领域的一系列改革，成为我国博大精深的饮食文化的源头。《周礼》中记载，为王室服务的天官冢宰中，与制作和供奉饮食有关的人员就达2332人，分为22种官职，书中还出现了"六食""六饮""六膳""百馐""百酱""八珍"等饮食的名称。《楚辞》中有许多作品是歌颂当时楚国的酒与食品的。《吕氏春秋·孝行览第二·本味》中记叙了商汤以厨技擢用伊尹的故事及伊尹说汤的烹饪要诀。这个时期还出现了专门的菜园和果园，贵族阶层夏日食冰屡见不鲜。冶炼技术的发展使烹饪器皿进入金属时代，食用器具种类繁多，形态、功能各异。其中，鼎本是一种炊具和餐具合一的用品，后来渐渐变成了礼器。

这一时期，宴会成为重要的就餐形式。宴会是基于人与人之间"礼"的关系而形成的就餐形式，讲究主人、主宾、陪客的座次，摆设高档次的饮食器具，大都有音乐歌舞助兴，被称为"钟鸣鼎食"。春秋战国时期，宴会是重要的民众社交和国家外交场合。春秋战国时期，由于诸侯国林立，加上各国地理、气候、物产、风俗等自然和社会条件的不同，初步出现南北不同的食系，即中原食系和荆楚（含吴、越）食系。中原食系以粟、麦为主食，肉食主要为羊、猪、鹿之类，而荆楚食系以稻米为主食，以鱼类为副食。很多流传后世的特色食物在传说中就产生于这一时期，如馓子、年糕、粽子、千层酥等。

秦汉时期，我国饮食文化方面最具特点的发展是食疗理论的发端。《黄帝内经》《神农本草经》《山海经》等为中国特色的食疗理论的形成奠定了基础。另外，由两餐制改为三餐制，中国北方由粒食改为面食，筷子成为普遍的进食工具，汉以后饮茶成风等，这些变化都影响深远。

三国至唐朝时期是我国饮食文化全面发展的时期，民族融合和文化交流的增加带来食品原料的极大丰富和饮食风格的快速发展变化。具体表现：麦子和稻子取代粟成为传统主食；三国两晋时期，乳和各种西域蔬果传入中原；隋唐时期，饮食原材料空前丰富，温室蔬菜出现，乳脂冷饮流行；分餐制逐渐过渡到合餐制，亲和力大大增强，进一步强化了吃饭这一活动在中国饮食文化中的社交属性；从早期的祭祀斋戒到儒家提倡布衣蔬食，到梁武帝禁止僧侣食肉，形成了中国独有的素食文化；孙思邈的《千金食治》和陆羽的《茶经》标志我国食疗学和茶学正式形成；三国两晋时期盛行的名士文化进一步推动饮酒之风盛行，茶、酒的兴起造成早期浆饮料的衰落。

宋朝至清朝时期是我国饮食文化的成熟时期。宋朝开始，由于上层统治阶级和文人雅士的提倡，饮食的文化属性大大增强，百姓也以精于吃喝为荣。同时，随着东西方交流进一步加强，食材也进一步丰富，我国传统饮食文化走向成熟。具体表现：食材丰富多彩，野味大量入菜；烹饪手段推陈出新变化多端，对食物造型的追求明显增强，讲究色香味俱全，达到艺术化的程度；饮食业繁荣昌盛，形成成熟的地方菜系。

三、起居与出行

（一）古代住宅环境与起居礼仪

我国古代非常重视住宅环境，原始社会的西安半坡人的室内空间已经有了科学的功能划分，且对装饰有了最初的运用。夏商周时期的宫室建筑空间就已经秩序井然、严谨规整。中国古代住宅以合院式为主，讲究对称，前后串连，通过前院到达后院，形成一院又一院层层深入的空间组织，这是中国封建社会"长幼有序，内外有别"的思想意识的产物，而住宅内部的陈设也随着建筑的发展以及起居习惯不断演化。

一般来说，中国古代的住宅用墙围住，最外面是大门，大门左、右各一间为塾。门内为庭，即院子，讲究的住宅还要设一道二门，即闱，又称寝门，大门与二门之间的院落为外庭，二门以内为主人起居的建筑，为内庭，由堂、室、房组成，一般都是坐北朝南。最前面的是堂，堂前有阶，堂后有户，由户通室，室中布席。堂是活动和待客行礼的地方，堂东、西两面墙称序，堂靠庭的一边有两根柱子，称东楹和西楹。堂前有两个阶梯，称东阶和西阶。古人在室外尊左，因此西阶是宾客走的。室在堂后，有户相通。要入室必须先登堂，所以孔子说子路："由也，升堂矣，未入于室也。"又说："谁能出不由户？何莫由斯道也？"室堂之间有窗，称牖，户偏东，牖偏西。室的北面墙上还有一个窗子，称向。

上古至秦汉时期是中国建筑逐步形成和发展的阶段。秦汉时期，中国古代建筑作为一个独特的体系，已基本上形成。根据墓葬出土的画像石、画像砖，至汉朝，中国住宅的合院布局已经形成。

室内家具陈设方面，因为跪坐是当时主要的起居方式，所以室内只有席、床榻、案、俎、禁（置酒器具）等矮型家具。南北朝时期以前没有桌、椅、凳，坐时在地上铺张席子，席

东汉市楼画像砖

地跪坐为居家常态。席的质料、色彩不同，使用有不同礼法要求，讲究一点的，坐时在大席子上再铺一张小席，谓之重席。汉朝时床主要供坐，几案可放床上，人们在床上休息、用餐、会客。古代的室内常常置帘与帷幕，地位较高的人或长者往往也在床上加帐幔，夏天可避蚊虫，冬天又避风寒，同时也起到装饰居室的作用。

三国、晋、南北朝至隋唐时期，合院布局多有明显的轴线和左右对称。随着民族大融合，室内装饰与陈设也发生很多变化，最重要的就是高坐具的兴起。隋唐时期，上层贵族逐渐形成垂足而坐的习惯，长凳、扶手椅、靠背椅以及与椅凳相适应的长桌、方桌也陆续出现。至唐朝末期，各种家具类型已基本齐备，室内空间处理和各种装饰开始发生变化。

宋朝至清朝时期是我国住宅起居文化成熟的时期。宋朝在厅堂与后部卧室之间用穿廊连成丁字形、工字形或王字形平面。明清时期，这种合院组合形式已经非常成熟、稳定，成为中国住宅的主要形式。北方住宅以北京的四合院住宅为代表，内部根据空间划分的需要，用各种形

宋朝兴庆宫图拓片

第十一章 红尘清欢——中国古代日常生活

159

式的罩、隔栅、博古架进行界定和装饰。南方多合院式的住宅,最常见的就是天井院,以长方形天井为核心围以楼房。一层的中央开间是家人聚会、待客、祭神、拜祖的地方,置放一张几案,上置祖先牌位、烛台及香炉等,几案前放一张八仙桌和左、右各一把太师椅用以待客,堂屋两侧沿墙也各放一对太师椅和茶几。堂屋两边为主人的卧室。

宋朝完全改变了跪坐习惯,桌、椅等家具因而十分普遍,家具的尺度也相应地增高了。明清时期,室内装饰出现了很多灵活多变的陈设,书画、挂屏、文玩、器皿、盆景、陶瓷、楹联、灯烛、帐幔等都成为中国传统室内布置的重要内容。

古人在室内很讲究座次,屋内四角各有专名,《尔雅·释宫》:"西南隅谓之奥,西北隅谓之屋漏,东北隅谓之宧,东南隅谓之窔。"其中,奥是室内的祭祀之所,室内四个角中以奥的位置最为尊贵,所以在室内以坐西向东的位置为最尊,其次是坐北向南,再次是坐南向北,坐东向西的位置最卑。

(二)古代交通出行

交通伴同人类活动而产生,文明古国无一不重视交通建设,我国古代也不例外。据记载,商朝已经懂得夯土筑路,并出现了大型的木桥,殷墟发现有碎陶片和砾石铺筑的路面。周朝道路建设和管理已经初见雏形,周朝的道路分为经、纬、环、野四种,其中郊外道路又分为路、道、涂、畛、径五个等级,各种道路都根据其功能规定不同的宽度。朝廷中由司空掌管土木建筑及道路,规定"司空视涂"并"列树以表道,立鄙食以守路"(《国语·周语》),这是道路定期维护、道路绿化和交通标志的萌芽。周朝还在交通要道上建立交通服务设施,"凡国野之道,十里有庐,庐有饮食;三十里有宿,宿有路室,路室有委;五十里有市,市有候馆,候馆有积"(《周礼·地官司徒》)。周朝还在发达的交通系统之上形成了有组织的邮传体系,秦汉以后建立了统一的建制驿站,唐朝时驿站已经遍布全国,除马递外,还有舟递,形成以长安为中心的水、陆驿传网。

中国古代内河交通非常发达。中国境内河流超过1500条,流域面积超过1000平方千米,但是大多由西向东入海,造成南北水运的局限。为克服这一局限,早在春秋战国时期,吴、楚、齐、魏国就相继开凿运河,初步构成由南北上的水运网。隋朝时,修通了以洛阳为中心,南起余杭(今杭州),北至涿郡(今北京),全长两千多千米的隋唐大运河,打通中国南北交通的大动脉,是世界上开凿最早、当时规模最大的运河。隋唐大运河基本淤塞废弃之后,元朝又开辟了京杭大运河。2014年,中国大运河成为中国第46个世界遗产项目。

我国古代出行,陆行的主要工具是车,其中以马车最为常见;水行的主要工具是木制的舟船。中国是世界上较早发明和制造车、船的国家之一。相传中国最早的车子是由夏朝的车正奚仲发明创造的,迄今所见最早的车则是商朝的遗物。周朝,我国制车技术已日臻成熟,制车水平成为当时手工业综合水平的重要反映,拥有战车数量的多寡成为衡量一个国家强弱的标志,所谓"千乘之国"就是用战

唐朝驯马陶俑

车的数量表示诸侯国实力的强弱。正因如此重要,古人十分重视驾车驭马的技术,在孔子的教学体系中专门设有"御"这一科。古代乘车一般是一车三人,三人的位次是尊者在左,御者在中,车右在右。如果车中尊者是国君或主帅,则居于当中,御者在左,车右同时承担保护车中尊者的责任。

舟船是由原始浮具(树干、葫芦、皮囊)逐步演变而来的。从伏羲氏始乘桴、刳木为舟等远古传说来看,我国在原始社会末期已经出现了筏和独木舟。周朝造船业已经初具规模,周朝已经把乘船出行的礼仪纳入礼制范围,进行了严格的等级规定。

春秋战国时期,我国已有专设的造船工场——船宫,可以制造性能更强的专门的战船。南北朝至元朝时期,中国造船业突飞猛进。南宋时期,中国的大福船已经远航到非洲东海岸。明朝郑和使用宝船七下西洋,中国的船运事业威名远扬,达到古代航运史的辉煌顶点。此后,随着郑和船队的裁撤,宝船被拆毁,中国的航运水平在明朝后期远远落后于世界的发展。

与此相关,出行礼仪是我国古代礼制的一个重要组成部分,历代帝王都对车服品级制度做出规定,任何人不得僭越,这种礼制首先表现在骑乘权上,即对车辆、马匹、舆轿等交通工具的使用有尊卑贵贱之分,仅允许一部分人骑马、乘车、坐轿,在享有骑乘权的人的内部,所乘交通工具的类型、数量、制造材料及其装饰、颜色、车上插的旗帜等也被严格规定,彼此间等级的高低和身份的差异就此直接显示出来。此外,礼制在行路秩序上也有直接体现,如在交通规则中明确规定"行路贱避贵"等。

> **• 成语小故事 •**
>
> **袍笏登场** 出自清朝赵翼《数月内频送南雷述庵淑斋诸人赴京补官戏作》诗:"袍笏登场也等闲。"原指身穿官服,手执笏板,登台演剧。比喻新官上任(含有讽刺之意)。
>
> 袍是长衣服。笏是古时大臣朝见时手中所执的狭长板子,用玉、象牙或竹片制成。

第二节 衣食住行有情味

一、古代佩饰

佩饰是古代衣着服饰制度的一个重要组成部分,佩饰在服饰中往往起着画龙点睛的作用。中国佩饰起源很早,考古表明,原始社会人们已经制作各种佩饰,考察其起源,或出于实用,图方便将物品随身携带而系于腰带上,或出于对美的追求,用首饰装饰身体,或出于原始宗教,用饰品来避邪。演化中,佩饰除了装饰、辟邪的功能外,还成为身份的标志、财富的象征、传达感情的媒介,具有宗教意识、权礼观念上的特别意义。

玉饰是中国传统中最重要的佩饰。原始时期,中国人就把玉看作具有神秘的力量的天地精气的结晶,赋予玉不同寻常的象征意义。周朝开始,玉制品成为礼制体系中的重要象征物,既用来显示等级、身份、地位,又可作为馈赠礼物。玉成为国之重器,《周礼》记载"以玉作六器,以礼天地四方",国家政权的象征——国玺以玉制作。同时,儒家文化中将玉与君子的德性联系起来。东汉许慎《说文解字》称:"玉,石之美者。有五德:润泽以温,仁之方也;䚡理自外,可以知中,义之方也;其声舒扬,专以远闻,智之方也;不挠而折,勇之方也;锐廉而不忮,洁之方也。"《礼记·玉藻》称"古之君子必佩玉"。

新石器时代玉三牙璧

商周时期,玉佩就有很高的水平。《荀子·大略》:"聘人以珪,问士以璧,召人以瑗,绝人以玦,反绝以环。"环、璧、璜、珠、玦、镯、坠饰、串饰、箍、扳指、璇玑、人首形饰等造型繁多,动物造型的饰品也非常丰富。后来玉更是被制作成各种形状,用于不同的身体部位,如瑱安在冠冕之上,琼、琚、环、璧等佩戴身上,瑾收于怀中,珰、璩、簪、钗、戒指、镯、珠、

西周玉佩

步摇等女性专用玉饰也很精美。西周开始,人们为了便于佩戴玉,还把多块玉组成一组饰件,佩挂在身上,俗名杂佩。杂佩由珩、璜、琚、瑀、冲牙五部分组成,用丝线将各种玉佩连缀起来,杂佩的末端半圆弧形的玉片称为璜,起平衡作用,另有玛瑙或绿松石珠负责连缀,不同地位和身份的人需佩戴不同规格的组配。汉朝时出现点缀有金板、玉片或宝石的腰带,成为男子的重要饰品。唐初制定了官服玉带銙制度,不同等级官员佩戴不同的腰带,腰带上镶嵌的材质以玉为最高,金、银等金属次之,而腰带上镶嵌的玉的数量也有严格规定,玉饰成为礼制服饰制度的重要标志物,官服玉带銙制度一直延续到清朝才被废除。

古人还喜欢在身上佩带香囊。香囊中放香料,又称锦囊、容臭。一些名贵香料如龙涎香、龙脑香、安息香,都是人们喜欢的香囊香料。《礼记·内则》:"男女未冠笄者……皆佩容臭。"香囊实际上不限于佩带,有的用来放香料,有的放文稿或机密物品。我国古代佩戴香囊的习惯一直延续到清朝。

如果说古代男子的佩饰除美化外多偏重权礼象征,古代女子佩饰则相对而言装饰性更加突出,古代女子的佩饰范围广泛,包括发饰、耳饰、颈饰、臂饰、手饰等,以其中最有代表性的头饰而言,就有笄、簪、钗、环、步摇、凤冠、华盛、发钿、扁方、梳篦等多种类,目前保留下来的精品很多,这些古代能工巧匠鬼斧神工的佳作体现了中国古代手工业的高度发达和审美趣味之精致高妙。

笄是古人用来插住绾起的头发或弁冕的饰物。在古代,女子插笄被视为标志成年的人生大事,还需要举行仪式,称为笄礼。从周朝起,女子年满十五岁便算成人,可以许嫁,谓之及笄。

明楼阁人物金簪1958年出土于江西南城县益庄王墓，是明朝头饰中的代表作。该金簪的簪首为云形，上有一重檐楼阁和五座牌坊，每座牌坊内有一舞蹈人，这是能工巧匠用高超的缂丝工艺，将金料拉成极细的金丝编织而成的，整支金簪的设计既绚丽又轻巧。

明孝靖皇后凤冠1957年出土于北京市昌平区定陵。凤冠通高48.5厘米，帽子部分高27厘米，口径为23.7厘米，重2 320克，用漆竹扎成帽胎，面料以丝帛制成，前部饰有九条金龙，下面有八只点翠金凤，后部有一只金凤，合计共有九龙、九凤。金凤凤首朝下，口衔珠滴，珠滴可以在走动的时候随步摇晃。凤冠后侧下部左右各有三个点翠地嵌金龙珠滴博鬓，博鬓上嵌镂空金龙、珠花璎珞。凤冠采用花丝、点翠、镶嵌、穿系等工艺，一共镶嵌有红宝石57块、蓝宝石58块、珍珠4414颗，点翠的面积大、形状复杂，整个凤冠金龙、翠凤、宝石交相辉映，富丽堂皇。

明孝靖皇后凤冠

二、中国茶文化

中国是茶的故乡，也是茶文化的发源地。西汉时已有饮茶之事的正式文献记载，饮茶的起始时间应该比这更早。据唐朝陆羽《茶经·六之饮》，饮茶始于神农时代，推算起来，茶被人类发现和利用有四五千年历史。种茶、饮茶是中国茶文化的发端，文人的参与进一步赋予茶文化以内涵。茶在中国人的文化、生活中占据重要地位始于汉朝，兴盛于唐朝，普及于宋朝，长盛不衰。几千年来，中国积累了大量关于茶叶种植、生产、食用、饮用的物质文化，体现在茶的税收、外贸、纳贡方面的相关制度文化，有关茶礼、茶艺的风俗文化等，茶还在中国人的审美情趣、价值观等精神核心层面产生了深远的影响。

茶叶因制作工艺不同，发酵程度会不同，进而呈现出不同的颜色。中国产茶区面积广、地域不同，茶叶制作工艺也有区别，所以中国茶叶种类丰富，按颜色可分为绿茶、黄茶、白茶、青茶、红茶、黑茶等。

在长期的饮茶过程中，中国人的饮茶方式也经历了煮茶、点茶、泡茶的变化。唐朝是将新鲜茶叶压制成茶饼，然后焙干、收藏备用。食用时，先烧开一锅水，放盐调味，然后把茶饼碾成粉末，撒入锅内稍煮，趁热连汤带茶粉一道喝下去，当时称为吃茶，这一说法现在在少数地区方言中犹有遗迹。宋朝喝点茶，就是将茶碾碎成粉，放入茶碗，加沸水，用茶筅用力击打，冲成饱含泡沫的糊状茶汤饮用。中国自隋朝至宋朝饮茶都使用这一饮茶模式，传入日本后被称为抹茶，在日本一直流传至今。而中国茶道自明朝以来，整叶冲泡代替了茶粉，称为明泡，喝茶时沸水冲泡整叶，喝茶水，留茶叶，喝完续水，明泡的出现和普及促进了中国茶道的成熟。具体来说，明泡促进了多种茶出现，如白茶、乌龙茶、红茶、黑茶和花茶；促使宜兴紫砂茶壶达到艺术品的高度；形成了中国茶艺的独特流程和审美标准；使饮茶上升到修身养性的高度；茶馆更加兴盛，成为遍布中国的重要的交流和娱乐休闲场所。

中国茶道以"和"为核心，追求自然和谐的美的境界，具体表现在饮茶的各个环节：

163

泡茶讲究节奏适中优雅,茶味苦甜香涩调和,深具中庸之美;饮茶讲究返璞归真、宁静致远;以茶待客,以茶交友时讲究谦和明礼。总体来说,中国茶道讲究喝茶时茶美、器美、艺美、境美、人美,最好在园林或自然山水间,择一雅静佳处,好茶、好水、好茶具,三五知己或独自一人,细啜慢饮,涤烦益思,以达修身养性、追寻自我之道。

茶宴是中国古代一种以茶代酒款待宾客的形式,又称茶会、汤社或茗社,其兴起可追溯到三国时期,正式出现在唐朝,茶宴的兴起跟贡茶制度有密切关系。唐朝时,每到茶讯季节,都有茶吏、专使等去茶叶产地设立贡茶院、茶舍,专门监制贡茶,这时就会举行盛大的宴会,由当地太守和一些社会名士共同品尝和审定贡茶的质量。后来,茶宴之风逐渐普及,成为官民都喜欢的一种宴客方式。在茶宴上,人们领略品茗滋味,欣赏环境和茶具之趣,达到物质和精神的双重享受,文人、士大夫更是钟情茶宴,常常将茶宴与欣赏自然美景、吟诵和创作诗词等融为一体,充满淡雅逸趣。茶宴以清俭淡雅为主旨,到现代演化为茶话会,依然在中国人的生活中占据重要地位。

茶是中国的传统饮品,自西汉起,茶逐渐进入中央行政管理的范围之内,称为茶政。中国古代的茶政主要表现为茶叶税收制度、贡茶制度和茶马互市制度。

三、中国传统家具

家具最初是为了满足人们在家中休息的需要而产生的,后来成为家庭陈设和日常生活不可或缺的必要物品,凝结着不同时代、不同地域、不同社会生活的文化特征。中国传统家具底蕴深厚,成熟期的中国古典家具在世界家具史上曾经大放异彩。

古文献中"家具"一词最早出现在《晋书》中,意指室内的所有器具物品,后来词义渐渐演进,现在指室内生活器具。中国传统家具的品种式样丰富多彩,按其功能可分为椅凳类、桌案类、床榻类、柜架类和其他类。早期我们的祖先最重要的家具是席子,在生活中可以睡、卧、坐,今天的很多词语如"筵席""主席""席地而坐"等都与席子有关,是从古人的生活中产生并流传下来的。三国两晋南北朝时期是中国家具史上的重要转折期,垂足而坐越来越流行,中国的家具开始从矮型家具向高型家具发展。至隋唐五代时期,后世所用家具类型已基本具备,并且朝着全套家具的方向发展,中国家具最具特点的榫卯技术也已经比较成熟。

宋、元、明、清是我国传统家具的成熟鼎盛时期。宋朝是我国高型家具的形成阶段,形成了以桌子为中心,配以椅子、凳子、坐墩等一系列高足坐具的家具组合,更加方便舒适。另外,家具结构上也形成了与建筑风格统一的梁柱式框架结构,简洁牢固又美观,一改唐朝的厚重浑圆,表现出洁净典雅的文人气,宋朝是我国传统家具真正成熟的时期。经过宋朝、元朝的发展,明、清两朝,尤其是明朝嘉靖至清朝雍正年间,我国传统家具达到了巅峰。

明朝中晚期,经济发达,文化繁荣,享乐之风盛行,文人们认为无论是生活的居所还是使用的器物都体现了主人的品性与格调,要将自己的审美理想渗透在生活的每个细节之中。这时的文人特别是江南的文人不仅亲自参与对园林的设计,也亲自参与对家具的设计,迅速提高了中国传统家具的艺术水准,形成了独特的艺术风格。这一时期,中国传统家具无论是在理论水平,还是在加工技艺和造型艺术方面,都取得了很大的成就：文人和有经验的工匠大师都著书立说，《长物志》《鲁班经》《髹饰录》《天工开物》等书中都有关于家具的理论阐述，配合不同生活场景的成套家具的概念出现，设计理念成熟高妙；从造型艺术水平上讲，明朝家具受文人审美观影响，追求优雅有度、自然质朴，形成了方中带圆、比例协调、线条流畅、收分有制、修饰有度的特点，风格上挺拔秀丽、刚柔相济；从工艺水平上说，精密巧妙的榫卯技术达到巅峰，无论大小家具，不用一根铁钉，全部构件都靠榫卯插接组合，既克服了木制家具随气候环境膨胀、收缩的难点，又符合传统文化中追求自然的文化理念。明朝家具优美的线条弧度与人体结构巧妙适应，堪称艺术和功能完美结合的典范。

清朝中期以后，受统治者追求豪华繁丽的审美趣味和西方同时期巴洛克艺术风格的影响，清朝家具一改明朝家具的简洁典雅，炫耀之风盛行，皇家、贵族等家具主人重在通过家具炫耀权势富贵，工匠重在炫技。家具的种类齐全，形式多变，不断翻新推奇；工艺上雕刻、镶嵌、描金彩饰等装饰技巧高超；设计上追求威严华丽，几乎不考虑舒适性。清家具的典型风格是造型繁饰精丽，体量厚重庞大，工艺水平精细高超，达到了新的高度，但相比明家具，整体艺术格调反而下降了。

《明清家具——坐具》特种邮票

下面介绍几种典型的传统家具。

"一腿三牙罗锅枨"是一种标准的明朝家具样式。罗锅枨指传统家具中用于桌、椅类家具之下连接腿柱的横枨，因为中间高、两头低，形似驼背（罗锅）而命名。牙子指传统家具中立木与横木的交角处采用的连接构件。"一腿三牙"指家具腿子的正面与侧面、腿与台面的角上各有一个牙子。一腿三牙罗锅枨方桌的每一条腿与三块牙子相交，下又有罗锅枨，造型简练，线条流畅。

炕桌是一种可放在炕、大榻和床上使用的矮桌子，通常高 20～40 厘米。描金是中国传统漆器工艺，通常在漆地子上先用金胶漆描绘花纹，然后把金箔或者是金粉黏着上去，在黑色等单色底子上描金的装饰效果尤其出众。乾隆万寿庆典时使用了一张黑漆嵌玉描金百寿字炕桌，通体髹黑漆，黑色桌面有描金篆书"寿"字 120 个，桌面边描金框一周，束腰下和腿牙边都有描金线条，上有描金团寿字。另外，此桌还在腿牙和万字锦地上嵌玉蝙蝠、寿桃等装饰。整体效果上，黑漆与描金、嵌玉等多种装饰相交辉。

• 成语小故事 •

鬼斧神工　出自袁枚《随园诗话》。亦作"神工鬼斧"。形容技巧极其精巧,似非人工之能为。

春秋时期,有个手艺十分高超的木匠叫梓庆。他不但能制作各式各样的家具,还能制作各种精巧的工艺品。有一次,他用檀木制成了一把锯子,造型美观,雕刻精细,见到的人都赞不绝口,甚至不相信这是人工做出来的,而说是出自鬼神之手。鲁国国君向梓庆请教制作秘诀,梓庆告诉他制作过程中要精神专注,摒除杂念,达到忘我的境界。

思考与实践活动 ▶▶▶

人间烟火,安乐平生

一　背景资料

(一)婚姻与爱情

1. 传统故事

秦晋之好

春秋时期,秦穆公为实现称霸的愿望积极寻求各种途径,求娶了晋献公的女儿,秦晋两国联姻,这是"秦晋之好"的开端。此后,秦、晋两国世为婚姻。

当时的"秦晋之好"只是一种政治上的联姻,是诸侯国之间的联合。后来意义慢慢泛化,普通婚姻也称结为"秦晋之好"。

昭君出塞

《汉书·元帝纪》:"竟宁元年春正月,匈奴呼韩邪单于来朝。诏曰:'匈奴郅支单于背叛礼义,既伏其辜,呼韩邪单于不忘恩德,乡慕礼义,复修朝贺之礼,愿保塞传之无穷,边垂长无兵革之事。其改元为竟宁,赐单于待诏掖庭王樯为阏氏。'"

《汉书·匈奴传》:"单于自言婿汉氏以自亲。元帝以后宫良家子王嫱字昭君赐单于。单于欢喜,上书愿保上谷以至敦煌,传之无穷,请罢边备塞卒吏,以休天子人民。"

公元前54年,匈奴呼韩邪单于被他的哥哥打败,于是向汉称臣归附,同西汉交好,并向汉元帝自请为婿。于是王昭君被汉元帝赐予呼韩邪为妻,在汉与匈奴官员的护送下,骑着马离开了长安,千里迢迢出嫁匈奴,演绎了一支和亲的壮曲。王昭君到匈奴后,被封为宁胡阏氏,象征着她会给匈奴带来和平、安宁与兴旺。

王昭君慢慢地适应了匈奴的生活,并把中原的文化带给了匈奴,帮助了匈奴的政治、经济的发展。王昭君死后,匈奴人民为她修建了坟墓,葬在大青山,即青冢。

文君夜奔

汉景帝时,司马相如任武骑常侍,郁郁不得志,于是称病辞职,回到老家四川临邛(今邛崃)。有一天,他去临邛大富豪卓王孙家做客。卓王孙有个丧偶的女儿,名卓文君。卓文君早就仰慕司马相如的文采,于是不顾家规、礼教从屏风向外窥视,司马相如佯装不知,其实内心亦早闻卓文君芳名,爱慕于她。司马相如趁抚琴之机弹奏了一曲《凤求凰》,传达了自己的爱慕之情。两人倾心相恋,但是两个家庭的政治地位、经济实力悬殊,两人的结合必遭家庭阻止,于是一天夜里,卓文君私自去找了司马相如,两人携手。

2. 爱情诗歌

致橡树

舒 婷

我如果爱你——
绝不像攀援的凌霄花,
借你的高枝炫耀自己;
我如果爱你——
绝不学痴情的鸟儿,
为绿荫重复单调的歌曲;
也不止像泉源,
常年送来清凉的慰藉;
也不止像险峰,
增加你的高度,衬托你的威仪。
甚至日光。
甚至春雨。
不,这些都还不够!
我必须是你近旁的一株木棉,
作为树的形象和你站在一起。
根,紧握在地下,
叶,相触在云里。
每一阵风过,
我们都互相致意,
但没有人,
听懂我们的言语。
你有你的铜枝铁干,
像刀,像剑,
也像戟;
我有我红硕的花朵,
像沉重的叹息,
又像英勇的火炬。
我们分担寒潮、风雷、霹雳;
我们共享雾霭、流岚、虹霓。
仿佛永远分离,
却又终身相依。
这才是伟大的爱情,
坚贞就在这里:
爱——
不仅爱你伟岸的身躯,
也爱你坚持的位置,足下的土地。

(二)家风家训

1. 家风与家训的意义

家风也称门风,指家庭或家族世代相传的生活作风,即一个家庭中的风气。家风是给世代家族成员树立的价值准则,是建立在中华文化根基上的集体认同,是家族个体成长的精神足印,更是家族代代相传沿袭下来的体现家族成员精神风貌、道德品质、审美情趣和整体气质的文化风格。家风对家族的传承、民族的发展都有较深影响。

家训是指家庭对子孙后代立身处世、持家立业的教诲。家训是家庭文化的重要组成部分,对个人的教养、原则都有重要的约束作用。家训或单独刊印,或附于宗谱。家训之外,还有家诫、家诲、家约、遗命、家规、家教等。家训在中国传承已久,是中华传统文化的一部分,对个人、家庭、社会都有良好的作用。

2. 家风家训小故事

孟母三迁

孟子小时候,居住的地方离墓地很近,孟子就学着大人跪拜、哭号的样子玩起办理丧事的游戏。孟母认为这个地方不适合孩子居住,于是将家搬到集市旁。在这里孟子学起商人做买卖的样子。孟母认为这个地方依旧不适合孩子居住,又将家搬到学宫旁边。这回孟子学会了在朝廷上鞠躬行礼等礼节。于是孟母安下心来,认为这才是适合孩子居住的地方,就在这里定居下来。为了给孩子创造良好的学习环境,孟母不惜多次迁居,这才成就了旷世大儒。

曾子杀猪

曾子的妻子有一次要去赶集,孩子哭闹着也要去。妻子哄孩子说:你不要去了,我回来杀猪给你吃。当她赶集回来后,看见曾子真要杀猪,连忙上前阻止,说只不过是开玩笑的话。曾子却说:小孩子是不能和他开玩笑的,你这次欺骗了孩子,孩子以后就不会再信任你。之后,曾子就把猪杀了。父母是子女的第一任启蒙老师,在孩子面前要以身作则,身教重于言教。

梁启超教子有方

梁氏一族拥有非常优秀的家风家教,培养出了多位为中国做出巨大贡献的梁氏后人。梁启超被誉为"中国知识分子第一人",同时,他又是一位非常成功的家长。他一生养育了九个子女,经他教育引导,个个成为某一领域的专家,甚至还产生了"一门三院士"的佳话。梁启超对于子女的爱和教育是全方位的,在求学进取、为人处世、理财时政等诸多方面,都平和平等处之。他在给孩子们的家书中毫不掩饰自己对他们的爱,在指导他们做学问的同时,又充分尊重孩子们自己的意愿。梁启超教育子女可以归纳为六个字:意育、智育、情育。他和子女的相处模式,以及教育子女的方法即便在今天看也是极具借鉴意义的。

3. 习近平关于家风家训的论述

中华民族历来重视家庭,正所谓"天下之本在国,国之本在家",家和万事兴。国家富强,民族复兴,最终要体现在千千万万个家庭都幸福美满上,体现在亿万人民生活不断改善上。千家万户都好,国家才能好,民族才能好。

——习近平在2018年春节团拜会上的讲话

家庭教育涉及很多方面,但最重要的是品德教育,是如何做人的教育。也就是古人说的"爱子,教之以义方","爱之不以道,适所以害之也"。青少年是家庭的未来和希望,更是国家的未来和希望。古人都知道,养不教,父之过。家长应该担负起教育后代的责任。家长特别是父母对子女的影响很大,往往可以影响一个人的一生。

家风是社会风气的重要组成部分。家庭不只是人们身体的住处,更是人们心灵的归宿。家风好,就能家道兴盛、和顺美满;家风差,难免殃及子孙、贻害社会,正所谓"积善之家,必有余庆;积不善之家,必有余殃"。诸葛亮诫子格言、颜氏家训、朱子家训等,都是在倡导一种家风。毛泽东、周恩来、朱德同志等老一辈革命家都高度重视家风。

——习近平在会见第一届全国文明家庭代表时的讲话

二 活动内容

（一）文化素养：婚姻爱情

择偶观在不同时代有不同的标准,具有与时俱进的特点,门当户对作为一项重要标准也发生了时代变迁。请结合背景资料,谈一谈现在的门当户对有着怎样的内涵。

（二）素养提升：相亲相爱，家国情怀

家是最小国,国是千万家。千千万万个家庭汇聚而成的家风可以展现国家风范的一部分,国家风范也可以指导家风建设的方向。在中国特色社会主义进入新时代的今天,国家倡导富强、民主、文明、和谐,倡导自由、平等、公正、法治,倡导爱国、敬业、诚信、友善,我们每一个小家庭更应传承好"家和万事兴"的传统美德,以社会主义核心价值观为指导,努力建设优秀的家风、家训、家教。

(1)家风是一代一代传承下来的,家风家训是我们为人处事的准则和行为习惯,也是一个人精神成长的重要源头。请大家与父辈、祖辈了解交流,听他们讲讲家族故事,凝练出自己家族的家风家训,与同学们交流讨论。

(2)请大家回想那些在成长过程中对自己影响深远的家风故事,那些在低谷时期给予你鼓舞和力量的家训语言,那些值得我们永远铭记的家风楷模,以"成长的印记"为题做一次主题演讲。

第十二章

悠游岁月——中国传统节庆与民俗

第一节 中国传统岁时节令

一、中国传统节日的由来

与有些民族的节日以宗教纪念日为主不同，中国传统节日植根于农业社会的土壤中。

"节日"一词，本来指的是节气时令中两节气的交接之日。为了准确地反映四季气温、降水、物候等多方面的变化规律，用以指导农业生产，古人依据太阳在黄道的不同位置，确定出二十四节气，把太阳一年的运动轨迹划分为二十四等份，每一等份为一个节气，始于立春，终于大寒，周而复始。每当农耕生产中重要的节气来临之时，人们都要举行相应的仪式，这样节气交接之日常常成为庆典之日，这就是中国传统节日的由来。中国传统节日是源自人们生活中的共同需要而通过积淀形成的，并以传统礼仪、仪式、游艺等为重要内容和方式，在特定时空关系中利用相应的物质载体表达思想、信仰、道德、理想等的民众群体活动的日子。

二、二十四节气

2016年11月30日，二十四节气被正式列入联合国教科文组织人类非物质文化遗产代表作名录。二十四节气是根据太阳在黄道上的位置来划分的。中国古代视太阳从春分点（黄经零度，此刻太阳垂直照射赤道）出发，每前进15度为一个节气，运行一周又回到春分点。古人五天为一候，三候为一气（节气），六气为一季，所以传统中一年有七十二候、二十四节气、四季。因为每个节气十五天左右的时间跨度，特别适合安排农业生产和日常生活，所以人们给二十四节气都起了特定的名称，用以提醒农业生产周期活动。二十四节气为立春、雨水、惊蛰、春分、清明、谷雨、立夏、小满、芒种、夏至、小暑、大暑、立秋、处暑、白露、秋分、寒露、霜降、立冬、小雪、大雪、冬至、小寒和大寒。

三、中国重要传统节日

（一）春节

王安石《元日》："爆竹声中一岁除，春风送暖入屠苏。千门万户曈曈日，总把新桃换旧符。"春节指的是中国传统新年，这是冬去春来辞旧迎新的节日，是中国最隆重的传统节日。中国传统新年历史悠久，由上古时期岁首祈年祭祀演变而来。朱熹曰："万物本乎天，人本乎祖。"祭神敬祖是表达对大自然和祖先的感恩之情。春节古代又称为元旦、岁首等。辛亥革命以后，中华民国采用国际公历纪元，将公历1月1日定为新年，称为元旦，农历正月初一改称春节，至此春节指代传统的农历新年，民间依然延续俗称过年。按传统习俗，广义的春节始于农历腊月初八，终于正月十五，持续三十八天。这三十八天里包括腊八、小年、除夕、元旦、元宵等一系列重要节点，每个节点都有不同的庆祝风俗，这些活动以除旧布新、迎禧接福、拜神祭祖、祈求丰年为主要内容，形式丰富多彩，而全国不同地方举行的庆典活动往往带有浓郁的地方特色。

春节的主题是辞旧迎新、阖家团圆，以岁首为界，明显分为辞旧和迎新两个部分，岁前主要是辞旧驱邪，岁后主要是迎新纳福。比如春节的一个重要民俗活动——祭祀，就明显分为两部分：一是岁首前进行的，如祭祀灶神、土地神、井神、河神等，这是远古先民与自然和谐相处的写照，表达了一年终了，先民们感念大自然的恩赐，是对过去一年的总结感恩；二是敬仰古圣先贤和宗族祖先而举行的祭祀，通常在除夕夜和正月进行，慎终追远，感念祖先的恩德，祈祷祖先"在天之灵庇佑儿孙"，更多地寄托了对于未来的希望。

春节期间，岁前的主要民俗活动有喝腊八粥、祭灶神、扫尘、理发、贴春联福字等。

农历腊月初八日称腊八，从先秦起，腊月里国君就要进行祭祀神灵、祈求丰收和吉祥的腊祭，将八种蔬、果、干物搅和在一起，煮熟成粥，庆丰收并祷祝来年风调雨顺。这种习俗后来逐渐传入民间，喝腊八粥的风俗到宋朝已十分风行。腊八粥的具体做法各地不一，反映了各地不同的文化风俗和气候物产。

小年为农历腊月二十三或二十四，是民间祭灶神的日子。传说灶神是长年驻扎百姓灶头的神，关于灶神的习俗充满了亲切的气息。祭灶活动始于原始的火神祭祀，早期祭灶多采取月祭，宋朝形成规程每年腊月二十四祭灶。小年这一天除了祭灶神以外，还有除尘等活动，实际是春节期间一系列准备工作及各种活动的开始，很多人觉得从这一天开始，春节的大幕正式拉开。

腊月三十夜是每年农历腊月最后一个晚上，称为除夕，它与春节（农历正月初一）首尾相连。"除夕"中的"除"字是"去除"的意思，"除夕"的意思是旧岁至此而除，来年另换新岁。除夕是辞旧迎新、万象更新的节日，是春节期间最重要的一天。除夕的活动内容丰富，各地风俗不同，但都围绕着除旧布新展开，包括祭祖、守岁、团圆饭、贴年红等习俗。

祭祀祖先是除夕的第一件大事。中国人怀着传统慎终追远的观念，在除夕夜除旧迎新之际追念祖先，希望祖先能够保佑祖孙后代。各地祭祖礼俗不同，形式各异，有的去宗祠拜祖，有的去墓前祭祖，大多数是在在家中正厅摆放牌位或画像，陈列供品，然后祭拜。

除夕的年夜饭也称团圆饭，在中国人心中具有特殊意义，漂泊再远的游子这一天也要赶回家和家人一起吃年夜饭。年夜饭使家人之间的关系更为紧密，让人感受到家庭的温暖和安慰。年夜饭各地都有很多讲究。一般北方人过年习惯吃饺子，而南方人依然以饭菜为主，餐桌上的菜讲究好彩头，如鱼意味着"年年有余"，圆子意味着"团团圆圆"，发菜意味着"发财"等。在南北朝时期，中国人已有除夕吃年夜饭的习俗。

除夕夜守岁也是一项流传久远的习俗，早在西晋《风土记》中就有明确记载："终夜不眠，以待天明曰守岁。"吃过年夜饭，点燃家中所有房间的灯火，通宵不灭，称为"燃灯照岁"，全家围坐闲聊或消遣，共同送走旧的一年，迎接新年到来，有的地方要守到天明，守岁象征着把一切邪瘟病疫驱走，新的一年吉祥如意、前途光明。

除夕贴年红也是流传很广的习俗。年红包括春联、福字、剪纸、年画等不同形式。剪纸、年画流行在一定区域内，各地普遍都贴的是春联和福字。春联是从原始的桃符发展来的，有历史记载的对联最早出现在三国时期，宋朝人们已经在桃木板上刻字创作对联，后来发展为在象征喜气吉祥的红纸上写对联，新春之际贴在门窗两边，表达新春美好的愿望。春联是中国文学和中国书法完美结合的艺术，是优秀的中华传统文化遗产。

爆竹至今已有两千多年的历史。传说为了驱赶怪兽"年"，古人会点燃竹子，利用竹子燃爆的噼啪声赶走怪兽。放爆竹这一风俗从一开始就起着驱逐瘟邪、祈求吉利平安的作用。火药发明之后，人们将硝石、硫黄和木炭等填充在竹筒内燃烧，产生了爆仗，后来又用纸筒和麻茎裹火药编成串做成编炮（鞭炮）。新年到来之际，家家户户开门的第一件事就是燃放爆竹，用爆竹声创造出喜庆热闹的气氛除旧迎新。但是，在现代人口密集的城市中，爆竹会带来空气污染和噪音污染，并且有一定的火灾和人身安全隐患，近年来，很多城市已经出台了烟花爆竹禁放令。

春节期间还有很多丰富多样的民俗活动，如压岁、拜长辈、访亲友、逛庙会、舞狮、舞龙、观花灯、闹元宵、扭秧歌等。春节是中华传统中最重要的节日，是欢喜团聚、普天同庆的佳节。

（二）清明节

清明是二十四节气之一，排在春分之后。清明时天气回暖，到处春和景明。清明节的主要节日内容是祭祀和踏青，它在历史演变中主要是吸收、融合了寒食节与上巳节的习俗。唐朝之前，寒食节与上巳节是两个前后相继但主题不同的节日，寒食节禁火、冷食、祭墓，上巳节取新火、踏青、出游。宋朝以后，清明节将寒食节中的祭祀习俗和上巳节"春嬉"的节俗都收归名下。到了清朝，上巳节退出了节日系统，寒食节也已基本消亡，取而代之的是清明节。清明节兼具自然与人文两大内涵。一方面人们祭祖扫墓，追思远祖；另一方面，人们踏青赏春，荡秋千，放风筝。清明节既是中国人走进自然、迎接春天、感受和激发自己的生命活力的节日，也是传承民族信仰、共享家庭人伦的重大春祭节日。

(三)端午节

关于端午节的起源,流传最广的是纪念屈原说。传说楚国大夫屈原报国无门,在得到国家灭亡的消息后,自沉汨罗江,楚国人民怜其情可哀,念其人可敬,为了不让河中鱼、龟等动物吃掉屈原的身体,纷纷向水中投粽子,并敲锣打鼓、划龙舟惊吓驱赶它们。但纪念屈原说始见于南朝文献,距屈原跳江已七百多年,后人附会的可能极大。据学者考证,端午节来历其实要远早于春秋战国时期,源自上古天象崇拜,由上古时期龙图腾祭祀演变而来。闻一多认为端午节是古百越族举行龙图腾崇拜活动的节日。上古时期,百越族以粽子投入江河中,以刻画龙形的小舟在水上竞渡来祭拜龙神。在历史发展中,百越族与汉族深度融合,农历五月初五过端午节的习惯也成为整个中华民族的重要习惯。而纪念屈原说等后期的传说加入,进一步丰富了这个节日的文化内涵。目前,端午节是我国四大传统节日之一,各地过法不尽相同,习俗甚多,但悬挂艾叶或菖蒲、佩香囊、食粽子与划龙舟是普遍习俗。

《端午节》特种邮票之一

(四)中秋节

中秋节是中国的传统佳节,节期为农历八月十五。这一天正是"三秋"(七月称孟秋,八月称仲秋,九月称季秋)之半,所以称为中秋节。根据史籍的记载,"中秋"一词最早出现在《周礼》一书中。中秋节的起源一说源于古代秋季祭祀土地神的活动,一说起源于古代帝王"秋天祭月"的礼制。所以,收获和祭月自古以来是中秋节的两大主题。汉朝有在立秋或中秋敬老、养老的仪式,《晋书》中也记载了中秋赏月之事,可以说,我国自古就有中秋庆祝祭祀赏月的传统,但是,并没有作为一个节日固定下来。中秋节成为固定节日是自唐朝始,唐朝将农历八月十五这一天定为天长节,普天同庆。宋朝开始,中秋团圆、赏月之风流行,明清时期更是大盛,中秋节成为四大传统节日之一。中秋节的习俗主要是家人团聚,共赏明月,共食月饼,共享天伦,各地还有譬如吃螃蟹、陈列瓜果石榴、观潮、观灯等习俗。无论有什么习俗,中秋节体现的都是中国人对家庭团聚的强烈追求、对亲人和故乡的深情厚谊。关于中秋节的民族记忆和民族感情千百年来渗透在中华民族的血液之中,形成中华民族凝聚力的重要组成部分。

• 成语小故事 •

白商素节 出自《文选·张协》,"若乃白商素节,月既授衣。"指秋天。李善注:"《周礼》:'西方白'。《礼记》:'孟秋之月……其者商。'"按五色分,秋属白;按五音分,秋属商。故"白商"指秋天。王绩《九月九日赠崔使君善为》:"忽见黄花吐,方知素节回。""素节"也是指秋天,有时特指重阳节。

第二节　中国传统民间游艺

一、中国传统民间游艺概述

传统民间游艺指的是各种民间娱乐活动，一般指世代相传于人民群众中，具有竞技意味或者具有表演性质而又非正式的娱乐活动，主要包括民间口头文学、民间歌舞、民间戏曲与曲艺、民间竞技与游戏等。

传统民间游艺起源于人民群众的生活经历。有的传统民间游艺起源于古代祭祀和巫术，如山西南部的高台社火，起源于古老的土地崇拜。在祭祖土地神的社日举行歌舞娱乐活动，俗称闹社火。随着社会的发展，人民对神灵的崇拜越来越淡化，这些歌舞表演就慢慢从娱乐神灵转变为群众自娱自乐。傩舞也是在古代"跳神驱鬼"的基础上发展起来的。有的传统民间游艺起源于人民的劳动、生活之中，如蒙古族的赛马、射箭都与骁勇善战的马背民族的日常生活、战斗经历紧密相关。

传统民间游艺一般来说具备以下特点：

(1) 在特定人群中流行，富于乡土气息。传统民间游艺的形成与特定地域的地理历史环境相关，与特定行业、特定阶层的劳动生活内容有关，所以表现出地域性、阶层性和特定人群中的传承性，具有浓厚的乡土气息，如吴江杂技、陕西皮影，各地小剧种等。

(2) 部分传统民间游艺有明显的时令性。很多传统民间游艺都是在特定民间节日集中表演或共同玩乐，所以具有明显的季节性和时令性，如庙会中的种种表演、节庆日的舞狮和舞龙等。

(3) 娱乐性与竞技性相融合。娱乐性是传统民间游艺最重要的社会功能，娱乐功能保证了人民群众乐于参与传统民间游艺活动，传统民间游艺才得以流传下来。而一定的竞技性往往进一步提升了游艺的观赏性，提高了人民群众参与的热情。比如说，很多民间游戏就明显有这一特征，如打秋千、踢毽子、跳皮筋等。

传统民间游艺在一定的自然环境和人文环境中孕育产生，并在民间广为流行，是传统文化中渗透在民族血液里特别具有生命活力的一部分。健康有益的传统民间游艺可以锻炼体魄、塑造人格、培养社会性。当我们参与或欣赏传统民间游艺时，会受到具有鲜明民族和地方特色的文化潜移默化的熏陶，感受到中华民族文化的强烈感染力，更加热爱自己的家乡、国家，更加热爱生活。

二、常见的中国传统民间游艺

(一) 民间歌谣

民间歌谣是人民群众口头创作的短篇诗歌。《诗经·园有桃》："心之忧矣，我歌且谣。"可以唱的称为民歌，只说不唱的称为民谣。中国传统民间歌谣流传下来的数量非常丰富，比较著名的有山歌、信天游、花儿、小调、号子等。我国南方各省对民歌统称山歌，这一名称最早见于唐朝。总体来说，山歌风格清婉悠扬，旋律抒情流畅，形式异彩纷呈。古代文人很重视对山歌的收集、整理，白居易有"岂无山歌与村笛"名句，冯梦龙辑录有《山歌》一书。南方各省的山歌对唱是非常精彩的民间游艺活动。信天游为流行于陕西、宁夏、甘肃等地的一种民歌，其曲调悠扬高亢，曲风粗犷奔放，节奏鲜明。花儿为流行于甘肃、青海、宁夏等地的一种民歌，它高亢嘹亮，明快动听。信天游和花儿体现了我国西北部地区人民的豪迈和激情。

另外，民歌还可以按演唱场合分为小调和号子。小调一般在休闲娱乐的场合演唱，其中不乏悲切伤感或柔美缠绵的抒情佳作。号子起着在劳动场合统一劳动步调、增加动力的作用，所以又称为劳动号子，风格坚定豪迈，节奏强烈，形式上一般是一领众和。

(二)民间舞蹈

最早的民间舞蹈是原始的劳动舞和宗教祭祀舞，所以，很多民间舞蹈都是对人民群众劳动生活的艺术化提炼，如汉族的秧歌舞、采茶舞、花鼓舞、花灯舞，傣族的孔雀舞，苗族的芦笙舞，蒙古族的盅碗舞等都非常精彩。因为歌、舞、乐通常是三位一体的游艺民俗形式，所以民间舞蹈又常被称为民间乐舞。例如，山西腰鼓舞为边敲鼓边舞蹈，秧歌舞、花鼓戏等常用固定的乐队在一旁伴奏。

西汉陶绕襟衣舞佣

(三)民间曲艺

民间曲艺是以说唱为主的艺术表演形式，一般会使用各地方言并与地方乐调相结合，具有鲜明的地方特色。据统计，全国有三百多个曲艺种类，影响较广的曲艺种类有评书、相声、大鼓、弹词、数来宝等。

评书又称说书，源于唐朝的"俗讲"，宋朝开始流行，现在通行于中国大部分地区。评书多讲长篇故事，往往分回、分目连续讲很多天。著名的评书艺术家如刘兰芳、单田芳、田连元，他们所讲的《岳飞传》《三侠五义》《杨家将》等评书的内容多为历史朝代更迭及英雄征战和侠义故事，既是历代评书艺人的心血结晶，也是群众性的艺术创作成果。

相声是以说为主的重要曲艺种类，其起源可追溯到周朝时的俳优活动，由宋朝的"像生"演变而来，形成于清朝。相声有三大发源地：北京天桥、天津劝业场和南京夫子庙。相声在其发展过程中，广泛从戏曲、独角戏、口技、评书、杂耍乃至街巷叫卖声中吸取营养，丰富自身的表演手段，用笑话、滑稽问答、说唱等引起观众发笑。相声的表演方式多为两人对说，主角称逗哏，配角称捧哏，也有单口和群话（三人以上合说）形式。

以唱为主的曲艺种类较多，其中大鼓和弹词较具有代表性。大鼓主要流行于中国北方诸省、市的广大城镇与乡村，其表演形式大多为一人自击鼓、板，一至数人用三弦等乐器伴奏，也有仅用鼓、板的。唱词基本为七字句和十字句，节奏感强，韵语唱腔与当地语言和民间乐调有密切关系，以精彩短篇故事为主，也有中长篇。弹词主要流行在南方。表演形式一般是由两个人弹唱，一人弹三弦，一人弹琵琶，自弹自唱，说唱结合，以唱为主。著名的弹词有苏州弹词，使用苏州方言，唱腔丰富多彩，流派纷呈。在苏州，评话称为大书，弹词称为小书，两者合称苏州评弹。

数来宝又名顺口溜,原是乞丐在店铺门前演唱索钱的手段,一人或两人说唱,用竹板或系以铜铃的牛髀骨打拍,夸赞商店货品精美、服务周到,"数"得仿佛可以"来宝"(赚大钱),因而得名。后有些艺人进入小型游乐场所演出,说唱内容变为中国民间传说和历史故事,打板的技巧更加高明,增强了描述情景、刻画人物的表现力。数来宝逐渐演变为快板书,其中山东快板书在全国影响较大。

在曲艺和民间歌舞的基础上,很多地方还发展了地方小戏。我国地方小戏种类繁多,如木偶戏和皮影戏都非常具有特色。

木偶戏又称傀儡戏,由演员操作木偶以表演故事。木偶戏最初的起源与古代丧葬礼俗的俑有关,源于汉朝,兴于唐朝,人以木偶为媒介,以歌舞演故事。因操作木偶的方式不同,传统木偶戏可分为杖头木偶、布袋木偶、提线木偶等多种形式。

皮影戏又称影子戏或灯影戏,用兽皮或纸板做成人物、舞台背景,演出时演员在用手控制影人做出各种动作的同时用光照射影人,形成生动逼真的剪影,配以音乐和演员的念白、说唱等,用来表演故事。皮影戏受地域物产和文化的影响,不同区域影人所用材料、造型种类、声腔各不相同,流派众多,如山西纸窗影人、陕西牛皮影娃娃、湖南影子戏、青海灯影戏、河南驴皮影、广东纸影戏、江浙羊皮影、福建抽皮猴、黑龙江皮影戏、北京蒲团影、河北滦州影等。皮影戏始于西汉,兴于唐朝,盛于清朝。

中国各地的传统地方小戏担负着向底层大众进行文化普及、传承地方历史的人物的作用,对塑造共同的道德体系、价值观和审美标准起了重要作用。据统计,20世纪60年代我国有近400个传统地方小戏剧种,但是在受到现代化进程的冲击后,目前已经消亡过半。保护传统地方小戏,任重而道远。

(四)民间竞技和游戏

民间竞技是一种以竞赛体力、技巧、技艺为内容的娱乐活动。龙舟竞渡等团体性民间竞技常常与民间歌舞乐结合,在特定节日期间构成多姿多彩的综合游艺民俗活动。而跳绳、棋类等个体性民间竞技常常和民间游戏相重合,在日常生活中起到以赛交友、娱乐生活的作用。拔河是传统民间竞技中流传很广的一种活动,拔河古代称为牵钩,春秋时期的楚国一带,军中已经出现拔河运动,用来训练士兵。起初的拔河活动以拉扯竹索为主,到了唐朝以后将竹索改为大绳,绳长约50丈(约167米),两头还分系小绳索数百条。唐朝时拔河要敲鼓以壮士气,大型拔河的参与者多至千余人,呼声震天。如今,拔河在中国各群体举办的运动会上也是气氛热烈的团体项目。

民间游戏指流传于广大人民生活中的嬉戏娱乐活动,俗称玩耍。它是日常生活中最普遍的、最有趣味的、具有参与性的活动。有些民间游戏项目在发展中逐渐完备,最后形成了竞技项目或杂技艺术。民间游戏种类很多,如划拳、包袱剪子锤、击鼓传花、捉迷藏、老鹰抓小鸡、跳房子、放风筝、猜谜语、折纸等。民间游戏具有浓郁的生活气息,简单易学,趣味性强且种类繁多,对促进儿童身心发展有着不可低估的作用。例如,击鼓

宋朝蹴鞠纹青铜镜

传花等助兴游戏在节日聚会和饮宴时活跃了气氛,增进了人与人之间的感情;丢手绢、抖空竹等体能游戏锻炼了人民群众尤其是少年儿童的身体素质;七巧板、套九连环、折纸等智能游戏训练、开发了少年儿童的智力和技能;很多民间游戏是一群孩子边说唱边玩耍的,同时锻炼了孩子的语言能力、合作精神,增强了规则意识。风采各异的民间游戏,给许多人带来了童年的欢乐,沉淀着家乡的风情,是需要我们保护继承的优秀传统文化。

> **• 成语小故事 •**
>
> **插科打诨** 出自明朝高明《琵琶记·副末开场》:"休论插科打诨,也不寻宫数调,只看子孝与妻贤。"
>
> "科"指古典戏曲中的表情和动作,即唱、白以外的动作,也称科范;"诨"指诙谐逗趣的话。插科打诨指戏曲演员在演出中穿插些滑稽的表演和道白来引人发笑。

思考与实践活动 ▶▶▶

乡土民俗,凝聚精神

一 背景资料

(一)传统节日

传统节日是人们在长期的社会生活中形成的、划分日常生活时间段的特定人文符号。一个民族的传统节日常常承载着民族起伏兴衰的文化历程,是重要的非物质文化遗产。人们在感受丰富多彩的节庆活动的同时,也于无形之中形成了稳固的民族认同,并凝聚着民族精神。传统节日有自身的文化内涵、价值和功能,体现在特有的庆典仪式、衣食住行、娱乐交际、精神信仰等各种层面。我国的传统节日文化有弘扬民族优秀文化、注入时代精神风貌的社会功能,是维系和促进中华民族文化认同的重要方式。

春节文化为我国传统节日文化之首,它集中展现了中华民族的社会生活图景,是用行为书写的文化文本。中华民族传统文化是丰富多彩的,具有民族和地域多样性。除了春节以外,少数民族庆祝新年的方式也精彩纷呈。以傣族为例,傣族新年为泼水节,在傣历六月中旬(农历清明前后十天左右)举行,是傣族最隆重的传统节日。傣族泼水节为期三至四天。第一天为"麦日",类似于农历除夕,人们要收拾房屋,打扫卫生,准备年饭和节间的各种活动。第二天称为"恼日",按习惯这一日既不属前一年,也不属后一年。第三天是元旦,被认为是"日子之王来临之日"。第四天是新年第一天,人们互相泼水,互祝吉祥、幸福、健康。泼水节的活动丰富多彩,有泼水、放高升、放孔明灯、丢包、赛龙舟、浴佛、诵经、章哈演唱和孔雀舞、白象舞表演等传统娱乐活动。

(二)古文中的"孝"

夫孝,德之本也,教之所由生也。(《孝经》)

孝,文之本也。(《国语·周语》)

孝,礼之始也。(《左传·文公二年》)

父母在,不远游,游必有方。(《论语·里仁》)

老吾老以及人之老,幼吾幼以及人之幼。(《孟子·梁惠王上》)

二 活动内容

(一)文化素养:我爱我家

以"外国友人来过年"为主题,假设你邀请了学校的外国留学生朋友寒假期间去你家过春节,你要好好接待朋友,让他体会到中华传统文化中的节庆民俗,并向他介绍美丽的家乡。请你做一个社会调查,收集、整理家乡的春节风俗、待客礼仪,全面了解家乡风貌,然后根据家乡特色设计接待方案。

(二)素养提升:家庭美德,尊老爱幼

尊老爱幼是中华民族的传统美德,是先辈传承下来的宝贵精神财富。在我们博大精深的传统文化中,重视人伦道德、讲究家庭和睦是我们文化传统中的精华,也是中华民族强大凝聚力和亲和力的重要体现。

开展"践行传统文化,从我做起"之"尊老爱幼活动月"活动,包括"念亲恩,展孝心"征文活动、"关爱老人健康"重阳登高活动、"关爱儿童,从我做起"等活动,请大家制定活动计划并认真完成,在这一过程中感受中华传统文化的源远流长,进行活动总结并分小组汇报。

第十三章

江南海北——中国地域文化

第一节 中国地域文化概述

中华文明虽为多元一体的大格局，但具体的地域文化则呈现出千姿百态、风格迥异之面貌。地域文化构成了丰富多彩的中国文化，体现了中国文化的生命活力。地域文化的研究与发展有利于保存和延续中国传统文化。了解中国地域文化，建立中国文化大坐标系，才能成就中国文化形象的整体高度和广度。

一、地域文化的概念

地域是一个自然地理概念，包括自然地理环境和长期受到人类直接影响而使原有自然面貌发生重大变化的人为环境。地域又是一个人文地理概念，特定区域的地域文化受一定历史人文条件的影响，而与其他地域文化相区别。

文化区指某种文化特征或具有共同文化特征的群体在空间上的分布。文化区是一个具有连续空间范围、相对一致的自然环境特征、相同或相近的历史过程、共性的文化景观构成的地理区域。文化区的形成主要是在传承文化传统的过程中，某一特定地域内各种自然和人文要素相互作用的结果。

地域文化又称为地方文化、区域文化。在我国，地域文化是指同一个文化区内源远流长、独具特色、仍在发挥作用的文化传统，通常具有独特的地域烙印。"百里不同风，千里不同俗"就是地域文化的真实写照。

二、中国地域文化的形成原因

地域文化最能够体现一个空间范围内有特点的文化类型，表现在语言、饮食、建筑、礼仪等多方面。地域文化的形成是一个漫长的过程,其形成原因包括自然地理环境、人口迁移、行政区划等的影响。

(一)自然地理环境的影响

自然地理环境决定着一个地区的人们的生存质量和状态,特别是在生产力低下的人类社会早期,人的生活状态和文化受自然地理环境影响非常大。中国幅员辽阔,俗话说一方水土养一方人,各地由于生产条件和生活条件的不同,产生了不同的文化习俗,进而形成了不同的文化区。例如,陕西人习惯吃面食,云南人喜欢吃米线;吊脚楼利于通风、防潮,蒙古包便于防风、保暖;等等。

(二)人口迁移的影响

人口迁移带来文化的融合与改变,形成新的地域文化。人口是文化最活跃的载体,大规模的移民必然会带来文化扩散,并在与迁入地文化进行融合之后产生新的文化积淀,从而形成新的地域文化。中国历史上的人口流动相当频繁,对今天影响最大的莫过于清朝以后的移民潮,大批中原人民迁移他乡,影响了岭南文化、巴蜀文化、闽台文化、客家音乐文化、徽州建筑文化等其他地方文化,扩大了文化横向发展的范围。

(三)行政区划的影响

行政区划是国家结构体系的具体形态,同一行政区划内的地域实际上具有相同的政治、文化背景,地方经济文化得以长期融汇、积淀,对文化有趋同的影响,更易形成地域性共同的文化特色。从历史上看,为了满足某一特定阶段国家政治、经济、文化发展的要求,行政区划会有一个相应的动态调整过程,但是这种调整应该考虑到地域文化的统一性,行政区划长期稳定的地方历史文化积淀更加稳定深厚。

我国幅员广阔,自然环境多样,早在史前社会就呈现出丰富的地域文化多元状态。春秋战国时期已经基本形成了具有地方特色的区域文化。秦汉时期,诸侯国消失,因地理环境差异和国别差别形成的区域文化区转化为地方行政文化区,共同的文化特色经过长期统一的行政管理进一步固化,形成今天我国各个历史文化区深厚的文化积淀。

三、中国地域文化的特征

(一)独特性

中国地域文化是在一定的地域范围内长期形成的历史遗存、文化形态、社会习俗、生产生活方式等。中国地域文化的特征首先在于打上了地域烙印的独特性。

由于古代交通不便和行政区域的相对独立性,不同地域之间交流不够方便,各地文化形态独立发展,互相影响较小,形成各自不同的风格。例如,三秦文化、巴蜀文化、中原文化、松辽文化、吴越文化、荆楚文化、岭南文化等都各自具有鲜明的特色。

(二)长期性

中华文明的凝结历经上下五千年,地域文化的形态也在这几千年的演化中逐渐形成各自的特点。一个地区的历史遗存积淀着这个地区独有的地域文化元素,历史遗存越多的地域通常地域文化就越发达。春秋战国时期是我国古代文化活动非常发达的一个时期,很多这个时期形成的文化元素流传至今,我国很多地域文化的命名源于春秋战国时期的诸侯国名。

(三)包容性

中华文明是由各民族共同创造、由多个地域文化共同构成的。各地域文化既有共性,又各具特性。"和而不同"是对中国各地域不同文化之间交流渗透、相互包容、和谐发展这种特点的最好表述。

我国古代大部分时期是大一统的国家,人群的空间流动障碍比较少,对外来文化比较包容。外来人群带来的文化习俗与当地文化习俗互相渗透和影响,丰富了当地的文化元素,推动了地域文化进一步发展。这种包容与发展在几个文化区域的交汇地带表现得尤为明显,如地处汉水上游的陕西汉中地区,其文化兼有其北部的三秦文化、南部巴蜀文化、东部的荆楚文化、西部的氐羌文化的特点,文化元素丰富多彩、特色鲜明。

(四)广泛性

文化包含了社会意识形态到生产生活的各个层面,不同地域的人的语言、饮食、建筑、礼仪等方面都可能表现出与别处不同的特征,具有形式上的广泛性。

语言是文化的重要载体。方言是具有地域性的语言,是同一个区域人们交往的媒介,同一方言区的人们容易形成共同的文化心态。方言和地域文化是相互影响、相互促进的关系。地方文化中的戏剧和曲艺等重要艺术门类的基础就是方言。

民间日常饮食和民居建筑也是地域文化的重要内容。古代交通不发达,建筑材料一般就地取材,修建时适应当地的地理气候特点。如陕北的窑洞、天水的板屋、开平的碉楼等都是当地特产的建筑材料与当地居民居住需求的完美结合。民间饮食也一般以当地物产为基础,在食材谱系、烹饪方法、进食方式等多方面适应当地特点。如鲁菜、川菜、粤菜、淮扬菜、浙菜、闽菜、徽菜、湘菜等在食材选择、烹饪方法、口味偏好上都有各自鲜明的特色,这也是各地气候不同、食物特产不同造成的。

婚丧节庆是民众日常生活中重要组成部分,各地多姿多彩的庆典习俗和五花八门的民俗礼仪也是地域文化的重要内容。

• 成语小故事 •

代马依风 出自《后汉书·班梁列传》。原意是北方所产的马依恋北边吹来的风。比喻眷恋故土。

"代"是古代北方地名,"代马"指代北方产的马。《古诗十九首》中有"胡马依北风,越鸟巢南枝"的诗句,表达对故乡的思念之情。

东汉军事家、外交家班超在西域多年,年老思乡,永元十二年(100)上书述说思乡之情,希望汉和帝能够召自己回乡,用了"狐死首丘""代马依风"两个典故。汉和帝被班超感动,班超得以回到故乡度过晚年。

第二节　越罗蜀锦看不足

我国的地域文化主要可以分为农耕文化和游牧文化两种。其中,农耕文化的代表有三晋文化、三秦文化、燕赵文化、齐鲁文化、巴蜀文化、荆楚文化、吴越文化、岭南文化等。

一、三晋文化

三晋文化的地域位于太行山与黄河中游的峡谷之间,东至太行山,西至黄河,南以黄河或者汾水为界,北边与草原文化接壤,四周山环水绕,整个地貌是一个被黄土覆盖的山地型高原,高原内部起伏不平,因战国时期的韩、赵、魏三国三分晋国而得名。地处黄河中游的三晋地区是我国古代文明的策源地之一,留下许多丰富的文化、物质财富。三晋地区的根祖文化形成了儒家思想的主流内涵。此外,晋北地区属于北方游牧民族文化圈的边缘地带,而晋南地区则处于中原文化的中心地带,两种文化在三晋地区相互碰撞融合,通过对外来文化的吸收、融合,三晋文化形成兼容并包、黜华尚实的特点。晋菜、晋剧、晋商文化是三晋文化的代表性文化现象。

晋剧是山西四大梆子剧种之一,又名山西梆子。晋剧主要流行于山西中部、北部及陕西、内蒙古和河北的部分地区。晋剧的特点是旋律婉转流畅,曲调柔美圆润,道白清晰,具有晋中地区浓郁的乡土气息和独特风格。晋剧代表剧目有《渭水河》《打金枝》《战宛城》等。

晋商可谓中国最早的地域商人。晋商在明清时期经营盐业、票号等商业,鼎盛一时。晋商成功的根源在于诚信和团结的商帮政策。晋商为中国留下了丰富的建筑遗产,如著名的乔家大院、常家庄园、曹家三多堂、王家大院等。

二、三秦文化

"三秦"之称始于秦汉之际雍王、塞王、翟王三分秦国,后来衍变为陕西的代称。三秦地区地处我国内陆,地形较为封闭,主要由黄土高原、渭河平原、秦巴山区三块地域组成,其中渭河平原作为三秦文化的主要载体在中国历史上具有重要地位,其文化影响时间长久。渭河平原三面环山,东面临水,土壤肥沃,气候适宜,灌溉便利,是我国重要的农业区。三秦地区早期具有开拓精神,后期逐渐趋向封闭保守,表现为既有纳异进取的开放精神,又有酷爱传统文化的怀古趋向,受汉唐文化的延续影响较深。三秦文化的代表性文化现象有面食文化、陕北窑洞、民间剪纸、窗花、秦腔、安塞腰鼓等。

陕北窑洞是中国西北黄土高原上特有的民居,分土窑洞、石窑洞、砖窑洞、土基子窑洞、柳椽柳巴子窑洞和接口子窑洞等多种。陕北窑洞具有十分浓厚的民俗风情和乡土气息,是陕北劳动人民的精神象征。

秦腔又称梆子腔,是中国最古老的戏剧类型之一,起源于古代陕西、甘肃一带的民间歌舞。秦腔是国家级非物质文化遗产之一。秦腔的表演技艺朴实、粗犷、豪放,极具夸张性,生活气息浓厚,技巧丰富。秦腔代表剧目有《春秋笔》《八义图》《和氏璧》等。

三、燕赵文化

燕赵文化以春秋战国时期燕赵旧地为核心地区，具有悠久的历史，对周边地域产生了广泛而深远的影响。从地貌看，燕赵文化所在区域山地、高原、丘陵、平原、盆地五种基本地貌类型齐全；从气候看，古代（至少在唐朝以前）燕赵地区湿润多雨，山高水深，森林茂密，禽兽繁多。特殊的地理环境，造就了燕赵文化独有的特点：一方面，具有华北地区深厚的农耕文化特点；另一方面，明显地受到草原游牧文化的影响，具有浓郁的战争文化色彩，本地人民擅长骑射，惯见刀兵。所以燕赵文化具有民俗古朴厚重、民风尚义任侠的特点。燕赵文化的代表性文化现象有京剧、河北梆子、吴桥杂技、特色建筑等。

京剧是中国影响最大的戏曲剧种，是中国国粹之一，享誉国际，有"国剧"之称。清朝乾隆年间，以安徽籍艺人为主的四大徽班陆续进京，与来自湖北的汉调艺人合作，同时接受了昆曲、秦腔的部分剧目、曲调和表演方法，吸收了一些地方民间曲调，不断交流融合，最终形成京剧。京剧是中华民族传统文化的重要表现形式，其中的多种艺术元素被用作中国传统文化的象征符号。京剧经典剧目繁多，如《玉堂春》《长坂坡》《群英会》《空城计》《霸王别姬》等。

吴桥杂技是河北省吴桥县地方传统杂技，是国家级非物质文化遗产之一。吴桥杂技起源于春秋战国时期，汉唐时期兴盛。吴桥杂技展示人体技能技巧，门类齐全，阵容庞大，包括耍弄技艺、乔装仿生、动物驯化、硬气功、魔术等门类，共有一千多个表演节目。吴桥杂技源于民间，历史悠久，有着深厚、广泛的群众基础，带有浓郁的生活气息和强大的生命力。

京剧演出

四、齐鲁文化

齐鲁文化所在地域东临大海、西接中原、北傍燕赵、南依徐淮，是连接华东与华北、大海与中原的纽带，地形多样。西周分封，齐国和鲁国为大国，礼乐制度盛行，在文化上代表华夏文化传统的正宗，对中华文化的发展产生了深刻的影响。齐文化与鲁文化早中期的道路并不相同，相对来说，齐文化尚功利、求革新，鲁文化重伦理、尊传统。秦汉以后，在封建统一的政治体制下，齐文化与鲁文化才逐渐融合，成为中国地域文化的重要组成部分。齐鲁文化的代表性文化现象有儒家文化、泰山封禅文化、鲁菜、山东快板、《水浒传》等。

泰山"五岳独尊"石刻

泰山封禅文化源于古代帝王封禅祭祀礼仪。唐朝张守节在《史记正义》对"封禅"解释道："此泰山上筑土为坛以祭天，报天之功，故曰封。此泰山下小山上除地，报地之功，故曰禅。"中国历代多位皇帝都进行过泰山封禅典礼,往往规模巨大,盛况空前。

山东快板也称数来宝,是发源于山东的一种平词说唱艺术。山东快板的表演形式有单口、对口、群口以及快板书。山东快板的艺术特点是短、明、快。山东快板的传统表演剧目大多是根据历史演义或者神话传说改编而成的。

五、巴蜀文化

巴蜀文化是巴文化和蜀文化的合称。广义的巴蜀文化指整个四川省、重庆市及其周边地区的文化。巴文化和蜀文化是两种非常古老的文化,在早期的发展过程中受理环境的制约,形成了相对独立的发展格局,曾经在相当长的历史时期不为巴蜀地区以外的人们所知。公元前316年,巴、蜀统一于秦,进入了中国大一统的政治结构,但一直以郡、州、道等行政区划形式存在。隋唐以后,巴蜀才作为地区的代称在各种场合广泛使用。巴蜀先民历经重重困难,克服巴蜀地区的地理障碍,促进了其与四方的政治、经济、文化的交流,使巴蜀地区成为中国西南方各种文化交流的要道。在这一过程中,巴蜀文化形成了兼容和开放的特点,巴蜀人民性格热烈、诙谐,民俗丰富。巴蜀文化的代表性文化现象有蜀锦、川菜、川剧等。

蜀锦是汉朝至三国时期,蜀郡(今四川成都一带)所产特色锦的通称。蜀锦有两千多年的历史,色调鲜艳,对比性强,是一种具有汉民族特色和地方风格的多彩织锦。蜀锦与南京云锦、苏州宋锦、广西壮锦并称为中国的四大名锦。

川剧俗称川戏,是汉族戏曲剧种之一,流行于四川东中部、重庆及贵州、云南的部分地区。川剧是国家级非物质文化遗产之一。川剧由昆腔、高腔、胡琴、弹戏、灯调五种声腔组成。川剧脸谱是川剧表演艺术中重要的组成部分,是历代川剧艺人共同创造并传承下来的艺术瑰宝。川剧代表剧目有《青袍记》《碰天柱》《琵琶记》《金印记》等。

六、荆楚文化

荆楚地区地处长江中游两湖地区,江汉平原沃野千里,气候温暖湿润,草木茂盛,四季鲜明。荆楚文化因楚国而得名,是华夏文化的主流与上古的三苗文化等当地原始文化相结合而产生的一种地域文化。荆楚文化具有鲜明的地域特色,精神上兼容并蓄、革故鼎新、崇武爱国,心理上崇尚自然、天人合一、浪漫奔放。荆楚文化的代表性文化现象有屈骚庄文、漆器、编钟、湘绣、傩戏等。

编钟是中国古代重要的打击乐器之一。编钟兴于周朝,盛于春秋战国至秦汉时期。编钟由若干个大小不同的钟有次序地悬挂在木架上编成一组或几组,每个钟敲击的音高各不相同。由于年代不同,编钟的形状也不尽相同,但钟身都绘有精美图案。有代表性的编钟为1978年在湖北随县出土的战国曾侯乙编钟。

湘绣是中国四大名绣之一。1972年长沙马王堆一号汉墓出土的"深褐色菱纹信期绣""黄绢地长寿纹绣"等大量刺绣残片证明湘绣已有两千多年的历史。湘绣技艺现已形成五大类七十二种完整的针法体系,双面全异绣使湘绣的表现形式和技艺水平达到了惊人的高度。

七、吴越文化

吴越文化以太湖为中心,包括今江苏、浙江、上海地区,影响可达安徽东部和江西东北部。吴越地区气候温和,土地肥沃,水网密布,雨量充沛,农业极为发达。在早期发展过程中,吴文化与越文化走的是不同的发展道路,太湖地区属于越文化的范围,宁镇地区是吴文化的中心,但因地理位置相邻,自产生就开始互相渗透。越灭吴之后,吴文化与越文化逐步融为一体,形成了吴越文化。吴越文化有兼容并蓄、聪慧机敏、务实求真、敢为人先的特点。吴越文化的代表性文化现象有苏绣、苏州园林、瓷器、苏菜、昆曲等。

苏州园林,溯源于春秋,发展于晋唐,繁荣于两宋,全盛于明清。苏州园林所蕴含的中华哲学、历史、人文习俗是江南人文历史传统、地方风俗的象征和浓缩,展现了中国文化的精华,在世界造园史上具有独特的历史地位和艺术价值。以拙政园、留园为代表的苏州古典园林被誉为"咫尺之内再造乾坤",是中华园林文化和建筑艺术的翘楚和骄傲。

昆曲原名昆山腔,又称昆剧,是被誉为"百戏之祖"的南戏的四大声腔之一,是中国传统文化艺术珍品。昆曲讲究唱、念、做、打,以曲词典雅、唱腔婉转、表演细腻著称。昆曲经典剧目有《牡丹亭》《长生殿》《桃花扇》等。

昆曲演出

八、岭南文化

岭南文化是南方地区文化的代表,其主要地域范围为广东、广西、福建和海南。岭南地区地少山多,农业发展受到局限,但商业和渔业发达。岭南文化与中原地区诸文化有着明显不同的文化发展模式,中国传统主流文化是明显的大陆性文化,而岭南文化成熟较晚,它的形成过程是农业文化和海洋文化不断融汇、发展的过程,也是各民族文化之间及中华文化与域外文化交流、融合的过程。岭南文化具有内涵丰富、务实顽强、适应性广泛的特点。岭南文化的代表性文化现象有粤菜、粤派建筑、舞狮等。

粤派建筑以岭南文化为基础,吸收外来文化精华,结合当地风俗民情,形成了独具特色的民居建筑风格。粤派建筑的代表形式有广府民居、客家民居、潮汕民居、侨乡碉楼民居等。其中最具代表性的是广府民居的典型形式——镬耳屋,其山墙状似镬(一种锅)的耳形把手,也似观音兜(一种帽子式样)。镬耳屋有独占鳌头、步步高升的寓意,在古代被视为家庭富有、名门望族的象征。

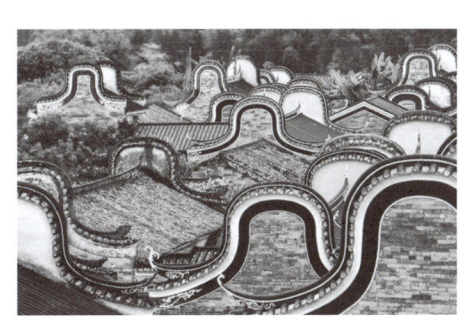

镬耳屋

九、游牧文化

游牧即不定居地从事放牧。游牧与农耕是古代两种不同类型的社会经济生产方式。在游牧生产方式的基础上形成了游牧民族独有的社会文化。游牧文化从本质上讲是一种民族文化,是北方诸多游牧民族在漫长的历史过程中共同创造、传承、发展而来的,并和农耕文化一起成为中华传统文化的重要组成部分。游牧文化形成于春秋战国时期,欧亚草原和中原地区的影响对其都起了很大的作用。生态环境的相似使得北方各地的经济类型逐渐向游牧化发展,整个欧亚草原的游牧化使得草原上的文化出现了高度一致,但游牧文化无法完全摆脱对农耕文化的依赖。春秋战国时期,各国不断扩张征战并开始修建长城,给北方地区带来了巨大的政治和军事压力,也加速了游牧文化的形成。我国学者将我国古代的游牧文化大致分为蒙古高原型游牧文化、青藏高原型游牧文化、黄河上游型游牧文化、西域山地河谷型游牧文化、西域绿洲半农半牧文化等类型[1]。总体来说,我国古代游牧文化表现出频繁进行民族迁移、有军政合一的氏族部落政权制度、有全民族统一的宗教信仰等特色。游牧文化的代表性文化现象体现在藏族、蒙古族、维吾尔族等民族特有的服饰、歌舞、建筑、饮食等各个方面。

各具鲜明特色的地域文化是文化在漫长的历史时期内在特定区域内人群中积淀后的结果,可以说,地域文化实际是中华传统文化在不同自然和人文环境下的具体体现,传承和弘扬地域文化中的精华内容和优秀因子,就是脚踏实地地传承和弘扬中华优秀传统文化。

第三节 一蓑烟雨梦徽州[*]

一、什么是徽州文化

徽州文化是古代徽州一府六县物质文明和精神文明的总和。徽州位于安徽省南部,地处安徽、浙江、江西三省的交界处。北宋宣和三年(1121)建徽州府,清宣统三年(1911)撤徽州府。在近800年的时间里,休宁、祁门、绩溪、歙、婺源、黟六县一直稳定地隶属于徽州,从而形成了极鲜明的地域文化。南宋时期,徽州文化崛起,明清时期达到鼎盛与繁荣。几百年间,徽州文化随着"徽骆驼"——徽商的势力网辐射深远,被誉为中国封建社会后期文化的典型标本。

二、徽州文化形成的原因

徽州文化的形成首先是移民大举迁入,文化融合和同化的产物。徽州山水环绕,气

---

[1] 贺卫光.中国古代游牧文化的几种类型及其特征[J].内蒙古社会科学,2001,22(5):38-43.

[*] 本节内容可选修。

候宜人,地理位置又相对封闭、安全,每当中原动荡,就有大批人口迁入,从西晋末年的永嘉之乱至南北朝、隋朝时期,中原民户特别是士大夫阶层和贵族阶层大量迁至长江流域,这是目前可考的古代徽州的第一次移民高潮。唐末黄巢起义、北宋靖康之变时也有大量中原望族南迁,其中相当一部分进入徽州地区。戴廷明、程尚宽所著《新安名族志》中记载了八十四家大族迁移徽州的过程。赵滂所著《程朱阙里志》详细记载了作为宋朝文化大家的程颐、程颢和朱熹的家族祖先从中原迁徙至徽州的过程。南迁至徽州地区的中原人带来的先进的思想文化与徽州本地的山越文化交融,为徽州文化奠定了基础,徽州文化一开始就传承了浓厚、正统的儒家文化基因。因为徽州地区多山水,地势起伏不定,移民们多以家族为单位抱团生存,形成了徽州文化中鲜明有力的宗族制度,具有强大的家族凝聚力和浓郁的乡土观念。徽州文化的最终形成和传播是儒、商相结合的产物。徽商是徽州文化的原动力和发展的催化剂。如果没有徽商经济实力作为后盾,没有徽商的大规模参与投资与建设,徽州文化可能就是一片空白。

三、徽州文化的主要内容

徽州文化植根于徽州本土,近代徽商的崛起造就了徽州经济的空前繁荣,也成就了徽州文化的辉煌,徽商堪称是徽州文化的"酵母"。徽州文化在物质层面上丰富多彩,徽派建筑、徽州工艺、徽州文房四宝、新安医学、新安画派、徽戏、徽菜等都独树一帜。徽州自发形成的社会、政治和宗教制度也具有鲜明特点,包括徽州宗族制度、徽州教育制度、徽州土地制度、徽商行业制度、徽商网络等。徽州文化强大影响力的根基为徽州文化深厚的思想体系,新安理学、皖派朴学、徽州文学等思想文化是徽州文化的内核,也是徽州文化影响最深远的地方的影响。

(一)新安理学

徽州素有"东南邹鲁""程朱阙里"的称号,徽州文化有深深的儒家思想的内在情结。程朱理学是中国儒家思想的传统流派,其奠基人程颢、程颐及理学集大成者朱熹的祖籍均为徽州(古称新安),因此程朱理学又称为新安理学。新安理学对徽州社会的发展产生了广泛而深刻的影响,构成徽州人文化心理结构的思想基础和理性内核。可以说,新安理学是古徽州社会的灵魂。

首先,新安理学非常重视"礼",朱熹的礼学著作《家礼》详细规定了各种礼仪的程序。重礼制,尚祖祭,强调三纲五常、宗法伦理,徽州人以朱熹为傲,"读朱子之书,服朱子之教,秉朱子之礼"成为徽州士人修身、齐家的共同的文化情结,新安理学的礼制成为宋朝以后徽州社会的伦理支柱,使徽州社会成为稳定性极强的封建宗法社会。其次,新安理学是徽商商业理念的理论支撑。新安理学提出"为商不贱"的理论,使田少地瘠的徽州人能打破旧观念束缚,以务实的态度出外经商。此外,徽商也以新安理学思想作为自己精神上的依归,"一以郡先师朱子为归",将新安理学思想熔铸在自己的商业活动之中,始终恪守诚、信、义、仁四大原则,新安理学思想成为徽商的法宝。

(二)徽州宗族制度

古代徽州的社会形态是典型的封建血缘宗法制。徽州人的祖先大多来自中原世家,避乱迁至徽州地区之后,为了保存家族及家族的精神传统,极为重视世家宗法,一般聚族而居,同一个家族聚居在一个村落,村落中居民以血缘亲情相联结,以嫡庶长幼而排序,社会风气重亲情而又尊卑有序。因为重视世家传承,徽州很多村落有非常完整的族谱,族谱往往包括"始迁祖"以来的所有家庭成员,成为研究徽州文化乃至中国封建时期典型的宗法文化的宝贵材料。为了维护宗族的长远发展,徽州的宗族士绅常常举家族之力发展教育,最终在徽州形成了很多文化世家,这些世家大族在各具特色的文化领域自成系统,很多世家学者辈出,引发了徽州文化在多领域的繁荣局面。

(三)徽州教育制度

徽州民居中最常见的楹联是关于读书的,如"几百年人家无非积善,第一等好事只是读书"等,充分说明了徽州人对读书的重视和期望,这与徽州人"学而优则仕"的传统思想的影响是分不开的。古代徽州地区拥有比较完善的教育体系,教育机构主要有以下几类:

(1)官办教育机构,如府(州)学、县学,以培养科举人才为宗旨,是读书人进身的必经之阶,其教官由朝廷委派,在徽州极受人们重视。徽州最早的地方官学教育机构歙州州学始建于唐朝。

(2)书院,又称书屋、精舍,是一种教育与学术研究相结合的民间机构。徽州书院普遍由山长主持书院工作,聘请主讲。宋朝以来,徽州书院非常发达,是全国书院最多的地区,成为古徽州教育制度中重要的形式,为国家培养了很多人才。北宋景德四年(1007)创办的桂枝书院是徽州最早的书院。徽州最著名的书院是歙县的紫阳书院,几百年间,紫阳书院一直是新安理学的中心。

(3)社学,五十户为一社,每社设社学一所。社学由官办,但经费更多的是靠各乡族捐助,实质上是官民结合的办学形式。

(4)义学,主要以宗族共产收入或私人捐资等方式办学,不收学费,家境贫寒子弟也可入学。

另外,古代徽州民间还有很多村塾、家塾、学馆等教育机构。古代徽州的学田制度为官费师生的生活和学习提供了有力保障,徽商的慷慨捐助也促进了徽州教育的发展。

(四)徽派建筑与徽菜

随着徽商的兴盛,徽州的衣食住行层次都有明显的提高。徽派建筑又称徽州建筑,是中国封建后期成熟的建筑流派,是徽州文化的重要组成部分。徽派建筑讲究山水灵气,重视与周围环境的协调,青山绿水与亭、台、楼、阁、塔、坊等建筑交相辉映,村镇规划构思精巧,空间处理灵活变幻,建筑雕刻富丽堂皇,其中民居、祠堂和牌坊被誉为徽州古建三绝。

徽州古村落具有依山傍水、随坡就势的特点,通过适量采用花墙、漏窗、楼阁、天井等建筑手法,沟通内外空间,使建筑群落与自然环境巧妙结合。古代徽州村落选址对山势和村子的水源特别重视。例如宏村,背靠羊栈岭、雷岗山,前临南湖,汩溪河蜿蜒流淌,整个村落设计成牛形,凿清泉为"月沼",成为想象中的"牛胃",通过两个出水口,建成纵横交织、长一千三百余米的上水圳和下水圳,通向村子里的家家户户,水圳被视为"牛肠",水圳的水经过使用之后,全部汇聚到被视为"牛肚"的南湖。宏村人文景观、自然景观相得益彰,是世界上少有的古代有详细规划的村落。

中国民居多院落布局,徽州民居也不例外。徽州民居在布局上以天井为中心,中轴线两边对称建房屋,一般进门为前庭,中开天井,后设厅堂。以一明堂二暗室的三间式为一个基本定式,可连接组合而成多进堂。民居四周有高高的墙围护,如同蜂巢,讲究聚族而居,"民不染他姓",子孙繁衍,扩建宅院后自然就形成了多豪门深宅的民居风格。天井被视为徽派民居的心脏,讲究"四水归堂"。而天井周围的院落,根据采光性来分配住所,体现了严格的家族等级制度。

古代徽州盛行敬祖之风,各村聚族而居,以宗祠为中心,营建民宅、园林、牌坊等,显示家族昌盛。徽州祠堂可以看作中国封建宗法势力的博物馆。著名的黟县南屏全村共有三十多座祠堂,有宗祠、支祠和家祠,形成秩序井然的祠堂群。宗祠用料名贵整大、宏伟肃穆,体现出族法、族规的神圣威严;家祠小巧精致,体现了精益求精的追求。牌坊是中国特有的一种纪念性建筑,明清时期徽商立牌坊传世显荣,往往树于祠堂前或村口,高大雄伟,气势不凡,与祠堂一起相互衬托,营造出浓厚的宗法氛围。位于歙县的棠樾牌坊群是全国重点文物保护单位。

徽派建筑的典型特点是粉墙、黛瓦、马头墙。其中,粉墙指雪白的墙壁,黛瓦指青黑的瓦。徽州民居选用黑、白为基本色调,粉墙的存在使得整个村子显得明亮起来。马头墙的作用是阻隔火源,后来也有防盗的功能。马头墙随屋面坡度层层迭落,以斜坡长度定为若干档,墙顶挑三线排檐砖,上覆以小青瓦,每只垛头顶端安装博风板,博风板上有各种"马头",马头墙因此得名。马头墙墙头高出于屋顶,轮廓像阶梯一般,远观之下,整个村落白墙青瓦。马头墙错落有致、粉墙、黛瓦、庭院深邃的建筑风貌与远近相依的青山相涉成趣,整个画面素雅明朗,空灵清淡。

著名的"徽州三雕"指的是具有徽派风格的木雕、石雕、砖雕。"徽州三雕"源于宋朝,至明清时期达到极盛,以歙县、黟县、婺源县的雕刻最为典型。"徽州三雕"在徽派建筑中都有着不同程度的体现,"有堂皆设井,无宅不雕花"是徽州民居的重要特点。"徽州三雕"装饰的重点是门楼、门罩、窗台、窗罩、梁柱、额枋等,"门罩迷藻悦,照壁变雕墙"便是"徽州三雕"的实际体现,画梁雕栋使得徽派建筑有着立体典雅的感觉。

徽菜兴于明朝,在清朝中末期达到了顶峰。徽州独特的地理人文环境赋予了徽菜独有的味道,徽菜又随着徽商的足迹传到了异地他乡,并在流传过程中吸取各地烹饪之所长,成为中国八大菜系之一。徽地盛产山珍、野味、河鲜、家禽,徽菜之美首先在于就地取材,以鲜制胜。其次,徽菜根据不同原料的质地特点,善用火功,娴于烧炖,成品重油、重色、入味,最终成为南北兼宜、自成一体的著名菜系。徽菜的代表菜品有徽州毛豆腐、红烧臭鳜鱼、一品锅、刀板香等。

(五)徽州文房四宝与新安画派

徽州是一个浸润着儒雅的艺术气息的地方,徽州的书画与文房四宝都闻名天下。

徽州被称为我国的文房四宝之乡。五代时期,徽州文房四宝已经闻名天下。宋朝以来,宣笔(产于安徽宣城泾县)、徽墨(产于安徽徽州歙县)、宣纸(产于安徽宣城泾县)、歙砚(产于安徽徽州歙县)一直为历代文人墨客所追捧。

宣笔被誉为"硬软适人手,百管不差一"。宣笔是中国四大名笔之一。宣笔有"四德"——尖、齐、圆、健。一支合格的宣笔至少要经过浸皮、发酵、柔笔、选毫、分毫、熟毫、扎头、笔套、易毫、刻字等十几道流程,共七十多个操作工序。

好笔还需好墨配。据《徽州府志》记载,徽墨创始于唐末。清朝,徽墨制作出现了四大名家——曹素功、汪节庵、汪近圣和胡开文。徽墨成品坚而有光,其墨水具有色泽黑润、入纸不晕、舔笔不胶、经久不褪、防蛀等特点。

宣纸始于唐朝,因其易于保存、经久不脆、不会褪色等特点,有"纸寿千年"之誉。独特的渗透、润滑性能让宣纸成为专供书画、裱拓、水印等用途的高级艺术用纸。四尺丹、澄心堂、玉版宣都是宣纸的著名品种。

歙砚是全国四大名砚之一,驰名于唐朝。歙砚坚密柔腻、温润如玉、发墨如油、贮水而不吸水、纹饰精美。按天然纹理的不同,歙砚有罗纹、金星、眉纹、金晕、鱼子等品种。其中,罗纹砚砚石上有罗纹,纹络似水波,石面泛光泽,沉入水中湿润如玉。金星砚砚石中融有点点金色矿物质,在光线照射下,颜色经久不退,越磨越亮金星砚为歙砚中的佳品,历来为文人所喜爱。歙砚对雕刻的要求也相当高,一方好的歙砚一定是好的石材与精美雕工的完美结合。

徽州文房四宝闻名天下除了因为品质出众,徽州的书画之风盛行也是文具业发展的原因。徽派篆刻、徽派版画都独具特色,尤其是明末清初之际兴起的新安画派,名家甚多,影响深远。新安画派以徽州本地画家为主体,还有当时寓居外地的一些徽州籍画家。他们善用笔墨,以黄山、白岳(齐云山)及徽州山水为创作的主要题材,绘画风格幽远冷峻,提倡在画中体现画家的人品和气节,有明显的士人逸品格调。新安画派不仅在17世纪的中国画坛独放异彩,而且至今享誉国内外。新安画派早期领袖当数弘仁,以他为代表的新安画派画家将一腔苍凉孤愤之情寄寓山水之间,"敢言天地是吾师,黄山影里是吾栖",画风脱俗幽冷。新安画派中的石涛、梅清也是画坛上大师级人物。近代徽州画家依然有庞大的群体,如著名画家黄宾虹,他13岁回徽州时领略了故乡山水之佳,从此一生痴迷描绘徽州山水。

徽州文化是中原移民文化与古徽州文化结合的产物,是以儒学为中心的传统文化在特定时空内的特色表现,徽州文化被誉为后期中国封建社会的典型标本,是中华传统文化在跨入现代门槛前夕一道亮丽的风景线。自古以来,徽州教育发达,人才辈出,徽州文化的精神财富在新时代的社会主义建设中依然发挥着重要的作用。

思考与实践活动 ▶▶▶

念兹在兹,爱我中华

一 背景资料

(一)地域文化与大学生思想政治教育

我国地域辽阔,各地域地理环境、自然条件千差万别,加之以政治、经济、历史等各方面因素的影响,在中华大地上形成了各具特色的地域文化。中国文化延续几千年不断,可以说很大一部分原因正是众多的地域文化相辅相成,在遇到危急的时刻,它们互相支撑和弥补,修复过往的创伤,缺少或者贬低任何一种地域文化都是不理智的,因为各地域文化都是中华传统文化不可或缺的一部分。这些地域文化不仅影响着当地人的生活方式、行为习惯、思维导向,对于当代大学生也具有不可忽视的思想政治教育作用。

地域文化对当代大学生的思想政治教育功能体现为地域文化中积淀着的中国的建筑、文化、法律、宗教等各方面内容,为大学生的思想政治教育提供了直观鲜明、丰富多样的教育素材,它可以进一步完善和丰富大学生思想政治教育的内容和形式等,有利于更好地对大学生进行思想政治教育。地域文化的教育意义具体表现在以下几方面。

(1)注重社会和谐,爱护人民,为人民着想。

(2)要诚信友善,建立诚信意识,遵守承诺。友善待人能极大地提升一个人的品德素养和整个社会道德水准,为以后的成功之路铺就基石。

(3)忠诚仁义,忠诚于人,忠诚于家乡。忠诚在个人品德中分量很重,可以培养爱国主义观念和行为,明确自己的责任和使命,不自私,不忘本。

(4)要坚毅执着。任何一种地域文化都不是自然而然就生成的,它离不开一代代人的坚毅执着,离不开人们面对困难永不妥协的信念。坚毅执着、坚持到底的精神可以提高我们适应复杂社会的能力,也可以增强我们面对困境的勇气和永不服输的韧劲。

(5)要有拼搏奋斗精神,懂得拼搏奋斗的人才会有精彩的未来。地域文化的积淀与形成是一代代人拼搏奋斗得来的。无论是实现个人梦想还是实现中华民族伟大复兴中国梦,都必须有向困难发起挑战的勇气和不断拼搏奋斗的毅力。

总之,地域文化对于大学生的思想政治教育有着重要的功能,可以提供丰富的教育资源,对个人的思想观念、道德要求和政治观点及社会的和谐稳定都可以起到积极的作用。

(二)地域文化与新媒体环境的发展

一个地域内共有价值观的形成需要媒体的不断传播才能让大众了解、理解和接受。在此前提下,任何地域文化离开了媒体环境都难以成为具有底蕴和涵养的地方,无法展示自己的浓厚历史和文化底蕴。如今,新媒体的高效率传播影响着地域文化传播的效果。地域文化不仅仅要重视创新和生产,更要重视传播和发展,充分利用新媒体的优势完成宣传效果。

新时代,科技水平日新月异,移动终端和智能端的发展和普及让文化传播平台发生了巨大的变化,诸多 App 和小程序增加了地域文化传播的渠道和平台。如今,网络社交媒体已经成为绝大多数人获取信息的重要媒介,网络平台数据广、方式多,新的互联网技术突破了传统媒体的局限。当人们需要了解某个地域文化时,新媒体可以节约大量时间,简洁、高效地将地域文化宣传出去。很多地方政府都有自己的官网、官微、公众号等,利用这些互联网平台传播当地文化,传播范围广、样式多、覆盖面全、成本低、效率高，更有利于信息的传播与接收。很多热门节目如《舌尖上的中国》《国家宝藏》等都是利用传统媒体和新媒体的结合，将地域文化发扬光大，让更多的年轻人了解地域文化，爱上地域文化。

地域文化想要更好的发展，离不开传播者的主导地位。应该在一定范围内，最大限度地传播正能量，让地域文化自身拥有正面的文化属性，让文化传播在更优秀的路上发展。

现在，人们已不再满足物质需求，而更注重精神需求。中国历史悠久，加强地域文化的宣传能够体现我们文化强国、文化大国自信的一面。因此，我们要顺应时代发展，跟上科技的进步，保持创新力，借助新媒体的优势，将属于我们的文化发扬光大，加强我们自身的文化建设，不忘初心，爱我中华。

二 活动内容

（一）职业素养：了解家乡

同学们来自全国各地，共同的学习目标把大家聚集在一起。请大家夸一夸自己的家乡，说说家乡有哪些不同于别处的地域特色，这种地域特色中蕴含了哪些中国传统思想和精神。请提交一份家乡地域文化调查报告，或以情景剧形式展示。

（二）素养提升：热爱祖国，热爱家乡

热爱家乡就是热爱家乡的山山水水、亲朋邻里，以及热爱家乡独有的灿烂文化，这是一个人对于自己生活的世界的直接而具体的爱，也是热爱祖国的情感原动力。同时，我们也要超越狭隘的地域观念，将对家乡的热爱升华到对于祖国的热爱，明白家乡是祖国的组成部分，爱家乡与爱祖国密不可分，爱祖国的情感要落实到服务地方、建设文明社会的实际行动上。

当前，我们要立足地方传统文化根脉的特色，传承中华优秀传统文化遗产，在新的时代条件下，对地域文化进行创造性转化，不断彰显地域特色和品格，努力传播好地域声音，为中国梦的伟大征程奋力书写新篇章。

请大家结合背景资料及国家领导人考察各地时发表的讲话精神，为学校所在地的文化传承创新献言献策。

传统与现代

第十四章

创造创新——
中华优秀传统文化的现代化进程

习近平在中共中央政治局第十三次集体学习时的讲话中指出:"中华文化源远流长,积淀着中华民族最深层的精神追求,代表着中华民族独特的精神标识,为中华民族生生不息、发展壮大提供了丰厚滋养。"中国共产党在领导人民进行革命、建设、改革伟大实践中,自觉肩负起传承发展中华优秀传统文化的历史责任,是中华优秀传统文化的忠实继承者、弘扬者和建设者。党的十八大以来,在以习近平同志为核心的党中央领导下,各级党委和政府更加自觉、主动推动中华优秀传统文化的传承与发展,开展了一系列富有创新、成效的工作,有力增强了中华优秀传统文化的凝聚力、影响力、创造力。随着我国经济社会深刻变革、对外开放日益扩大、互联网技术和新媒体快速发展,各种思想文化交流、交融、交锋更加频繁,迫切需要深化对中华优秀传统文化重要性的认识,进一步增强文化自觉和文化自信;迫切需要深入挖掘中华优秀传统文化的价值内涵,进一步激发中华优秀传统文化的生机与活力;迫切需要加强政策支持,着力构建中华优秀传统文化传承发展体系。

第一节 社会主义核心价值观的传统文化底蕴

一、中华传统文化的现代化

(一)中华传统文化的现代化背景

现代化是指在现代科技的影响冲击之下,传统社会向发达的工业社会进行或已经完成的社会、文化的变迁。现代化是人类文明要素创新、选择、传播和退出交替进行的过程,是包含物质文明和精神文明在内的人类文化的整体变迁,并且具有全球性的趋势。

中华传统文化以儒家思想为主体,从原始儒家到汉朝经学,再到程朱理学,随时代而变化,具有兼收并蓄的包容性和灵活性。19世纪中叶以后,中国封建制度开始解体,中华传统文化开始了现代化的过程,这既是传统农业社会向现代工业社会转变的过程,也是中华优秀传统文化与近现代西方文化融汇的过程。

19世纪后半叶,西方近代文明对中国传统社会产生了巨大冲击,西方殖民主义在政治、军事、经济各方面全面重创了中国传统社会,动摇了其政治、经济根基,随后中国的知识分子也接受了资产阶级思想和社会主义思想,对传统文化进行了批判和扬弃。具体来说,经过了鸦片战争、洋务运动、戊戌变法和五四运动等一系列重大事件,几千年农业社会传统文化的根基大为动摇,很多知识分子投身到倡导科学与民主的西方近现代文明之中,经过保守派和革命派多次拉锯,最终以旧儒学为主体的传统文化退出了文化主流的位置,文化上的"现代化共识"形成。

20世纪末以来,几乎整个世界都卷入了全球化背景下的现代化浪潮之中,文化全球化是其中的重要组成部分,在文化全球化的大潮下,西方现代文化借助其强大的物质实力对其他民族的传统文化形成了强势的侵蚀,牛仔裤、可口可乐和好莱坞电影被带到世界上几乎每一个角落。同时,很多富有民族特色的信仰、节日、服饰、习俗、仪式、典礼甚至语言、文字正趋于消失。

今天,中国已经掀起了建设中国特色社会主义新文化的热潮,中国特色社会主义新文化将是中国传统文化现代化转换的必然结果,是我们传承发展中华优秀传统文化的目标。

(二)中华优秀传统文化的现代化历程

近现代以来,中华优秀传统文化一直面临着生存的危机和转型的挑战。从1840年鸦片战争开始到中华人民共和国成立,中华传统文化一直一波三折地进行以文化自救和重构为目的的转型探索。而中国共产党带领人民,在继承中华优秀传统文化的基础上,将马克思主义与中国具体实际相结合,探索出一条特色鲜明、亮点纷呈且具有浓厚本土气息的国富民强之路——中国特色社会主义文化建设道路。

从洋务运动的"中学为体,西学为用",到章太炎的国粹主义,再到五四时期的古今中西之争,从胡适的全盘西化论,到现代新儒学论,再到中国本位文化建设,在文化保守主义、激进主义等各种主义的争辩中,中华传统文化经历了将传统文化优秀因素与现代化相结合的探索过程。这一过程中先后形成了国粹主义、全盘西化论、中西调和论三种不同类型的文化理论。国粹主义认为现代化过程中出现的种种文化滑坡问题必须靠完整复兴传统文化来解决,在传统中重新获得新的生命力;全盘西化论认为中华传统文化与现代化是背道而驰的,要想现代化,只能用西方文化彻底代替中华传统文化;中西调和论认为中、西两种文化是两个极端,而中华传统文化的现代化就是要调和这两个极端。一百多年的实践证明,这三条路都走不通。党的十九大报告中提出的"创造性转化、创新性发展"才是中华民族文化复兴的坦途,是指导、传承、发展中华优秀传统文化的重要方针。

(三)中华优秀传统文化的现代化路径

党的十八大报告指出,文化实力和竞争力是国家富强、民族振兴的重要标志。中华优秀传统文化是中华民族的精神载体,是积聚民族凝聚力、推动中国历史不断前进的思想基础,中华传统文化的现代化过程是中华民族不断自我发展、自我提高的过程。《诗经》有言"周虽旧邦,其命维新",对传统文化的继承与发扬从本质上来说是对文化的再生产,只有不断地综合创新,才能使传统文化在今天焕发出新的活力,一味守旧、全盘固化带来的只会是文化传统的僵死。

文化综合创新是文化的生命和源头活水。很多专家、学者对构建以中华优秀传统文化为基础的社会主义新文化提出了自己的见解。首先,要克服近现代长期积贫积弱形成的弱势心态,重新树立民族的文化自信心。其次,要提高全体人民的文化自觉,使优秀的传统文化深入社会各阶层全面扎根,进而激发全社会的文化创新力和创造力。最后,要发展传统文化中优秀的民族精神价值观,发扬陶冶情操的传统艺术,继承多元融和的传统民俗,重铸辉煌璀璨的传统技艺,最终构建以社会主义核心价值体系为核心的多元文化交融的文化体系,并且积极拓宽文化传播的渠道和范围,不断提升中华传统文化的世界影响力,为建立多元丰富的现代文明世界奠定坚实基础。

二、社会主义核心价值观的传统文化底蕴

社会主义核心价值观——富强、民主、文明、和谐、自由、平等、公正、法治、爱国、敬业、诚信、友善是实现中华民族伟大复兴的思想基础,是中华优秀传统文化在社会主义新时期创造性的转化。

(一)富强、民主、文明、和谐的建设目标

富强即国富民强,是中华民族梦寐以求的美好夙愿,也是国家繁荣昌盛、人民幸福安康的物质基础。《周易·系辞》:"富有之谓大业,日新之谓盛德。"在儒家的政治理想中,富强是实现王道政治的首要法则,"以富邦国""以富得民"(《周礼》)。《管子》:"主之所以为功者,富强也。""主之所以为罪者,贫弱也。"以儒家思想为基础的中华优秀传统文化主张在富民的基础上教民,进而达到仁政礼治。国民共同富裕的思想是中华优秀传统文化的精华,也是社会主义核心价值观重要的源头活水。

中国古代以民为本的论述有很多,如"民惟邦本,本固邦宁""载舟覆舟""民贵君轻"等,但是,传统文化中的以民为本首先承认君王有绝对的统治权,同时要求君王在统治时对百姓的力量保持敬畏之心,使统治长久地延续,所谓"政之所兴,在顺民心"。中国特色社会主义追求的民主是人民当家做主,是创造人民美好、幸福生活的政治保障,首先表现为国家权力属于人民,与传统的民本思想有本质的不同,但同时又继承了中华优秀传统文化中重视民生的基本思想,克服了西方民主以个人主义为民主根基的流弊。

在汉语中,"文明"一词的"文"是"经天纬地","明"是"照临四方","文明"指政治光明,然后辅以诗书礼乐,教化世人,最终百姓进退有节、行止有度,社会进步,脱离原始野蛮状态。今天我们提倡的文明同样是我们对社会进步的追求,具体来说是建设面向现代化、面向世界、面向未来的,以及民族的、科学的、大众的社会主义现代化文化事业。

文明是实现中华民族伟大复兴的重要支撑。

和谐是中华优秀传统文化的基本理念。中华优秀传统文化充满着对和谐、和睦、和合以及和平的热切追求。中国传统的和谐思想体现为不偏不倚、中正和合的基本理念，它首先强调的是个人、社会、自然的和谐一致，其次是政治上推行仁政，君民和谐，协和万邦，从而实现"仁者无敌"（《孟子·梁惠王上》）的强大政治统治。今天我们提倡的和谐是处理好个人自身、人与人之间、人与社会之间、社会各阶层之间、人与自然之间以及国家与国家之间的关系，在文化的层面建设好中国人怡然自得、守望相助的精神家园。

富强、民主、文明、和谐是社会主义现代化国家在社会建设领域的价值诉求，是经济社会和谐稳定、持续健康发展的重要保证。

(二) 自由、平等、公正、法治的社会价值取向

中华优秀传统文化有着自己独特的对自由、平等的价值追求，对公平正义的向往和持守。汉语中"自由"一词最早见于《史记·货殖列传》："言贫富自由，无予夺。"这里的"自由"是"由自己的行为导致"的意思，后来逐渐发展出三层含义，成为中华民族一直以来的追求和向往。它首先指一种特立独行的人格，其次指在这种人格辉映下做出不同流俗的人生选择，最后指这种人生选择带来的自得自乐的内心感受。《击壤歌》里所谓"日出而作，日入而息。凿井而饮，耕田而食。帝力于我何有哉"就是我国古代劳动人民向往的自由生活的写照。

平等、公正在中华优秀传统文化中有源远流长的根源。中国古代的平等特别强调人格尊严的平等，尊重人的生命和价值，如"圣人与我同类""爱无差等"等。《大学》提出平天下的"絜矩之道"，提倡以推己度人为标尺的人际关系处理法则，达到做事中庸合德，公平、正义地对待每一个人。但是中国古代的平等、公正观念不是绝对意义上的，而是建立在上下有等，尊卑、长幼、君臣、父子、夫妇有严格秩序，去私就公的原则上的等级秩序，不同的人的权利与义务各不同。今天社会主义核心价值观所说的平等是不断实现实质平等，指的是公民在法律面前一律平等，人人依法享有平等参与、平等发展的权利；而公正指的是社会公平和正义，它以现代文明中人的自由平等为前提，是现代国家、社会的根本价值理念。

"法"在古代汉语中有多重含义，在法家看来，"礼""法"并列，都是规范百姓行为的体系，"礼"由国家文化教育体系用以教化百姓，"法"由国家暴力机器用以强制百姓，"礼法共治，德刑合一"。今天我们的社会主义法治是治国理政的基本方式，依法治国是社会主义民主政治的基本要求。它通过法制建设来维护和保障公民的根本利益，是实现自由平等、公平正义的制度保证。

自由、平等、公正、法治是我们对美好社会的生动表述，也是从社会层面对社会主义核心价值观基本理念的凝练，反映了中国特色社会主义的基本属性，是中国共产党矢志不渝、长期实践的核心价值理念。

(三) 爱国、敬业、诚信、友善的个人价值准则

在社会主义核心价值观中，"爱国、敬业、诚信、友善"是从个人行为层面提倡公民应该恪守的基本道德规范，也是评价公民道德行为选择的基本价值标准。

爱国精神是中华优秀传统文化的重要特点，也是社会主义道德建设的重点内容。

爱国精神就是人们对自己故土家园、民族和文化的归属感、认同感、尊严感与荣誉感的统一。中华优秀传统文化中的爱国精神起源于朴素的对血缘故土的依恋珍惜之情。孔子离开鲁国周游列国前感叹："迟迟吾行也,去父母国之道也。"这种朴素的爱国情怀后来发展为忠君爱国和天下为一的核心思想,自觉维护国家统一和民族团结,这种爱国精神是我国传统文化的宝贵传承。我们应以振兴中华为己任,促进民族团结,维护祖国统一,自觉报效祖国。

学者徐复观认为"敬"是对人、对事、对世界努力、认真、严肃、审慎、敬畏的态度。《近思录》："涵养须用敬,进学则在致知。"即通过内心涵养的修养来达到进学致知的目的。《论语集注》："经礼三百,曲礼三千,亦可以一言以蔽之,曰'毋不敬'。"这句话把"敬"作为社会交往最基本的规则与人格修养最基本的标准。现在我们提倡的敬业精神是对公民职业行为准则的价值评价,要求公民忠于职守,克己奉公,服务人民,服务社会。敬业是从业者的一种道德的自我约束。《仪礼经传通解》："敬业者,专心致志,以事其业也。"敬业的人专心致志、严肃认真、勤奋努力地对待自己的事业,辛勤劳动,诚实劳动,创造性劳动。人生能从自己职业中领略出趣味,生活才有价值。每一个行业、每一个领域都敬业,聚沙成塔,集腋成裘,民族的伟大复兴最终会实现。

诚信即诚实守信。许慎在《说文解字》中解释："诚,信也,从言成声;信,诚也,从人言。"中国古代关于诚信的论述很多,如"诚者天道""言信行果""言必信,行必果""一言既出,驷马难追"等。又如著名的"一诺千金"的故事:汉初侠士季布一向说话算数,"得黄金百斤,不如得季布一诺"。后来,他被汉高祖刘邦重金悬赏捉拿,他的朋友冒着灭九族的危险保护他,使他免遭祸殃。传统文化里用这个故事说明一个人诚实有信,自然得道多助。可见,诚信是伦理规范与德性修养的重要组成部分,是一种社会契约的精神,是人与人之间建立良好关系的基础,没有诚信,社会就会失序,包括传统文化在内的一切文化的根基都会轰然坍塌。社会主义核心价值观将诚信纳入其中,强调诚实劳动、信守承诺、诚恳待人,把它作为公民社会道德修养的必要内容和建立有序社会的基础条件。

在中华优秀传统文化中,友善是君子品性的必要条件,"君子莫大乎与人为善"。仁爱友善是中国人和谐相处的道德准则,"上善若水""仁者爱人"体现出与世无争包容友爱的善的品格。社会主义核心价值观的友善以其为基础,但不等同,强调公民之间应互相尊重、互相关心、互相帮助,和睦友好,努力形成社会主义的新型人际关系。

第二节　中华优秀传统文化的创造性转化
——以中国动画为例

中华优秀传统文化是中国特色社会主义文化的重要组成部分,是中华民族五千多年文明历史发展过程中孕育出的结晶。党的十九大报告指出："推动中华优秀传统文化创造性转化、创新性发展,继承革命文化,发展社会主义先进文化,不忘本来、吸收外来、面向未来,更好构筑中国精神、中国价值、中国力量,为人民提供精神指引。"中华优秀传统文化的创造性转化、创新性发展是我们对待中华优秀传统文化的根本路径。

余英时在《论传统》一文中指出,传统"绝不会黏着于某一固定的古旧形式,而必然会化为贯穿古今统一历史的文化精神"。一种文化一旦失去发展也就失去了生命力,只能成为历史长河里的遗址、废墟,供后人凭吊,而中国文明作为世界上唯一没有真正断裂的古文明,正是因为其精髓中华优秀传统文化几千年来一直持续不断地发展、变化,今天依然"活"在我们的生活中。我们对于中华优秀传统文化的创造性转化、创新性发展就是对传统文化取舍、转化,使其融入我们当下的文化体验,成为中国特色社会主义文化的重要有机组成,在面向几千年辉煌的历史时成为"传",在面向中华民族的伟大复兴时成为贯穿民族发展的历史文化精神的"统"。

中华优秀传统文化是有生命力的文化,在很多领域,我们都能明显看到中华优秀传统文化的精神和要素成为现代文化精神的底蕴,成为现代文化形式的重要构成要素,本节以国产动画为例进行探讨。

一、国产动画的发展

(一)中国动画艺术的诞生

国际动画协会(ASIFA)1980年对"动画"一词做了如下定义:动画艺术是指除真实动作或方法外,使用各种技术创作活动影像,即以人工的方法创造动态影像。中国电影出版社出版的《电影艺术词典》中定义动画片是以绘画或其他造型艺术形式作为人物造型和环境空间的主要表现手段,不追求故事片的逼真性特点,而运用夸张、神似、变形的手法,借助于幻想、想象和象征等高度假定性的电影艺术。

《铁扇公主》镜头之一

随着摄像技术的发明,1892年10月28日,法国人雷诺在巴黎放映了世界上最早的动画片,雷诺因此被视为动画片的创始人,10月28日被国际动画组织定为国际动画日。1913年,世界上第一个动画公司巴雷公司在美国纽约成立,随着著名的迪斯尼动画公司的成立,动画影片成为独立的表现形式风靡全球。20世纪20年代初,一批美国动画片传入中国,很快引起中国人的兴趣。1922年,中国动画片的开创者——著名的万氏兄弟(万古蟾、万籁鸣、万超尘、万涤寰)拍摄了中国第一部动画片(广告片)《舒振东华文打字机》,1926—1940年,万氏兄弟合作完成了多部动画短片。1941年,他们完成了中国第一部动画长片《铁扇公主》,这也是世界动画史上第四部、亚洲第一部动画长片。该片制作精美,极富民族特色,在国内外引起极大反响,为整个中国动画史奠定了极高的起点。当时的中国动画水平居于世界前列,但由于战争被迫中断了发展。

(二)中国动画艺术的曲折发展

20世纪五六十年代,中国动画迎来了第一个高潮。上海美术电影制片厂成立,万氏兄弟也重新投入动画片制作,一大批专业人才涌现出来,不但动画产量丰富,质量很高,而且还进行了大胆探索,不断创造出富于中国特色的新的动画片种类。1953年,上海美术电影制片厂制作了中国第一部彩色木偶片《小小英雄》。1956年,木偶片《神笔》获得了第八届国际儿童影片节儿童娱乐片一等奖。同年,国内第一部彩色动画片《乌鸦为什么是黑的》获得第七届威尼斯国际儿童电影节奖。1958年,我国第一部剪纸片《猪八戒吃西瓜》诞生。1960年,水墨动画片横空出世,代表作品是《小蝌蚪找妈妈》《牧笛》,极具古典情趣。这时期还有一大批著名的动画片,如《小鲤鱼跳龙门》《骄傲的将军》《渔童》《孔雀公主》等。尤其是万籁鸣、唐澄联合执导的《大闹天宫》,自1961年诞生之后,直至20世纪80年代,二十几年间在国际影坛不断获奖,该片既有鲜明的民族风格,又有精美的动画效果,为中国动画一举赢得了"中国学派"的称号。

20世纪80年代后,中国动画重新踏上发展的道路,这一时期,中国动画主要是承接之前的技术和思路继续创作,出现了《哪吒闹海》《天书奇谭》《葫芦兄弟》《黑猫警长》《山水情》等优秀动画片。但是,在中国动画停滞期间,世界动画早已日新月异,日本动画异军突起,有自己鲜明的特色,日本成为美国之外的另一动画大国。而迪斯尼动画发展到第二个黄金期。美、日动画无论是艺术的积累、技术的突破,还是商业化的运作,都发展到新的阶段。20世纪90年代初,美、日和欧洲动画大量进入中国,对中国的动画事业造成巨大冲击。

《天书奇谭》4K纪念版海报

(三)中国动画艺术的变革突破

1999年,上海美术电影制片厂历时四年摄制了动画片《宝莲灯》,影片运用了群众欢迎的高科技视听手法,在画面、人物造型和音乐制作等方面都极为考究,并进行了强力商业化宣传,取得了不错的成绩。但是,当年中国动画的领先局面已经不复存在,动画面临产业落后、人才流失、技术陈旧、缺乏创意等问题。为了重振动画事业,2004年,国家广电总局(现国家广播电视总局)出台了《关于促进我国动画创作发展的具体措施》,动用行政手段推动动画事业的发展,这显示了国家抓好动画产业的决心,2004年因此被称为"中国动画年"。2006年,国务院办公厅转发财政部等部门《关于推动我国动漫产业发展的若干意见》,从此以后,动漫产业基地、动漫教育研究基地和民营动漫企业如雨后春笋涌现,动漫产业进入了快速发展的时期。今天,中国每年生产的动漫产品时长

《西游记之大圣归来》海报

已经跃居世界第一,《秦时明月》《喜羊羊与灰太狼》《大鱼海棠》《熊出没》《西游记之大圣归来》《大护法》等一批作品各有特点,产生了很大的影响。但是,我们要看到,数量不等

201

于质量,国产动漫依然处于发展的道路中,最大的缺点是真正有鲜明民族风格的原创精品太少,抄袭和粗制滥造的作品太多,总体质量水平有待提高。

从20世纪20年代创制以来,中国动画就一直致力于走有自己特色的道路,即在价值取向上,创作符合中国社会主流价值观的动画及为中国社会现实所需要的作品。20世纪30年代,我国出现了大量的抗日动画,20世纪五六十年代以来制作了很多以歌颂社会主义建设为主题的动画。2004年,国家广电总局指出动漫产业的头等大事是要"积极营造有利于未成年人思想道德建设的社会氛围"。在当下以市场经济为主的社会环境中,很多国产动画传递着中华民族传统文化中以农耕文明为源头所特有的厚德精神:和谐相处的自然观,勤劳善良、乐观向上的生活态度,勇敢坚强、侠义无私的社会责任感等。在故事题材上,国产动画将传统故事内容作为素材,或对经典的小说、戏曲、神话进行再现、改编;或以历史事件、历史人物为背景或主题进行创作;将经典故事编制成动画小故事,作为儿童教育工具。另外,近年来采用传统文化要素作为素材创造的历史架空动画作品也很受欢迎。在艺术风格上,中国动画从传统艺术中汲取了大量营养,视觉效果方面,中国动画创造性地运用了中国水墨画的意境、神韵及水墨技法等,如《小蝌蚪找妈妈》《蝴蝶泉》《牧笛》等都颇有动态山水画的意味。《牧笛》一片的结尾,牧童跨水牛吹竹笛,走进夕阳照耀下的稻田,水光交融中,牧童的身影与周围风景渐渐融汇,充满了中国传统田园山水的神韵。中国动画也吸取了其他民间艺术门类的技法,如《渔童》《神笔马良》《阿凡提》等一大批皮影和木偶材质的动画,视觉效果上充满鲜明的中国民间艺术风格。很多中国动画在配乐上娴熟运用了民乐和戏曲音乐,富有民族风味。

二、以《大闹天宫》为代表的中国优秀动漫作品赏析

2004年,国家广电总局出台的《关于发展我国影视动画产业的若干意见》中指出要鼓励创作那些具有"中国特色、中国故事、中国形象、中国风格、中国气派、中国精神"的动画精品。在中国动画史上,《大闹天宫》就是这样的一部精品,它一经播出就震惊了世界,成为中国动画史上一座丰碑。

动画是科技和文艺相结合、传统文艺的多个门类相结合的综合艺术,在现代科技作为技术支持综合运用的基础上,优秀的动画片具备高度综合的艺术性。首先,动画片要具备文学性,讲述精彩的故事,塑造鲜活的人物角色;其次,要具备视觉观赏性,绘制动感、精美的画面,创造生动、鲜明的角色造型;此外,还要有好的听觉效果,动人心弦的音乐、恰如其分的配音都是动画艺术的重要组成部分。所以,中国特色的动画精品就表现在中国风格的故事、中国典型的人物、中式审美的画面、中国特色的音乐、中国传统的价值取向等多方面的综合营造上,《大闹天宫》就是这种综合艺术的代表。

《大闹天宫》是上海美术电影制片厂1961—1964年耗时四年制作的一部彩色动画长片。这部动画片的故事取材于中国古典四大名著《西游记》,截取了孙悟空从龙宫索宝到反天庭大闹天宫的一段故事:孙悟空苦于没有称心的武器,大闹东海龙宫"借"走了定海神针——如意金箍棒。龙王上天告状,玉帝封孙悟空为弼马温,将他诱骗软禁起来。孙悟空知道受骗后,竖起"齐天大圣"大旗,与天宫对抗,玉帝征讨失败,假意承认他

的封号，命他在天宫掌管蟠桃园。孙悟空无意得知蟠桃宴没有请他，火冒三丈，大闹天宫，几个回合斗争之后，玉帝狼狈逃跑。与《西游记》原著中孙悟空"被压五行山"的结果不同，影片中孙悟空回到花果山，跟孩儿们过起了幸福的生活，这一修改更加集中地体现了主角孙悟空的传奇经历，同时也是创作者对传统文化进行了筛选扬弃，突出了对孙悟空反抗精神的肯定。

《大闹天宫》在前期《铁扇公主》等动画片探索的基础上，真正创立了成熟的中国神韵的动画。影片吸取了唐朝佛像画中鲜艳瑰丽的色彩，运用泼墨式大色块时挥洒自如，大量地采用中国特色的云纹、飘带等元素，浓墨重彩地呈现了中华民族独特的美学神韵；造型奇异，人物外形设计普遍借鉴了京剧脸谱的精华和汉朝画像、三国两晋南北朝时期的造像以及民间工艺的人物塑型经验，孙悟空的黄罗袍、虎皮裙、大红裤子、京剧脸谱化的桃状脸型，从此成为孙悟空经典形象，后来的作品多以此为蓝本；电影场面宏伟，无论是花果山水帘洞、龙王水晶宫、阴森威严的天庭，还是神仙的战场，都既光怪陆离、出人意料，又完全符合中华传统文化中想象的西游神仙世界；影片配乐采用了大量的京剧和其他民乐元素搭配，人物对打也参考了京剧和民间皮影木偶戏中的动作进行发挥，让整部电影充满了中国风味。可以说《大闹天宫》在动画艺术的各个方面对中国传统美学进行了全面的借鉴、总结和提炼，运用独特的电影手法，为中国动画创造出区别于西方传统的风格。

《大闹天宫》海报

思考与实践活动 ▶▶▶

中国风味，创新传承

一　背景资料

凡一国之能立于世界，必有其国民独具之特质。上自道德、法律，下至风俗、习惯、文学、美术，皆有一种独立之精神。祖父传之，子孙继之，然后群乃结，国乃成。

——梁启超《释"新民"之义》

所谓我们属于历史，有两层意义：一是说我们不但不可摆脱传统，而且恰好相反，我们永远在传统之中，一切传统都不是客观化非我的、异己的东西。二是说人的理解之所以可能，乃是由于真理在过去的传续使我们有一立足点；故历史传统，是吾人所以能立足世界，并向这个世界开放的唯一依据。

故超越或创新，都不能在传统之外完成。唯有依据传统，真正深入理解传统，才不致以鲁莽灭裂为创新，以无知为超越，而真正养成内在批判的能力，逐渐达到思索自身存在之意义的目的。古所云"温故以知新""多识前言往行以自畜其德",大概就是此意。

历史虽是过去的遗迹,但人们面对历史的经验,却永远是现存的、直接的经验,故历史可以是客观的,可是一旦涉及历史的理解活动,便一定是人与历史的互动互溶,客观进入主观之中,主观涵融于客观之内,即传统即现在。

即传统即现在,传统因此乃是流动的,不断新生于我们当下的实践活动中。在儒、释、道三教具体存在且活动于现代社会的实践状态中,我们也不妨说华夏文明正在生长、发展中。

——龚鹏程《中国传统文化十五讲》

目前传统文化的传承是在互联网时代全球化的背景下进行的,全球化的趋势使各种传统与现代性混杂在一起,每个民族固有的文化传承与发展的问题变得十分复杂,我们必须认真探讨传统与现代性的关系,坚定民族精神的立足点,传承中华优秀传统文化,繁荣社会主义文化,树立道路自信、理论自信、制度自信和文化自信,建设中国特色社会主义先进文化,最终实现中华民族的伟大复兴。

在西方文化的入侵和现代生活方式的改变下,传统文化中非物质遗产所受的威胁更大。传统文化中很多传说、风俗、礼仪等年轻人都不太了解,传统的民间工艺面临失传的威胁,年轻人应努力将现代文化的新鲜血液融入传统之中,使中华优秀传统文化在今天依然焕发出新的光彩,屹立于世界文化之林。

二　活动内容

(一)职业素养:开拓创新

(1)请分组合作写作剧本,利用多媒体技术制作原创中国风短片。要求将中华传统文化的元素与现代化技术结合,制作原创中华传统文化风格短片,将自己对传统文化的体验和思考用视觉的形式、讲故事的方式表现出来。

(2)请选取本地或中华民族普遍流行的民间工艺品,了解其工艺过程,学习制作,如能加入自己的改进更好。也可以融入传统文化元素,自己设计新的文化创意产品,使传统文化的要素在现代的形式中获得新的生命。

(二)素养提升:守正创新,继往开来

中华民族是守正创新的民族,有着守正创新的传统。无论时代如何发展,我们都要激发守正创新、奋勇向前的民族智慧。

"所以继往圣,开来学,而大有功于斯世也。"中华民族的先民们开启了缔造中华文明的伟大实践,对世界文明进步贡献巨大、影响深远。世界四大文明古国,唯有中华文明绵延至今未曾中断,始终不渝坚持弘扬守正创新的传统和丰富多彩的地域文化,无疑是其重要原因。可以说,中华民族的五千年,就是一部不断守正创新的历史。

中华民族的昨天,可以说是"雄关漫道真如铁"。曾经,中华民族遭受的苦难之重、付出的牺牲之大,在世界历史上都是罕见的。但是,中国人民从不屈服,不断奋起抗争,终于掌握了自己的命运,开始了建设自己国家的伟大进程,充分展示了以爱

国主义为核心的伟大民族精神。中华民族的今天,正可谓"人间正道是沧桑"。改革开放以来,我们总结历史经验,不断艰辛探索,终于找到了实现中华民族伟大复兴的正确道路,取得了举世瞩目的成果。这条道路就是中国特色社会主义。中华民族的明天,可以说是"长风破浪会有时"。经过鸦片战争以来一百多年的持续奋斗,中华民族伟大复兴展现出光明的前景。

请大家选择一个"四史"人物或案例,讲好红色故事、坚定理想信念、传承红色基因,为实现中国梦不断奋斗。

参考文献

[1] 冯友兰.中国哲学简史[M].北京:三联书店,2009.
[2] 任继愈.中国哲学史[M].北京:人民出版社,1979.
[3] 钱穆.中国文化史导论[M].北京:商务印书馆,1996.
[4] 孙隆基.中国文化的深层结构[M].北京:中信出版社,2015.
[5] 葛兆光.中国思想史[M].上海:复旦大学出版社,2007.
[6] 李泽厚.中国思想史论[M].合肥:安徽文艺出版社,1999.
[7] 蔡元培.中国伦理学史[M].北京:东方出版社,2008.
[8] 张岱年.中国伦理思想研究[M].南京:江苏教育出版社,2005.
[9] 吕思勉.中国政治思想史[M].北京:北京出版社,2015.
[10] 王力.古代汉语[M].北京:中华书局,1999.
[11] 章培恒,骆玉明.中国文学史[M].上海:复旦大学出版社,1996.
[12] 袁行霈.中国文学史[M].2版.北京:高等教育出版社,2015.
[13] 李伯齐.中国分体文学史[M].青岛:青岛海洋大学出版社,1995.
[14] 朱自清.诗言志辨经典常谈[M].北京:商务印书馆,2011.
[15] 丛文俊.中国书法史[M].南京:江苏教育出版社,2002.
[16] 潘天寿.中国绘画史[M].北京:团结出版社,2006.
[17] 宗白华.美学散步[M].上海:上海人民出版社,2004.
[18] 李泽厚.美的历程[M].天津:天津社会科学院出版社,2006.
[19] 郁沅.中国古典美学初编[M].武汉:长江文艺出版社,1998.
[20] 徐复观.中国艺术精神[M].桂林:广西师范大学出版社,2007.
[21] 梁思成.中国建筑史[M].天津:百花文艺出版社,2005.
[22] 茹竞华,彭华亮.中国古建筑大系[M].北京:中国建筑工业出版社,2004.
[23] 陈从周.园林谈丛[M].上海:上海文化出版社,1980.
[24] 陈从周.说园[M].上海:同济大学教材科出版,1985.
[25] 吴宗国.中国古代官僚政治制度研究[M].北京:北京大学出版社,1997.
[26] 陈峰等.中国财政通史[M].长沙:湖南人民出版社,2015.
[27] 邓洪波.中国书院史[M].上海:东方出版中心,2004.
[28] 白新良.中国古代书院发展史[M].天津:天津大学出版社,1995.

[29] 肖永明. 儒学·书院·社会——社会文化史视野中的书院[M]. 北京:商务印书馆,2012.

[30] 李根蟠. 中国古代农业[M]. 北京:商务印书馆,1998.

[31] 朱国荣. 中国雕塑史话[M]. 上海:上海书画出版社,2002.

[32] 王国维. 宋元戏曲史[M]. 北京:团结出版社,2006.

[33] 许嘉璐. 中国古代衣食住行[M]. 北京:北京出版社,2011.

[34] 中国古代道路交通史编审委员会. 中国古代道路交通史[M]. 北京:人民交通出版社,1994.

[35] 钟敬文. 民俗文化学:梗概与兴起[M]. 北京:中华书局,1996.

[36] 钟敬文. 话说民间文化[M]. 北京:人民日报出版社,1990.

[37] 乌丙安. 中国民俗学[M]. 沈阳:辽宁大学出版社,1985.

[38] 陈久金. 中国节庆及其起源[M]. 上海:上海科技教育出版社,1989.

[39] 何芳川,万明. 古代中西文化交流史话[M]. 北京:商务印书馆,2007.

[40] 周锡保. 中国古代服饰史[M]. 北京:中央编译出版社,2011.

[41] 沈从文,王㐨. 中国服饰史[M]. 北京:中信出版社,2018.

[42] 周锡保. 中国古代服饰史[M]. 北京:中央编译出版社,2011.

[43] 高寿仙. 徽州文化[M]. 沈阳:辽宁教育出版社,1998.

[44] 高敬. 徽州文化[M]. 北京:时事出版社,2012.

[45] 颜慧,索亚斌. 中国动画电影史[M]. 北京:中国电影出版社,2005.

[46] 李朝阳. 中国动画的民族性研究[M]. 北京:中国传媒大学出版社,2011.

[47] 张君劢. 明日之中国文化[M]. 济南:山东人民出版社,1998.

[48] 唐凯麟,曹刚. 重释传统——儒家思想的现代价值评估[M]. 上海:华东师范大学出版社,2000.

后记

吴婕

2014年3月，教育部发布了《完善中华优秀传统文化教育指导纲要》，详细介绍了中华优秀传统文化教育发展的思路，并专门就中华优秀传统文化教育的内容体系做出了具体说明，这为中华优秀传统文化教育教材的编写提供了基本的指导方针。

本教材是编者所在学校传统文化课程体系改革的产物，学校把中华优秀传统文化课程作为必修课程来开设，确立了传统文化素质教育课程在高校课程体系中的地位和作用。在此基础上，我们对中华优秀传统文化教材进行整体规划、系统推进，使之成为立德树人教育的重要组成部分。

我们以为，学习中华优秀传统文化不仅能强化中华优秀传统文化教育，更能促进对青少年社会主义核心价值观的培育。因此，在编写过程中我们以《完善中华优秀传统文化教育指导纲要》为准绳确立编写目标，考虑中华优秀传统文化德智一体的特点，以传统道德为主线，以文学、文艺为主干，以传统习俗和文化知识为拓展内容，把知识习得与价值观培育结合起来，让学生认识中华文明形成的悠久历史进程，力图在潜移默化中帮助大学生塑造正确的世界观、人生观和价值观。

本教材由芜湖职业技术学院吴婕任主编，安徽水利水电职业技术学院岳五九任副主编，安徽国防科技职业学院丁丁、芜湖职业技术学院黄洁、芜湖职业技术学院李昱、芜湖职业技术学院张倩参加了编写工作。具体编写分工如下：吴婕编写文学、交流、民俗部分，并与张倩合作编写思想部分；岳五九编写建筑部分；丁丁编写思考与实践活动部分；黄洁编写语言、文字部分；李昱编写政治、经济、教育制度部分。吴婕、岳五九负责统稿和定稿。本教材由芜湖职业技术学院汪斌任主审，他不仅为教材的思想政治方向把关，还对编写体例提出很多中肯的意见和建议。

在编写本教材的过程中，我们参考、引用和改编了国内外出版物中的相关资料以及网络资源，在此对相关资料的作者表示深深的谢意！请相关著作权人看到本教材后与出版社联系，出版社将按照相关的法律规定支付稿酬。

本教材是全体编者愿在弘扬中华优秀传统文化方面尽自己绵薄之力、捍卫民族精神、传承文化传统的成果，但因能力所限，浅陋之处在所难免，期待各位专家学者及学习者直言不讳，批评指正。